臺灣歷史與文化 研究輯刊

十七編

第 5 冊

日治時期臺灣都市不動產業之形成與影響：以基隆、臺北、高雄爲例（1895～1945）

鄧宏旭 著

花木蘭文化事業有限公司

國家圖書館出版品預行編目資料

日治時期臺灣都市不動產業之形成與影響：以基隆、臺北、高雄
為例（1895～1945）／鄧宏旭 著—初版—新北市：花木蘭文
化事業有限公司，2020〔民109〕
目 6+180 面；19×26 公分
（臺灣歷史與文化研究輯刊十七編；第 5 冊）
ISBN 978-986-518-069-0（精裝）
1. 不動產業 2. 史料 3. 日據時期 4. 臺灣史
733.08   109000546

ISBN-978-986-518-069-0

9 789865 180690

臺灣歷史與文化研究輯刊
十七編　第 五 冊
　　　　　　　　　　ISBN：978-986-518-069-0

日治時期臺灣都市不動產業之形成與影響：
以基隆、臺北、高雄爲例（1895～1945）

作　　者 鄧宏旭
總 編 輯 杜潔祥
副總編輯 楊嘉樂
編　　輯 許郁翎、張雅淋　美術編輯　陳逸婷
出　　版 花木蘭文化事業有限公司
發 行 人 高小娟
聯絡地址 235 新北市中和區中安街七二號十三樓
　　　　　電話：02-2923-1455／傳眞：02-2923-1452
網　　址 http://www.huamulan.tw 信箱 hml810518@gmail.com
印　　刷 普羅文化出版廣告事業
初　　版 2020 年 3 月
全書字數 153507 字
定　　價 十七編 11 冊（精裝）台幣 22,000 元
　　　　　　　　　　　　　　　　版權所有・請勿翻印

日治時期臺灣都市不動產業之形成與影響：
以基隆、臺北、高雄爲例（1895～1945）

鄧宏旭　著

作者簡介

鄧宏旭，國立臺北大學不動產與城鄉環境學系學士，國立政治大學會計學系及國立中央大學歷史研究所雙碩士。目前爲國小職員，業餘從事臺灣史及日本史研究。

提　　要

　　不動產是滿足「住」的需求最重要的商品，也是熱門的投資標的。日治時期臺灣已有近代都市化的形成，也產生了都市不動產業。本文以不動產經濟的角度探討日治時期都市不動產業的發展與影響。

　　日資在日本統治開始時，便預期港灣開發與總督府所在地發展的潛力，並運用資金的優勢，搶先購買基隆、高雄、臺北「兩港一市」的不動產。基隆、高雄的港灣開發與市區改正，促成了臺灣建物與臺灣地所建物株式會社分別在 1908 與 1910 年成立，兩者都以日資爲主導，其成立與經營帶有殖民地經濟的特徵。

　　臺灣建物與臺灣地所建物是日治時期的兩大都市不動產會社，但在經營上有許多重大差異。臺灣建物株式會社在基隆，臺灣地所建物株式會社在高雄都佔有該都市的黃金地段，因此在土地的經營上各自佔有優勢，而且原因都來自吸收日治初期日資搶購不動產的成果。另外臺灣建物株式會社在經營的積極性較高，靠者拓展土地買賣與不動產金融取得大量利益，但後者在 1931 年起的不景氣中，帶給該會社經營的嚴重打擊。

　　都市不動產業的大規模土地開發，對臺灣都市發展有深遠的影響，也促進了都市不動產市場的形成。日資在日治初期搶購不動產的熱潮，加上來臺日人的居住需求，使得不動產市場有初步的面貌，但土地調查的業主權查定、不動產登記制度的實施，與都市人口的增加也是形成不動產市場的重要因素。由臺北市的地價與房租在日治時期的變化，便可了解市場的景氣與行情。都市不動產市場也帶來許多社會問題，例如住宅不足的「住宅難」現象、房東與房客的衝突，與產生的社會運動，而且許多也與不動產業相關。

本著作榮獲國立臺灣圖書館博碩士
論文研究獎助，特此致謝

謝　辭

　　在中央大學歷史研究所度過了三年半的時光，終於即將離開，心中充滿感觸。首先感謝李力庸老師，從入學第一學期的臺灣經濟史專題開始，之後在決定論文主題到論文撰寫的過程，都受到老師的指導。本文從一開始散亂的敘述，逐步構成一部完整的著作，這過程中感謝老師的指教。另外也感謝論文口試委員－徐世榮老師與張怡敏老師在口試給我的意見，尤其徐老師在口試後對我握手時，手心中感受到老師的熱情，讓我十分感動。

　　在論文寫作過程中，有受到許多人的幫助與鼓勵，例如原名魏大耕的魏仕辰，他在我在論文接近完成時某個最辛苦的一晚，願意幫我整理徵引書目，不愧是十幾年來的好友（順便一提，十幾年前我在政大會計研究所的論文謝辭也有提到他，他是兩篇碩士論文謝辭唯一都有出現者），另外以前大學地政系的沈宗瀚、黃怡婷等，在論文相關事務上也給我很大的幫助。本文內容許多來自於日本的參考資料與書籍，在此感謝東京都立圖書館、長崎縣立長崎圖書館、福岡大學圖書館等願意幫助我這外國人找尋書籍。今後的學術研究依然有日本的圖書館與政府機關等接觸的機會，也在此一併致謝與指教。

　　感謝中央大學歷史研究所開設在職專班，使得我能夠有機會兼顧公務員與學術研究，但沒有良好的工作環境，學術研究就不可能順利進行。感謝復旦國小詹益銘校長、出納姜素雲老師等所有工作同仁，他們給我這幾年在復旦國小會計室主任的任期中有愉快的工作環境，讓我在業餘能心無旁騖的努力從事研究工作。

　　最後，我要感謝父母對我的養育之恩，還有歷史這學問的啟發。我父母在我小學時所買的《中國的歷史》與《世界的歷史》兩套漫畫，成為我歷史

的啓蒙書，這兩套漫畫幫助我在求學時代的歷史科目上拿到極好的成績，也讓我從此與歷史結下不解之緣。雖然不知道未來學術研究的工作能走到多遠，但永遠不會減少我對歷史的熱愛。

目
次

表目錄

第一章 緒 論

一、研究動機

「住」，是人類的基本需求之一，不動產便是滿足「住」的需求最重要的商品，但它不同於一般市場商品的特性，也成為投資的熱門標的。近年臺灣的高房價成為民怨的來源，1989 年的「無殼蝸牛運動」成為臺灣解嚴後最大的社會運動之一，當時提出的房租管制、課徵空地稅及空屋稅、協助興建員工住宅等訴求，直到今天依然是社會討論之議題，〔註1〕而 20 餘年以後不動產的價格更是高不可攀，造成 2014 年「無殼蝸牛運動」的原班人馬再一次上街。〔註2〕但不可否認的是，近代不動產價格漲價快速，投資不動產能夠取得重大利益，民眾抱怨高房價，卻也熱中以「投資」而非以「取得棲身之所」的心態購買不動產，不動產業者及投資客更樂意以「炒地」、「炒房」取得短期暴利，2013 年的桃園高鐵站與航空城周邊的房地產炒作可得明證。〔註3〕

有趣的是，臺灣不動產價格高昂造成的民怨，及不動產的投資炒作現象，並不是現代才有的產物，早自日治時期便已出現。1929 年（昭和 4）的房租減低運動（日文稱為「家賃引下運動」），便是受薪階級及店家無法忍受高額房租而發起的社會運動，當時提出的減低租金、趕走惡房東、廢除押金等訴

〔註1〕〈「無巢氏」三大訴求 建築業也拍手稱好〉，《經濟日報》，1989 年 8 月 28 日，2 版。

〔註2〕〈提五大訴求，批財團炒地是「搶劫」 巢運怒吼 2 萬人夜宿仁愛路〉，《經濟日報》，2014 年 10 月 5 日，A1 版。

〔註3〕〈桃園青埔 Q1 推案爆發〉，《經濟日報》，2013 年 1 月 14 日，C8 版；〈1 年翻 1 倍 航空城農地起飛〉，《聯合晚報》，2013 年 10 月 19 日，B5 版。

求，相信即使到今天依然能獲得認同。〔註4〕至於不動產的短期炒作更是廣泛，尤以土地更爲當時不動產業者熱門的投資標的，1897年（明治30）基隆不動產價格隨著基隆築港政策暴漲暴跌，被報紙認爲有如股票買賣，〔註5〕臺北城內土地在日治初期一坪僅「數圓」，但1922年（大正11）已達200圓，便是不動產業者土地投資炒作的結果。〔註6〕

　　所謂不動產，依民法規定爲土地及其定著物，房屋便是最具代表性的定著物，因此不動產往往指土地與房屋而言。跟一般商品相較，不動產具有以下特性：（一）不可移動性：不動產通常不會隨意移動，因此所在的區位（俗稱「地段」）成爲不動產重要的價值來源；（二）使用的耐久性：土地可以反覆、持續使用而不會減少價值，因此不必提列折舊，房屋雖然會毀損，但只要沒有重大天災人禍，可以使用數十年至數百年；（三）投資、消費的雙重性：土地、房屋爲生活必需品，因此爲消費財，亦可以出租、買賣作爲投資標的；（四）增值性：不動產可以因人口成長、都市發展而自然增值，且增值足以抵銷通貨膨脹，因此適合用來保值。〔註7〕不動產由於以上特性，除了作爲居住的必需品外，也是資產市場的熱門標的。

　　傳統農業社會，農民依靠在土地上靠天吃飯，而且往往不會離開所居住的土地，因此少有現在的不動產交易與投資行爲，而掌握在地方仕紳或富商的手中，且並不頻繁，因此不動產市場與產業的發展受到很多限制。近代不動產業與市場的發展往往是隨著工業化與都市化而開始，工業化使得鄉村人口不必選擇一輩子依附在農地上，而往都市移動，進入都市後衍生的「住」與「商業」的發展需求，帶動了不動產投資、交易的有利環境，而使不動產業與市場開始發展，而且隨著都市化逐漸擴大而蓬勃，日本的發展便是依此種模式。臺灣的近代都市發展隨著1900年（明治33）「臺北城內市區計畫」而展開，後來各地也紛紛發布市區改正計畫或市區計畫表達都市發展的願

〔註4〕〈臺中借家人の家賃引下運動〉，《臺灣日日新報》，第10599號，1929年10月20日，日刊5版；〈順應大勢之厝稅降減時代 降減促進實行團體出現 本島人要求聲大〉，《臺灣日日新報》，第10636號，1929年10月20日，夕刊5版。

〔註5〕〈土地家屋の賣買〉，《臺灣新報》，第275號，1897年12月9日，3版。

〔註6〕〈等閑に附されたる 我都市の土地政策（二）〉，《臺灣日日新報》，第7938號，1922年7月4日，3版。

〔註7〕李春長，《不動產經濟學》（臺北市：智勝文化事業有限公司，2012年），頁6～7。

景，1920 年（大正 9）地方制度改正後，至 1936 年爲止已有臺北市等 9 個都市已改制成「市制」，代表臺灣都市化的形成。

　　雖然臺灣的近代化、都市化都是從日治時期開始，因此近代臺灣的不動產業與市場也是發展於日治時期，但臺灣在日治時期是殖民地的經濟。矢內原忠雄及涂照彥的研究〔註 8〕就指出，在日治初期日本資本便以資本的優勢，大量入侵到臺灣的產業中，最典型便是糖業的發展。臺灣的不動產業與市場是否不同於近代都市化所形成的發展模式，而帶有殖民地經濟的性質，例如也是如同糖業一樣，在日治初期便大量投資臺灣的不動產？是以臺灣那些地方不動產作爲投資標的？而這些投資對於臺灣不動產市場造成甚麼樣的衝擊？對於不動產業與市場的形成造成甚麼影響？這是值得探討的議題。

　　目前臺灣都市不動產的相關的研究甚多，但幾乎是以戰後爲研究時點。過去臺灣建築學界對於日治時期的都市史與建築史已有許多討論，在討論中也多少提到不動產業在此發揮的角色，但並沒有針對不動產業做完整性的研究，直到陳正哲於 2004 年發表〈植民地都市景観の形成と日本生活文化の定着－日本植民地時代の台湾土地建物株式会社の住宅生産と都市経営－〉〔註 9〕後才有所改觀。其研究以日治時期臺灣最大的不動產業——臺灣土地建物株式會社（1908 年成立時爲「臺灣建物株式會社」，1916 年改爲「臺灣土地建物株式會社」）〔註 10〕爲例，探討該會社對於臺北、基隆等地所經營的街道建築或土地開發，對於都市景觀與都市生活的影響。該研究雖仍以營造與建築業者的觀點討論，但已將該會社認定爲日本所稱的「不動產屋」，也就是以不動產出租、買賣爲主要經營內容的會社，代表該研究亦認同該會社爲不動產業的觀點，另外有關該會社從事不動產金融的業務，及其他不動產業的土地開發（如臺灣地所建物、打狗整地株式會社在高雄的土地開發），該研究亦有論述。簡而言之，該研究對於日治時期的不動產業，已有相當之成果。

〔註 8〕有關矢內原忠雄及涂照彥的研究，見矢內原忠雄著，林明德譯，《日本帝國主義下的臺灣》（臺北市：吳三連臺灣史料基金會，2004 年）；涂照彥著，李明俊譯，《日本帝國主義下的臺灣》（臺北市：人間，1991 年）。

〔註 9〕陳正哲，〈植民地都市景観の形成と日本生活文化の定着－日本植民地時代の台湾土地建物株式会社の住宅生産と都市経営－〉，東京大学大学院工学系研究科博士論文，2004 年。

〔註 10〕由於敘述時間的差異，本文視情形將「臺灣建物株式會社」與「臺灣土地建物株式會社」相互使用，但在敘述該會社初期經營時主要會使用「臺灣建物株式會社」的名稱。

　　但陳正哲的研究畢竟依然是以營造與建築業者的角度觀察臺灣建物株式會社，因此該會社最大的業務，﹝註11﹞即土地、房屋的出租、買賣等業務雖然亦有討論，但著墨甚少，但其實不動產出租與買賣業務才是該會社營業的重心所在，因此有關該會社的經營，仍有詳細討論之必要，例如該會社的成立與前述日治初期日資投入臺灣不動產有何關聯？對該會社的經營帶來怎樣的影響？該會社投資與持有不動產的投資策略為何？效益為何？與其他大型不動產業（例如臺灣地所建物株式會社）的經營有何差異？差異的原因為何？這些問題都有釐清之必要。

　　另外日治時期的不動產業對不動產市場有何影響？當時不動產市場的景氣與行情為何？不動產業在不動產景氣與行情扮演怎樣的角色？不動產市場所造成的社會現象具體內容為何？以往類此情形的研究極少，值得討論。

　　本文試圖以不動產經濟的觀點，探討臺灣日治時期的不動產業之發展與其影響，首先分析該產業形成的背景，再來探討不動產業的形成與經營，最後討論該產業所形成的不動產市場，及經濟與社會上的影響，所要討論的主要問題如下：

（一）日治時期都市不動產業產生的背景如何？是在哪裡產生？理由為何？
　　　對不動產業與市場造成怎樣的影響？

（二）日治時期都市不動產業是如何形成的？該產業的經營狀況如何？有何
　　　差異？

（三）日治時期都市不動產業對不動產市場產生的影響為何？不動產景氣與
　　　價格為何？產生怎樣的經濟與社會問題？

二、研究成果回顧

（一）土木建築的會社史與產業組合的研究

　　日治時期臺灣的不動產業許多都跨足土木建築，帶給臺灣日治時期建築有極大的影響，因此研究日治時期建築的同時，亦有跨足到這些建築業者的研究者，最典型的便是曾憲嫻的〈日據時期土木建築營造業之研究──殖民地建設與營造業之關係〉，該研究以土木建築營造業進行整體的觀察，及該產

﹝註11﹞ 所謂業務的大小，係以該業務所占營收之比重定義，以臺灣土地建物株式會社為例，土地與房屋的出租、買賣大多佔該會社營收比重的一半以上，相反的土木建築佔該會社營收比重甚低（陳正哲的研究中雖以建築與營造業者的觀點探討該會社，但亦同意該業務佔該會社營收甚低的論點）。

業與臺灣總督府的關係，以了解該產業近代化的過程。該研究發現日治時期的「建物會社」通常不負責土木營造，而交由營造業者承包，但 1908 年（明治 41）成立的臺灣建物株式會社，雖然主要業務為土地房屋的買賣、租借及仲介，但亦從事大規模的房屋建設，這在「建物會社」中是相當少見的例子。1910 年代該會社在都市的房屋建設上扮演重要的角色，例如 1911 年後臺北城內街道的改建。〔註12〕

　　陳正哲的〈植民地都市景観の形成と日本生活文化の定着－日本植民地時代の台湾土地建物株式会社の住宅生産と都市経営－〉利用營業報告書、文獻、自傳、建築書圖等資料，研究臺灣土地建物株式會社對日治時期臺灣都市建築與城市景觀的影響。首先，該研究認為該會社是官方主導，民間響應而成立，因此受到官方相當大的保護與限制，這種官民合作的模式是日治時期臺灣產業界的獨特案例，另外該會社的成立也受到東京建物株式會社的前負責人木村条市的指導，但不同於東京建物株式會社偏向於金融，該會社業務偏重土地與房屋出租及買賣，近似於日本的「不動產屋」。其次，該會社在政府的指導之下，將臺灣的街道建築改造全新的風貌，例如基隆的哨船頭街使用「外部洋風、內部和風」的建築手法，與臺北車站前市街採用磚瓦的華麗歐洲風格，對於臺灣日治時期的建築與都市景觀造成很大影響，還有開發臺北市郊區的「大正街」從建築配置到風格，對於日本人的理想居住環境之塑造也有促進的作用。最後，該會社以打狗整地株式會社的名義，從事高雄市街地的開發，即使因不堪虧損而解散，但對於高雄的市街地開發仍值得肯定。總而言之，該會社在基隆、臺北、高雄在日治時期的都市發展，具有不可磨滅的貢獻。〔註13〕

　　另外 1920 年代為了解決住宅問題而興起成立「住宅組合」的熱潮，雖然偏於社會事業的性質，不符本文不動產業的定義，但對當時不動產市場的住宅提供具有一定的貢獻。有關該組合的形成、運作與影響，李力庸的〈日治時期臺灣的建築組合與都市建設〉提供相當詳實研究，並指出該組合將都市改造成殖民者理想的現代都市面貌，提供日本移民舒適的居住環境，成為現

〔註12〕曾憲嫻，〈日據時期土木建築營造業之研究——殖民地建設與營造業之關係〉，中原大學建築研究所碩士論文，1997 年。
〔註13〕陳正哲，〈植民地都市景観の形成と日本生活文化の定着－日本植民地時代の台湾土地建物株式会社の住宅生産と都市経営－〉，東京大学大学院工学系研究科博士論文，2004 年。

代房屋建設的重要力量，在都市建設史上有一定的重要性。〔註14〕

（二）基隆、臺北、高雄都市發展史之研究

日治時期臺灣不動產業對都市發展的影響極大，因此有關日治時期地方發展的研究，許多都提到不動產業對該地開發的貢獻。由於日治初期臺灣的不動產業，係以基隆、高雄等兩個日治時期最重要的港口發起，在這兩港口都市的研究，最早且具有相當成果者首推戴寶村的〈近代臺灣港口市鎮之發展：清末至日據時期〉，該研究指出日治時期的基隆與高雄港，由於港灣條件較佳，加上縱貫鐵路加強港口的運輸性，兩港在日本政府的建設下，超越了清末的淡水、安平兩港，成爲日治時期南北最重要的港口。兩港口完成後的貿易發展，使得港口都市逐漸形成，1920 年代兩者皆改制爲市，便是港口都市形成的結果。〔註15〕

近年有關港口都市發展史的研究，在基隆方面，陳凱雯的〈帝國玄關——日治時期基隆的都市化與地方社會〉探討日治時期的基隆以築港爲契機，逐漸邁向都市化的過程，其中有關當時基隆都市工商業的重心的逐漸轉移，及隨者人口增加逐漸擴大都市區域的過程，進行相當詳細的探討，包含日本人所居住的「小基隆」地區，取代清末漢人所居住的「大基隆」地區，成爲繁華的商業地帶。〔註16〕在博士論文〈日治時期基隆築港之政策、推行與開展（1895～1945）〉中，更詳細探討基隆港的開發過程，其中提及臺灣土地建物株式會社的成立，與對於基隆港哨船頭街開發所扮演的角色，有相當詳細的描述。〔註17〕以上兩篇論文還有敘述日資搶購基隆不動產，及日後在土地調查時所發生的爭議，由於都是不動產業與市場的關鍵事件，因此上述研究的史料與結果，對於本文具有很大的參考價值。

在高雄方面，吳欽賢的〈日據時期高雄市都市發展與計畫歷程之分析〉，

〔註14〕李力庸，〈日治時期臺灣的建築組合與都市建設〉，收錄於馬傑偉編，《中國城市研究探索》（香港：香港中文大學香港亞太研究所，2009 年），頁 23～55。當時報章雜誌普遍使用「住宅組合」的名稱，因此本文仍用「住宅組合」泛稱當時提供住宅爲目標的產業組合。

〔註15〕戴寶村，〈近代臺灣港口市鎮之發展：清末至日據時期〉，國立臺灣師範大學歷史研究所博士論文，1987 年。

〔註16〕陳凱雯，〈帝國玄關——日治時期基隆的都市化與地方社會〉，國立中央大學歷史研究所碩士論文，1995 年。

〔註17〕陳凱雯，〈日治時期基隆築港之政策、推行與開展（1895～1945）〉，國立中正大學歷史研究所博士論文，2014 年。

利用文獻及地圖分期探討高雄地區的都市計畫與發展，其中討論 1908 年（明治 41）高雄市區改正計畫，將高雄港周邊納入都市計畫的決策模式。〔註 18〕日治時期高雄的都市發展係由今日鼓山區，俗稱「哈瑪星」地區所展開，再逐步擴大到今日鹽埕區，有關「哈瑪星」與鹽埕區的歷史演變，潘彥瑋的〈由歷史圖說檢視日治時期哈瑪星與鹽埕地區之都市空間〉，以圖說與文獻資料觀察兩者在日治時期的歷史演變過程，該研究發現有別於一般城市是由舊有街區改造的發展型態，日治時期的高雄街區是日本人利用填海造陸，由無到有的過程，在此方面臺灣地所建物株式會社在哈瑪星，打狗整地株式會社在鹽埕區，都扮演填海造陸及土地開發的角色，並帶領高雄由荒蕪的鹽田成為工商發達都市的榮景；〔註 19〕張守真的〈哈瑪星：擁有許多「第一」的現代化新市街〉也提供相當詳實的敘述，證明「哈瑪星」不僅是日治時期高雄的市政重心，也是高雄現代化的首善地區。〔註 20〕由於臺灣地所建物及打狗整地株式會社都是日治初期不動產業之一，因此以上研究值得做為參考。

　　提到日治時期的都市化不得不提到臺北，它也是日治時期不動產業的重心。有關臺北都市化的發展，早期的研究有溫振華的〈二十世紀初之臺北都市化〉，該文引用各項統計資料研究臺北市日治時期臺北市都市化的過程，指出臺北在日本政府下逐漸成為日本的治臺中樞、消費性的工商城市，及內外知識網路與文化、政治的活動中心，但這發展過程充滿了殖民色彩，例如總督府與官邸、公共建築、商店呈現西方與殖民主義交織的景象，而這些設施也大多設於日本人區域內，與臺人聚集地成為兩元性的發展。〔註 21〕黃武達的《日治時代（1895～1945）臺北市之近代都市計畫》以圖說與文獻研究日治時期臺北市的都市計畫，以兼論臺北市都市發展的趨勢，例如 1900 年（明治 33）最早的「臺北城內市區計畫」，代表臺北城地區將成為日治時期臺灣行政中心的趨勢，之後雖然隨者時間調整擴張市區計畫的範圍，如 1905 年公布

〔註 18〕吳欽賢，〈日據時期高雄市都市發展與計畫歷程之分析〉，國立臺灣大學土木工程學研究所碩士論文，1978 年。

〔註 19〕潘彥瑋，〈由歷史圖說檢視日治時期哈瑪星與鹽埕地區之都市空間〉，樹德科技大學建築與古蹟維護系碩士論文，2006 年。

〔註 20〕張守真，〈哈瑪星：擁有許多「第一」的現代化新市街〉，《高市文獻》，第 20 卷第 2 期（2007 年 6 月），頁 1～39。

〔註 21〕溫振華，〈二十世紀初之臺北都市化〉，國立臺北師範大學歷史研究所博士論文，1986 年。

連接臺北三市街（臺北城、艋舺、大稻埕）的「臺北市區計畫」等，但臺北市的人口與產業發展的快速超越了當局的預期，1932 年（昭和 7）建構大都會願景的「臺北市區計畫」，便是這現象的反映等。〔註22〕

　　臺北三市街（臺北城、艋舺、大稻埕）的都市發展，隨者清代開港前、清末開港後到日治時期而有不同的消長，這方面成爲研究的議題所在，早期的研究有廖春生的〈台北之都市轉化──以清代三市街（艋舺、大稻埕、城內）爲例〉，該研究指出艋舺靠者早期稻米交易形成郊商的聚集，成爲清朝開港前北部地區的物產中心，清末開港後茶葉、樟腦等取代稻米成爲貿易商品後，大稻埕以洋行爲主的市街便取代艋舺，成爲臺北的商業中心，至於臺北城是帝國主義入侵後的產物，是以行政功能爲主，代表在日治時期前三者已呈現不同的風貌。〔註23〕尹詩惠的〈艋舺、大稻埕、城內機能之轉換〉，以當時的商業資料分析三市街從清代、日治時期到戰後都市發展的消長趨勢，該研究指出日治初期艋舺雖然依然繁榮，但隨者時間逐漸沒落，相反的大稻埕不受到日本統治的影響，在 1933 年（昭和 8）的統計中依然是三市街中商業最爲繁榮的地區，至於臺北城內商業發展雖然不如大稻埕，但在 1922 年（大正 11）的統計中曾超越其他兩者，且以高級商家爲主。〔註 24〕由於市街地的繁榮程度與不動產價格有連帶關係，以上研究對於本文對於臺北市的不動產價格分析具有很大的參考價值。

　　另外在日治時期的臺北城內地區的發展，黃郁軒的〈日治時期臺北城內街屋現代化過程之研究〉也發現 1911 年（明治 44）8 月的颱風造成臺北城內受災嚴重，官方藉舊式民房損壞的機會，將該地區做徹底的重建，以西洋風格的美觀景象，成爲臺北市內的模範街區。〔註 25〕由於臺灣建物株式會社是該城內的最大地主，因此也成爲該重建工程的實際主導者，也是該區現代化的最大受益者，因此該研究值得做爲參考。

〔註22〕黃武達，《日治時代（1895～1945）臺北市之近代都市計畫》（臺北縣板橋市：臺灣都市史研究室，1997 年）。

〔註23〕廖春生，〈台北之都市轉化──以清代三市街（艋舺、大稻埕、城內）爲例〉，國立臺灣大學土木工程研究所碩士論文，1988 年。

〔註24〕尹詩惠，〈艋舺、大稻埕、城內機能之轉換〉，國立臺灣師範大學地理研究所碩士論文，2000 年。

〔註25〕黃郁軒，〈日治時期臺北城內街屋現代化過程之研究〉，國立台北藝術大學建築與古蹟保存研究所碩士論文，2011 年。

（三）土地調查紛爭事件之研究

日治初期的土地調查，對於不動產業與市場的形成都有深遠的影響，尤其衍生的基隆土地紛爭事件更是關鍵。有關這方面最早首推江丙坤的《臺灣田賦改革事業的研究》，該研究的主要內容為日治時期前臺灣土地舊慣、土地調查的過程與影響，其中有關建築物的「業主權」（相當於現在的所有權）查定也有相當詳細的研究，並認為發生於基隆的土地紛爭事件，係緣由為日資在購買基隆土地時，不了解臺灣舊慣所引起，並認為業主權的查定後來對日資的地主有利，主要是因為日資取得基隆土地時，就對臺灣人屋主修改租約或提高租金，而且過程中很可能有受到日資的施壓，而這正是後來查定業主權對日資有利的關鍵。〔註26〕

林文凱的〈日治初期基隆土地糾紛事件的法律社會史分析〉則以法律社會史的角度，重新評價基隆土地紛爭事件。該研究認為基隆日資地主與臺灣人屋主的因業主權查定而衍生的土地紛爭，政府當局與報紙在紛爭前期是贊成臺灣人屋主取得業主權的主張，但隨著日資透過法律專家與媒體的操弄，在紛爭後期反而對日資有利。該研究並認為日資主張與屋主的法律關係是「稅地基」關係，藉此取得業主權，但實質上是日資與屋主要求提高租金與修改租約，而以此曲解「稅地基」舊慣的假象，這可從日資一取得業主權，便立即要求提高租金的行為得知。〔註27〕

（四）都市土地與住宅市場的研究

目前日治時期臺灣不動產與住宅市場的研究極少，目前所知最完整的研究為小野浩的〈住宅市場與と政策〉，該文利用《臺灣日日新報》、官方統計等史料，對於 1914 年（大正 3）後的臺灣住宅市場（以臺北為主）進行分析研究，認為臺灣自 1914 年後，普遍發生住宅不足的問題（日文稱為「住宅難」），但隨著時間而有不同的風貌，而且與日本的住宅問題有異同之處，例如該研究發現 1914 年後的住宅不足，是不分收入階層普遍發生的現象，但在之後上流階層的住宅問題解決，住宅問題轉變成中下階層的狀況，且政府當局對於該問題的態度較於消極，也因此造成 1929 年的房租減低運動。該研究亦發現

〔註26〕 江丙坤，《臺灣研究叢刊第一○八種：臺灣田賦改革事業的研究》（臺北市：臺灣銀行，1972 年）。

〔註27〕 林文凱，〈日治初期基隆土地糾紛事件的法律社會史分析〉，《成大歷史學報》，第 48 號（2015 年 6 月），頁 121～156。

許多在臺日本官員因爲沒有宿舍，必須向民間租用，造成民間住宅不足的現象，與日本住宅市場問題有異。該文利用《臺灣日日新報》分析當時臺北房屋租金價格的研究方法，也爲本文所採用。〔註28〕但本文只討論到「住宅市場」，並沒有討論到「土地市場」，另外研究時間也僅在1914年以後，因此對於日治時期的不動產市場，仍有詳細觀察之必要。

其他有關日治時期都市居民生活的研究，部分也有當時土地房屋的價格，與當時不動產市場的討論，例如王慧瑜的〈日治時期臺北地區日本人的物質生活（1895～1937）〉，利用官方的統計及《臺灣日日新報》、《臺灣官民奇聞情話》等報章與書籍資料，探討當時在臺日本人的生活環境，其中發現日治初期由於短期內無法滿足來臺日本人的居住需求，造成臺北房租大幅提升的現象。另外該研究亦發現雖然1910年代臺北市郊區「大正街」的開發，雖然解決上流階層的居住問題，但中下階層的住宅問題依然存在，必須依賴政府低利資金的補助使能興建房屋。〔註29〕該研究有關不動產市場的討論雖然較少，但使用的史料亦可作爲本文的參考。

以上研究均對本文有參考價值，但仍有待釐清的地方。首先以往土木建築史的研究雖然也有部分不動產業者的討論，但由於是以建築業者與土木業者的觀點，因此對於不動產業的土地開發、出租、買賣等著墨有限，尤其該業者持有土地的背景與對其經營的影響以往並無討論，但卻是不動產業者的重心所在。另外企業經營者之策略往往對其經營結果產生極大的影響，但以往並無日治時期不動產業者之經營策略與結果之比較研究，因此也值得討論。

再者，雖然許多臺灣都市發展史研究有提到不動產業者在都市發展的角色，但畢竟僅是地方性的研究，因此仍需以整體性的觀點討論不動產業在都市發展的影響，這點雖然陳正哲的研究已有許多成果，但畢竟仍以臺灣土地建物株式會社爲主，因此對於整體不動產業在都市發展的影響仍有待釐清。

最後，有關日治時期都市不動產市場的研究至今依然極爲缺乏，雖然小野浩已有部分成果，但該研究範圍僅止於日治中期以後的住宅市場，因此仍有許多議題值得討論。例如日治初期的土地調查與衍生的紛爭事件雖然已有

〔註28〕 小野浩，〈住宅市場與と政策〉，收錄在老川慶普、須永德武、谷ケ城秀吉、立教大學經濟学部編，《植民地台湾の經濟と社會》（東京都：日本經済評論社，2011年），頁233～270。

〔註29〕 王慧瑜，〈日治時期臺北地區日本人的物質生活（1895～1937）〉，國立臺灣師範大學臺灣史研究所碩士論文，2010年。

許多研究成果，但以往並無提及對於臺灣都市不動產市場的影響，另外該市場的架構、土地與房屋的市場行情與所帶來社會之影響，都是以往研究極少接觸的議題，因此也為本文的研究重心之一。

三、研究對象

本文所稱的「都市」指兩層涵義，通常指的是在 1936 年止已改制爲「市制」的城市。〔註30〕1920 年（大正 9）臺灣由原本的廳制改爲州、市、街庄制度後，首先由臺北市、臺中市、臺南市成爲市制，直到 1936 年止尚有基隆市（1924 年）、高雄市（1924 年）、新竹市（1930 年）、嘉義市（1930 年）、彰化市（1933 年）、屏東市（1933 年）改制爲市制。但以上城市在改制爲市制以前，往往當局已有發布「市區改正計畫」（也有稱爲「市區計畫」），作爲建設都市的概念與準繩。所謂「市區改正計畫」，是 1937 年施行「臺灣都市計畫令」前，臺灣總督府對都市所研擬的改造計畫，其內容包含局部地區的變更、新設道路系統、改造市區街景等，〔註31〕例如臺北市於 1900 年（明治33）公布「臺北城內市區計畫」，將臺北城內列爲市區計畫範圍，1905 年發布「臺北市區計畫」時再將艋舺、大稻埕納入，日治時期的兩大港口基隆與高雄也分別在 1907 年與 1908 年發布首次市區改正計畫。由於市區改正計畫顯示統治者對該地已有充分的都市發展政策，因此本文將改制爲市制前已發布市區改正計畫者，認定已符合「都市」的定義。

本文所指的「不動產業」，係爲在臺從事土地、房屋之出租、買賣之業務之產業，並包含其附屬業務（如土地開發及不動產衍生的金融業務），因此即使是總社非設於臺灣，但在臺從事上述業務的產業，亦爲本文討論之範圍，如臺灣地所建物株式會社總社設於東京，但主要業務範圍在高雄與基隆，符

〔註30〕在此應強調的是，「都市」通常是指與「鄉村」相對的抽象名詞，至於符合哪些條件可以稱爲「都市」，並沒有明確的定義，有以人口多少來決定者，例如許多歐洲國家以人口 2 千人以上者認定爲都市，但這定義沒有考慮到土地的範圍與人口的流動，因此也有以人口密度、非農業就業人口比例認定都市者。見林英彥，《土地經濟學》（臺北市：文笙書局股份有限公司，1999 年），頁605～606。我國平均地權條例將「都市土地」定義爲依法發布都市計畫範圍內之土地，至於都市計畫法對「都市」並沒有定義，但將都市計畫分爲市（鎮）計畫、鄉街計畫、特定區計畫等三種，並且規定首都、直轄市、省會與省轄市、縣政府所在地、縣轄市鎮等應擬定市（鎮）計畫。

〔註31〕曾憲嫻，〈日治時期 市區改正到都市計畫〉，《臺灣學通訊》，第 60 期（2011年 12 月 10 日），頁 6～7。

合本文之定義，反之雖總社設於臺灣，但在臺灣以外的不動產業務，則非本文討論之範圍，如臺灣土地建物株式會社在大陸廣東的不動產投資等。

本文雖然不否認以個人身分投資不動產在不動產業中的重要性，如清末以買辦崛起，在臺灣擁有大量不動產的林春生，在日治初期依然是臺北的大地主，但他在生前並未設立會社管理不動產，因此較難掌握不動產投資的全貌，另外同樣在清末成爲臺灣最顯赫家族的板橋林家，在其後代於日治中期相繼成立會社之前，他們持有不動產的規模與價值也有許多說法，至今尚無定論。由於個人身分投資的不動產業資料有限，研究上有實質上的困難，因此本文將以會社組織爲研究對象。

本文雖以會社組織爲研究對象，但在 1923 年（大正 12）日本民商法適用臺灣之前，臺灣在日治初期係排除在日本商法之外，除了日本人在臺灣設立會社，或是臺資企業邀請日本人可以適用會社組織外，臺灣人傳統上的「合股」組織並未認定爲日本的「會社」組織，直到 1923 年日本民商法適用臺灣之後，臺灣人可任意依日本商法成立會社後，純爲臺灣人設立的會社才逐漸普遍。〔註 32〕日本的會社有株式會社、合資會社、合名會社等型態，其中株式會社即相當於臺灣的股份有限公司，將資本金化爲股票募資，依其章程定期舉行股東大會（日本稱爲株式總會），選舉取締役（相當於臺灣的董事）、監察役（相當於臺灣的監察人）等。合名會社社員對於債務負無限清償責任，相當於臺灣的無限公司，合資會社則分無限及有限責任社員，無限股東對債務負無限清償責任，有限則依其出資額負責，相當於臺灣的兩合公司。

四、研究方法與史料運用

本文使用文獻與統計分析並重之方式研究不動產業與市場。在不動產業的形成與經營上，利用新聞期刊、營業報告書，檔案文書、人物誌、臺灣銀行會社錄等資料了解該產業的形成與架構，並利用營業報告書的財務資料進行統計分析，以比較該產業的經營狀況與結果。在不動產市場方面，主要以官方統計資料分析市場的架構，並以新聞期刊爲主來了解市場行情與產生的社會問題。本文使用的史料如下：

〔註32〕王泰升，《台灣日治時期的法律改革》（臺北：聯經出版事業股份有限公司，2005 年），頁 340～343。

（一）營業報告書

　　從事產業史與會社史的研究，營業報告書毫無疑問是極有價值之史料。通常該報告書以一年或半年為一期，以臺灣土地建物株式會社為例，每回營業報告書除了針對庶務概況（主要包含最近一次股東總會的情形、資本金、股東等變動）及營業概況的報導外，還附有貸借對照表（即臺灣俗稱的「會計平衡表」）、財產目錄、損益計算書、利益金處分案（即盈餘分配）與股東名簿等。部分營業報告書除了報導營業狀況，甚至還會有當前經濟與政治的分析與未來展望，臺灣土地建物及臺灣地所建物株式會社的早期營業報告書，還附有該會社所屬不動產的出租情形，可藉以分析該會社的經營績效。貸借對照表與財產目錄可用來顯示該會社的財務狀況，包含土地與房屋帳面價值，〔註33〕及不動產金融的放款金額等。損益計算書可用以分析該會社的營業成果，長期的分析可以顯示出該會社經營績效的好壞，另外收入來源（如土地出租收入、房屋出租收入等）可以用來分析該期的業務所占比重，長期的比較便可觀察該會社的營業趨勢。最後該報告書會附有當時社長、取締役及監察役的名單，可用來分析該會社決策高層的變化。總之，在分析該會社營業狀態方面，營業報告書有無可取代的價值。本文所使用的營業報告書包含臺灣建物、打狗整地、打狗土地、臺灣地所建物株式會社等。

（二）臺灣銀行會社錄

　　日治時期臺灣產業的專書不少，但臺灣銀行會社錄毫無疑問是現存最完整的臺灣日治時期的產業目錄。依 1936 年的版本的凡例所稱：「昭和十二年版臺灣會社銀行錄以臺北、臺中、臺南各地方法院商業登記之資料為基礎，並輯錄各會社貸借表之摘要及各會社出張所，各社個別觀察研究資料之材料正確無誤。」〔註34〕代表該書係以當時各地方法院的登記資料為基礎，因此收錄會社資料的價值極高。另外書中少數會社還附有營業報告書的部分財務資料，對於尚未尋得營業報告書的會社而言，該資料成為唯一的財務資訊來源。該書自 1922 年發行第二版後，至 1942 年幾乎每年均有改版，每年版本

〔註33〕在此須說明的是，財務報表財產上的金額通常指的是「帳面價值」，也就是買進該財產的金額，而非「市價」，即該財產當時的市場價值，因此「帳面價值」與「市價」往往不但不相等而且很可能差距極大，如財產市價持續上漲，「市價」會大於「帳面價值」，即代表財務報表上的財產金額低估，反之則相反。

〔註34〕鹽見喜太郎，《〔昭和十二年版〕臺灣銀行會社錄》（臺北：臺灣實業興信所，1936 年）。

均是依據最新的登記資料爲準。值得注意的是 1936 年以前的版本係以產業別爲分類（1937 年起改以五十音別分類），以 1936 年版本而言共分爲 50 類，〔註35〕其中不動產業最相關者，爲第五類的「土地 建物 拓殖 物產」，該年版本共收錄了 203 家會社。

（三）臺灣人物誌、臺灣人士鑑

有關臺灣不動產業的相關人士，日人中有以日本財閥之外派經營者，有曾在政府服務而與政府關係良好者，也有早期隻身來臺後來在地方經營有成者，至於臺人則以板橋林家爲首等傳統家族。有關這方面人物的生平，《臺灣人物誌》〔註36〕、《臺灣人士鑑》〔註37〕提供相當值得參考的敘述。

（四）地方建設書籍及檔案

日治初期不動產投資的熱潮與不動產會社的成立，都與基隆、高雄兩個重要港口的建設關係密切，因此兩港口的發展成爲日治初期不動產業發展的重要關鍵，有關這方面的資料在日治時期出版的專書甚多，本文有利用者主要包含《臺灣の工業地打狗港》〔註38〕、《躍進高雄の全貌》〔註39〕等。另外《後藤新平文書》中留存的〈基隆築港調查一班〉，調查 1902 年基隆港邊土地被日本資本家大量購買之情形，提供絕佳的資料。

（五）官方統計

有關日治時期臺灣居民居住的狀況，歷次的國勢調查將臺灣居住者以土地及房屋爲自有或承租之行爲，分爲四種類型（自有土地自有房屋、自有土地承租房屋、承租土地自有房屋、承租土地承租房屋），另外臺北市役所社會課於 1935 年，曾對當時臺北市的俸給者的居住狀況進行調查，包含當時受薪階級的房屋自有或承租狀況、每月房租、房租補貼之資料，及市內各町房租價格的調查，〔註40〕以上資料對於分析不動產市場（尤其是居住者）有極大幫助。

〔註35〕該會社錄之產業分類每年都有變動，且隨時間增加，如 1922 年的第 2 版僅有 6 類，1926 年版增加爲 16 類，1930 年版本已增加至 46 類。
〔註36〕大園市藏，《臺灣人物誌》（臺北：古澤書店，1916 年）。
〔註37〕臺灣新民報社調查部，《臺灣人士鑑》（臺北：株式會社臺灣新民報社，1934 年）；臺灣新民報社編，《臺灣人士鑑》（臺北：株式會社臺灣新民報社，1937 年）。
〔註38〕臺灣日日新報，《臺灣の工業地 打狗港》（臺北：臺灣日日新報社，1918 年）。
〔註39〕中山馨、片山清夫，《躍進高雄の全貌》（高雄：作者自印，1940 年）。
〔註40〕臺北市役所社會課、臺北市社會事業助成會，《臺北市に於ける中間層俸給生活者住宅調查》（臺北市：臺灣日日新報社，1936 年）。

另外總督府歷年統計書的人口資料可以了解當時臺灣都市人口的趨勢，不動產登記資料可以透過當時買賣移轉及抵押權設定的登記筆數，了解當時不動產市場的熱絡情形。

（六）日治時期報紙、書籍及期刊

日治時期官方的不動產價格統計資料較少，但由於臺灣日治時期不動產市場價格漲跌快速（尤其是日治初期與 1920 年代前後），經常是當時的社會話題，對此《臺灣日日新報》經常有詳細的報導，有時亦有當時某些地方不動產的市場行情，成為臺灣不動產市場的重要史料。另外該報所報導當時商業人士的動態，也是探究不動產業重要人士關係的參考資料。

另外，赤烏帽子所著《臺灣官民奇聞情話》〔註 41〕，其中〈領臺當時の地價及生活費〉對於日治初期的地價、房租與日資購買臺北土地的敘述，可做為日本領臺初期地價、房租的資料。另外因住宅不足所引發的「住宅難」問題，也成為《社會事業の友》等雜誌的話題，亦可作為重要的參考資料。

五、時間斷限

本文的研究斷限設於 1895 年至 1936 年，1895 年為日本統治之起始年，至於以 1936 年為結束年，除了考量當時不動產業與市場均已到成熟階段外，1937 年中日戰爭開始後，日本頒布「地代家賃統制令」，開始限制土地、房屋租金的價格，由於戰時體制對於不動產業有許多限制，本文受限於篇幅，暫不討論戰爭對於不動產業與市場之影響。

六、章節安排

本文除了緒論與結論以外，安排如下：

第二章「近代臺灣都市不動產業發展之背景」，首先對日治時期前的臺灣不動產業狀況，與日本近代不動產業的發展作初步論述，並探討對日治時期不動產業的影響。日治初期部分日本資本家窺視投資臺灣不動產的巨大利益（雖然也伴隨巨大風險），紛紛來臺投資不動產，而部分投資成為日治初期不動產業成立的基礎，因此有關上述投資的動機與詳細狀況，也是本章的探討重點。最後日治初期的土地調查，成為影響臺灣不動產業與市場開展的重要因素，本章將於最後探討該調查的過程、衍生的爭議及影響。

〔註41〕赤烏帽子，《臺灣官民奇聞情話》（台北：台南新報社台北印刷所，1925 年）。

　　第三章「日治初期兩大都市不動產會社之成立與經營」，首先探討由荒井泰治所成立的不動產會社，他於 1908 年（明治 41）發起成立的臺灣建物株式會社，除了成爲日治時期最大的不動產業者以外，自日本引進的不動產金融等業務，更對臺灣不動產業具有劃時代的意義，本章首先討論該會社成立的背景，再分別探討該會社的土地出租、買賣、不動產金融業務，由於該會社自始至終均以臺北、基隆爲營業重心，因此也將以此爲重心敘述，最後討論荒井泰治在高雄土地開發之成敗（該土地開發成果部分由臺灣建物會社接收）。日本財閥之一的淺野財閥，以基隆與高雄的不動產爲重心，成立臺灣地所建物株式會社，成爲另一個大型不動產會社，本章後半將敘述淺野財閥的創辦人——淺野總一郎投資臺灣不動產之動機，之後分析該會社在高雄與基隆的營業狀況與結果。最後本章還將兩大不動產會社作成立與經營上的比較，並探討該兩者經營成果差異的原因。

　　第四章「近代都市不動產市場的形成」，首先利用文獻與統計資料分析近代都市與不動產市場的發展，再來討論不動產市場供給者與需求者的結構，供給者包含不動產業在內的地主與房東，需求者則爲房屋的居住者與承租房屋的商業經營者。接下來以臺北市的地價與房屋租金爲例，探討當時不動產市場的價格與景氣，最後探討該市場所產生的社會問題，例如住宅不足、房東與房客的衝突，與以上所產生的社會運動等。

第二章　近代臺灣都市不動產業發展之背景

　　近代臺灣都市不動產業開始發展前，臺灣不動產的狀況為何，而又有那些現象促成了臺灣都市不動產業與市場的發展，此為本章討論的重心。本章第一節首先敘述臺灣與日本在日治時期前不動產業的狀況，尤其日本在明治維新之後，其資本主義與都市化的形成都先於臺灣，這樣情形下在日本形成的社會現象與不動產業的特徵，與臺灣在日本統治前之比較，將於本節討論。

　　1895 年日本統治開始後，日資靠者日本高官對於臺灣建設政策之構想，帶者資金的優勢搶先投資臺灣的不動產，成為臺灣都市不動產業與市場的雛型，本章第二節將討論日資投資不動產的動機與詳細情形。1900～1905 年的土地調查，對於臺灣不動產業與市場的產生有深遠的影響，本章第三節將討論土地調查與衍生的紛爭事件。

第一節　日治前的不動產業

一、日治前臺灣的不動產業

　　清代臺灣不動產業尚未發展前，以農地開墾事業為其早期型態。1683 年清廷統治臺灣開始後，臺灣的土地開墾從今日臺南市逐漸擴展至西部平原，並延伸到宜蘭地區。由於當時土地皆為官有，欲開墾者應向官方申請「墾照」始能開發，並稱為「墾首」，這樣的農地開墾與投資行為，已與近代的土地開發行為相似。

　　當時由於開墾的土地面積廣大，因此「墾首」會將土地劃分給招來的「墾丁」，自己成爲「大租戶」。被分配到土地的農民有時又因土地太過廣大，再將土地租予佃農耕種，自己成爲「小租戶」，清代的農地所有權制度便是「大租戶－小租戶－佃農」這三重權利義務關係，〔註1〕這樣的習慣到了城鎮的房屋建築後，也形成「大租戶－地基主－屋主」這三重權利義務關係。由於大租戶已不居住於該土地，除了收租外並無土地的實權，這樣的關係徒增土地買賣移轉的複雜度，形成不動產市場發展之阻礙，直至日治初期的土地調查才消除。

　　1858年清廷被迫簽訂《天津條約》後，開放臺灣（安平）、淡水兩個通商口岸，這時負責擔任洋行仲介的買辦利用與外國的良好關係，成爲社會新貴，另外開港後茶葉與樟腦成爲熱門出口商品，而這兩者都生長在原住民較多的山區，需要武力保護產業的維繫，因此擁有武力的豪紳也受到政府重視。當時興起的買辦與豪紳透過良好的政商關係而致富，也都利用大量財富購買不動產，其中又以板橋林家爲代表。

　　板橋林家祖籍福建漳州，最早來臺者爲1778年的林應寅，其家族事業可追朔至林應寅的兒子林平侯（1766～1844）。林文侯活躍於嘉慶道光年間，自小受雇於米商，因受賞識而自立商號，獨當一面。後來至新竹辦理產鹽事務，與購買商船，從事大陸的近海貿易事務，均獲利甚多。致富後便開始從事土地投資與開墾的事業，首先於1818年舉家搬至桃園大溪後，從事大溪的開墾事務，成功後將開墾事業擴展至桃園、宜蘭、臺北各地，成爲一大地主。〔註2〕

　　林平侯的兒子以三子林國華、五子林國芳事業上最爲有名，林國芳曾購買灌溉板橋土城的大安圳與周邊土地，也使1853年舉家搬遷至板橋，成爲「板橋林家」之來源。林平侯的第三代，也就是林國華的兩子林維讓（1818～1878）與林維源（1840～1905），在清末之「開山撫番」政策中成爲要角。1874年沈葆楨渡臺從事墾務時，鑑於板橋林家在宜蘭、大溪等墾殖經驗，命令林維讓從事開山撫番事業。1885年首任臺灣總督劉銘傳上任後，在大溪設立撫墾總局時，以林維源爲總辦，綜理全臺墾務，另外實行「清丈賦課」政策以增加

〔註1〕該土地制度在日治初期的臺灣舊慣調查結果有詳細的解說，詳臨時臺灣土地調查局，《臺灣舊慣制度調查一班》（大阪：中村印刷所，1901年），頁22～23頁。

〔註2〕司馬嘯青，《臺灣五大家族（下）》（臺北市：自立晚報社，1987年），頁8～16。

稅源時，林維源亦負責北部土地的清丈工作。板橋林家就在長期的土地開墾經驗與良好政商關係下，成爲以不動產事業爲主幹的家族。〔註3〕據 1897 年《臺灣新報》報導，林家的資產有「幾百萬」，被稱爲「清國三豪富」之一並排名第三，〔註4〕雖然眞實性有待商榷，但可見當時林家之財力。

　　板橋林家在清末的不動產投資事業，以大稻埕周邊的土地開發與「建昌公司」爲代表。依連橫的《臺灣通史》紀載：

　　　　光緒十三年臺灣建省，巡撫劉銘傳暫駐，乃於城外大稻埕；新闢市廛，而規模未備。春生與富紳林維源合築千秋、建昌兩街，略倣西式，爲名倡，洋商多僦此爲已居。〔註5〕

另外據 1897 年《臺灣新報》所載：

　　　　大稻埕建昌街向乃一帶沙園地磽而濕土低而窪潮汐時常淹沒泥淤每易浸淫固不宜耕種也然稻江爲華洋薈萃商賈輻輳之區臨河基址船隻可以出入貨物便於疏通誠不易得所以李紳春生識見高明早鑒於此知該處爲林本源園地，因請本源聯財合築各儈二萬五千圓二共五萬圓名曰建昌公司交李氏一手辦理塡土砌石極費經營盖屋造樓不憚監督未幾別開生面頓成一軒豁呈露之大市肆年收租價一萬餘金洵莫大利益也。〔註6〕

　　由上可知清末因靠買辦，而後自營茶葉而致富的李春生〔註7〕，看準清末時期大稻埕地區身爲臺北地區最重要的港口，有莫大的商業利益，因此找上當地地主板橋林家，分別投資 2 萬 5 千圓成立建昌公司，並在大稻埕建造樓

〔註3〕　司馬嘯青，《臺灣五大家族（下）》，頁 14～28。
〔註4〕　〈林本源の家事〉，《臺灣新報》，第 127 號，1897 年 2 月 13 日，2 版。
〔註5〕　連雅堂，《（校正修訂版）臺灣通史（下）》（臺北市：黎明文化事業股份有限公司，1985 年），頁 951。
〔註6〕　〈公司分管〉，《臺灣新報》，第 306 號，1897 年 9 月 15 日，1 版。
〔註7〕　李春生（1838～1924）原籍廈門，小時家境貧苦致無力就學，後來清廷鴉片戰爭戰敗，廈門成爲五個通商口岸之一，成爲西方文化的門戶，李春生除了信奉基督教，追隨英國人修習英語外，還先後遊歷中國各地，見識日廣。1858年在廈門怡記洋行任職，從事外國貨品與茶葉貿易，因爲善於經營而受到器重。1866 年來與寶順洋行簽約，前往臺灣主持茶葉，以「臺灣茶」爲標誌行銷美國，成爲臺灣茶業打入國際市場的先驅。除了繼續擔任洋行總辦外，並自行成立春生商行，自製茶葉外銷，有臺灣第二富豪之稱。見吳文星，〈李春生——白手起家的富豪思想家〉，《臺灣文學評論》，第 5 卷第 1 期（1995 年 1月），頁 20～21。

房，收取租金，很快就吸引許多外國商行進駐。該公司投資資金建造街道、樓房之舉，已經與清代前期的農地開墾明顯不同，而更接近現代的不動產投資開發，另外由年收租金之豐厚，可得知李春生與板橋林家對於不動產投資的傑出眼光。板橋林家靠者龐大的土地資產延續到日治時期，成爲臺灣的大型不動產業之一，其中又以林維讓的長孫林熊徵最爲突出。

二、日本近代不動產業的形成

　　日本明治維新以前的江戶時代（1603～1867），在 1643 年發布的「田畑永代賣買禁止令」下，是土地與人合爲一體的封建社會，大多數的土地（尤其是農地）無法買賣，即使是當時有 100 萬以上人口的最大都市江戶，也僅有少數的「町人地」可做爲買賣對象。當時除了居住在江戶的武士與平民外，附近富有的農民與商人也經常購買江戶的土地。對這些人而言，持有土地不但可以靠者出租取得穩定的收益，還可以作爲質借抵押品的「安全資產」。從當時有受地主雇用收取土地租金、房租等職務的「家守」看來，江戶時代已有不動產業者的雛形。〔註8〕

　　1867 年江戶幕府最後一任將軍德川慶喜將政權交給明治天皇，開啓日本近代化的明治維新時期。1872 年（明治 5），大藏省宣布廢除土地買賣禁止的命令，確立土地自由買賣的制度，土地買賣以相當於土地所有權證明書的「地券」的交付，作爲所有權移轉生效的要件，並發展公證制度。爲確定土地的國有與私有、地界、地目、面積等，日本政府於 1873 年起花費 6 年進行土地調查，並於隔年起決定以土地地價作爲地租收取標準，1885 年起更花費 4 年時間做更精細的土地測量，隔年日本政府頒定「不動產登記法」，廢除「地券」，不動產的所有權以土地登記簿與建物登記簿公示。〔註9〕日本政府以上措施確立了不動產所有權制度與自由買賣，而這些都有利於不動產業與市場發展的環境。

　　明治維新時期的產業革命，就如同英國等先進國家相似，使得日本的人口由鄉村前往都市，造成都市人口的快速增加。1878 年（明治 11）劃定東京15 區時人口約 81 萬人，1888 年已成長至 130 萬人，1898 年再成長至 143 萬

〔註8〕 橘川武郎、粕古誠編，《日本不動產業史》（名古屋：名古屋大學出版會，2007年），頁 15～19。

〔註9〕 不動產業界沿革史出版特別委員會，《不動產業界沿革史》（東京：社団法人東京都宅地建物取引業協會，1975 年），頁 35～41。

人；大阪 1878 年人口約 28 萬人，1888 年成長至 44 萬人，1897 年因爲大阪市域擴張，人口成長至 76 萬人。隨者都市人口的成長，都市周邊農田紛紛轉爲住宅地、工商業地，反映的是從中心到周邊住宅的成長。東京最中心的四區（麴町、神田、日本橋、京橋）是東京人口最集中的地區，但在明治中期以後人口成長便已停滯，反映當地不動產開發已達到了極限，相反的其他 11 區不論是人口密度與建築用地比率雖都明顯較低，但在明治年間成長快速，到明治末年已跟中心四區不分上下，大阪亦有類似之情形。〔註10〕總而言之，產業革命造成都市化的擴展，形成住宅、工廠、商業大樓的大量需求，成爲不動產業快速發展的最好機會。

　　隨者都市人口的增加而造成都市規模的擴張，都市周邊的土地所有者紛紛放棄農作，成爲建築用地的出租者，而建造住宅出租者也相當多，但大多爲小規模的經營。大型建築用地的開發由於需要大量資金，通常只有舊時代的貴族武士階級，及財閥等大型會社始能達成，例如三菱財閥在 1890 年（明治 23）從政府買下東京丸之內與三崎町約 3 萬 1 千餘坪之土地，並建設電燈、下水道、浴場等設施，至 1897 年土地幾乎都已出租，成爲建築用地開發的典型案例。〔註11〕由大型會社主導的大型建築用地開發，與 1910 年代臺灣建物會社在臺北郊區「大正街」的開發類似。

　　日本近代的產業史最大的特徵便是大型財閥的興起，有些係因取得政府金融的特權而興起，如三井、安田財閥等，有些係販賣軍火或軍用品、協助日本軍隊建設等興起，如大倉、藤田財閥等，有些是取得政府特許經營保護的企業，如三菱財閥等，〔註12〕但這些財閥共通的特點，就是多利用長期與政府良好的政商關係，進而成爲多角化、無所不包的龐大帝國，當然不動產業務也是這些財閥帝國的一份子。依明治末年的統計，許多大型財閥都是東京與大阪的大地主，包含三菱財閥於 1906 年（明治 39）時在東京有 23 萬坪之建築用地，三井財閥也有 17 萬餘坪之建築用地，分別爲東京最大與次大地主，住友財閥於 1911 年在大阪亦有 9 萬 5 千餘坪之建築用地，是大阪最大地主。〔註13〕

〔註10〕橘川武郎、粕古誠編，《日本不動產業史》，頁 25～31。
〔註11〕橘川武郎、粕古誠編，《日本不動產業史》，頁 37～41。
〔註12〕森川英正，《日本財閥史》（東京：株式會社ニュ――トンプレス，1978 年），頁 26～27。
〔註13〕不動產業界沿革史出版特別委員會，《不動產業界沿革史》，頁 50；橘川武郎、粕古誠編，《日本不動產業史》，頁 32。

　　隨者日本對外勢力的擴張，日本財閥也隨者日本政府將資本投入於中國大陸、朝鮮、臺灣等地，如幕府末期販賣軍火興起的大倉財閥，與以煤礦、水泥、海運等產業興起的淺野財閥等，在日本統治臺灣開始便投資臺灣的不動產，對往後臺灣不動產業有極大的影響。

三、日本不動產金融業的先驅——東京建物株式會社

　　日本財閥靠者累積的財力持有的不動產雖多，但一開始大多並未將不動產管理專業化，往往僅設一小部門管理，而未設有專門處理不動產的會社，主要係因持有的不動產並不是作爲投資，而是做爲金融上的擔保，進而累積巨大財力的工具，直到明治末年才逐漸改觀，而最重要的事件，便是 1896 年（明治 29）由安田財閥成立的「東京建物株式會社」。

　　安田財閥的創立者爲安田善次郎（1838～1921），明治前以安田商店起家，從事貨幣兌換業務而奠定基礎，明治維新後因協助政府建立金融業務而致富，先後成立安田銀行、第三國立銀行、日本商業銀行、明治商業銀行等，成爲以金融爲基礎的財團，另外還跨足鐵道、保險、電力等業務。〔註 14〕安田財閥也是東京大地主之一，1906 年（明治 39）的調查中，安田財閥在東京大地主中排名第六，建築用地持有面積爲 5 萬 7 千餘坪。〔註 15〕

　　1896 年（明治 29）甲午戰爭結束後，日本進入景氣的熱潮，尤其是東京等大都會受惠於銀行保險、鐵道海運等行業拓展之下，進一步工業化與都市化的腳步。1890 年前後東京市完成市區改正後，加速了道路與下水道之建設，形成許多市街，帶來土地房屋的大量需求，但當時不動產會社依然缺乏，尤其幾乎沒有專門處理不動產金融業務的會社，以致於許多人購買不動產必須依靠高利貸業者，造成許多弊害。安田財閥旗下的眾多銀行因爲接觸不動產買賣，在不動產業務上已經有許多經驗，因此正是成立專門不動產會社，並從事不動產金融業務的最佳人選。安田善次郎有鑑於此，於 1895 年開始籌備，並獲得東京經濟界與銀行界之支持，選出 3 名爲創立委員，最後共有 48 名發起人出資，設定資本額 100 萬圓，至 1896 年底實收 25 萬圓。1896 年 8 月，包含安田善次郎在內之發起人於東京招開東京建物株式會社之創立總會，選出取締役及監查役，實際運作則由創立委員之一木村条市負

〔註 14〕森川英正，《日本財閥史》，頁 31～32、86～87。
〔註 15〕不動產業界沿革史出版特別委員會，《不動產業界沿革史》，頁 50。

責。〔註16〕

　　該會社的營業項目除了不動產的買賣與出租以外，還包含「月分期付款之建築物建造契約」及「土地建物之擔保貸款」等不動產金融業務，是當時日本不動產業之創舉。所謂「月分期付款之建築物建造契約」（以下簡稱月分期付款契約），係將該會社與買受人簽訂分期付款契約，將不動產價格分 15 年以內每月分期償還，償還完畢後所有權移轉給買受人之契約，該分期付款契約的標的可以是房屋的買賣，也可以請求該會社委託建造房屋（如支付手續費，可應顧客需求設計），也可以是房屋的增建與改造。所謂「土地建物之擔保貸款」，係將不動產做為擔保，以 6 個月為限短期放款的業務。〔註17〕表 2-1 為該會社 1898 年與 1904 年下半年的部分資產負債表及損益表。由表中可知，該會社在 1898 年是以不動產金融為主要業務，其中月分期付款契約在 1898 年底有 15 萬 7 千餘圓，不動產擔保貸款為 25 萬 2 千餘圓，這兩業務所產生的利息收入有 2 萬 1 千餘圓，占該期總收入的 42.11％，也是該期最大的收入來源。1904 年的資產負債表與損益表可以看出不動產金融與利息收入都比 1898 年成長，但利息收入占總收入百分比稍微降低，主要是因為土地及房屋租金收入提升的緣故。

表 2-1　東京建物株式會社 1898、1904 下半年度資產負債表及損益表（部分）

期　　　間	1898 年 7～12 月		1904 年 7～12 月	
	金　　額	百分比（％）	金　　額	百分比（％）
資產負債表				
月分期付款契約	157,255	13.23	89,596	4.69
不動產擔保貸款	252,504	21.24	367,890	19.27
土地	83,543	7.03	626,676	32.83
房屋	105,107	8.84	511,004	26.77
資產合計	**1,189,009**	**100.00**	**1,908,663**	**100.00**

〔註16〕東京建物株式會社社史編纂委員會，《信賴を未來へ──東京建物百年史》（東京：東京建物株式會社，1998 年），頁 15～19。該會社因業務成長，1907 年將資本額增加至 500 萬圓，該年底實收資本額 200 萬圓，1920 年資本額再增加至 1,000 萬圓，該年底實收資本額 625 萬圓。

〔註17〕東京建物株式會社社史編纂委員會，《信賴を未來へ──東京建物百年史》，頁 22、31～32。

損益表				
利息收入	21,471	42.11	35,210	35.58
手續費收入	10,021	19.65	17,499	17.68
不動產買賣收入	10,331	20.26	4,245	4.29
土木建築收入	3,365	6.60	0	0.00
土地及房屋租金收入	4,728	9.27	40,182	40.60
其他收入	1,074	2.11	1,833	1.85
總收入	**50,991**	**100.00**	**98,969**	**100.00**

說明：金額皆四捨五入。

資料來源：東京建物株式會社社史編纂委員會，《信賴を未來へ——東京建物百年史》，頁 354、356。

　　東京建物株式會社是當時不動產業的龍頭。下章所述於 1908 年（明治 41）在臺北所創立的「臺灣建物株式會社」，在東京建物創立委員之一木村条市的指導之下，其營業型態與該會社幾乎相同，由此可見該會社對臺灣不動產業之影響。

四、小結

　　由以上比較日本與臺灣 1895 年日治時期開始時的不動產業與市場，可以發現以下事實：（一）日本隨者明治維新工業化的發達，東京、大阪等都市化已經開始形成，而都市化的形成代表者外來人口的集中，並衍生居住的需求，而這些都是不動產業發展的有利環境；相反的臺灣在日治時期前尚未工業化，艋舺、大稻埕等市街相較於快速成長的東京、大阪的人口相較，充其量僅算是因港口貿易而形成的市鎮，即使是與現代不動產業極為相近的「建昌公司」，它所承租的客戶甚至不是外來討生活的臺灣人，而是外國商人，直到日治時期臺灣才有近代都市的形成；（二）由於明治維新的產業革命與日本政府的保護政策下，日本產生眾多富可敵國的財閥，這些財閥的雄厚資本，成為日治初期大舉來臺投資不動產的最大本錢；（三）日本在明治維新初期的廢除土地買賣禁令、進行土地調查、確立不動產登記制度等，都對不動產交易的安全有極大幫助，有助於不動產市場的發展，相反的這些在臺灣都有待於日本來臺統治後才實現或完善；（四）日本來臺統治前的臺灣土地制度，盛行「大租戶－小租戶－佃農」的權利義務關係，大租戶除了收租外幾乎不管事務，小租戶才是土地的實質所有

權人，這種權利義務關係與現代的所有權差別極大，造成不動產交易的困難，這也是臺灣在日治時期前不動產業與市場發展困難的因素之一。

但由本節敘述可知，日本近代的不動產業在明治初期也尚在初步發展階段，直到甲午戰爭後才逐漸形成專業化與發展不動產金融，1896 年（明治 29）成立的東京建物株式會社的成立便是專業化的指標，而 1908 年所創立的臺灣建物株式會社，便是繼承東京建物株式會社的理念。

第二節 日治初期日資的不動產投資

一、投入臺灣不動產之背景

1895 年日本統治臺灣開始時，臺灣是日本第一個殖民地，日本政府對於臺灣不論是統治方針與政策都在起始階段，還須窮於應付各地的抗日活動。但日本的資本家卻在日本統治開始同時，便陸續購買臺灣的土地。當時臺灣政局不穩，日人來臺者大多是軍人與官員，冒險來臺的平民不多，臺灣也尚未出現日本的都市化，因此日本資本家投資臺灣土地，顯然不是如日本不動產業者係因都市的形成，並衍生住的需求而產生，其原因頗值探討。

如同上節所述，日本資本家一向與政府關係良好，甚至協助日本政府協助侵略工作，因此較能獲得官方第一手的資訊。當時日軍在逐漸佔領臺灣時，已有臺灣建設上的構想，例如有意在基隆築港，或是將行政中心設於臺北城內等，因此日資便在獲知這些訊息時，便搶先購買這些地方之土地。大倉財閥與淺野財閥便是與政府關係良好，隨日本來臺同時搶購不動產的代表。有關淺野財閥在臺灣的不動產開發事業將於下章詳細介紹，在此介紹大倉財閥在日治初期臺灣不動產事業的角色。

大倉財閥的創立者大倉喜八郎（1837～1928），最早是以販賣乾貨起家，1865 年轉型為軍火商，幾年後發生明治維新政府與幕府舊勢力的戊辰之戰（1868～1869）時，因販賣軍火而獲得暴利。1873 年成立大倉組商會，1893年改制為合名會社大倉組。大倉組後來從日軍侵臺到甲午戰爭，一直協助日軍從事運輸糧食與物資的工作，逐漸累積財富。〔註18〕

〔註18〕 菊地浩之，《日本の 15 大財閥》（東京：株式會社平凡社，2009 年），頁 156
～157。

　　該財閥在 1895 年一起隨日軍來臺，主要任務是軍需用品的徵集，彈藥、糧食、工程建築材料等物資之搬運及土木工程，〔註 19〕另外還橫跨精米所與宜蘭製腦等事業，成爲日治初期在臺最大的日資企業之一。依 1898 年的報導，大倉組在臺的資本約 30 萬圓，但實際有 50 萬圓以上，在臺最大的機構爲臺北支店，另外轄下設有土木部、宜蘭製腦所、精米所，與基隆、宜蘭、新竹、臺中、鳳山等營業據點，屬下 105 名社員遍布臺灣各地。〔註 20〕

　　大倉組除了協助日本政府外，也趁者臺灣土地相當便宜的機會，大肆購買臺灣的土地。1902 年（明治 35）該會社在基隆便有 2 萬 8 千餘坪之土地，同時在臺北的「地主會議」上亦有該會社的身影。〔註 21〕就連它獲派的駐臺主管也加入搶購土地的行列，其中又以 1895 年以大倉組臺北支店店長來臺，後來成立「株式會社賀田組」的賀田金三郎最爲重要。

　　日本資本家大量購買臺灣土地之原因，還與當時土地價格極爲低廉有關。以基隆爲例，1895 年（明治 27）日軍進入基隆後，由於兵荒馬亂，臺灣人居無定所，土地價格大幅滑落，1 坪甚至僅 0.05 圓到 0.5 圓之間，這時日本資本家趁機雇用臺灣人當翻譯或委託臺灣人，大量收購基隆土地，甚至有利用各種手段，強迫土地所有人無償轉讓土地者，例如中立銀行銀行員山口祐三郎，僅用 4,000 圓的價格就取得 6 萬坪的土地，並以 6 萬圓賣出；藤田組在 1896 年以一坪 0.05 圓取得土地，隔年該地已上漲至 0.25 至 0.5 圓。至 1896 年，基隆的土地從平地到山地，大多已被日資取得，並且價格已是前一年（1895 年）的十倍以上。〔註 22〕當時基隆的日資不但搶購不動產，甚至有刻意炒作的跡象，例如 1897 年 12 月間傳來基隆築港中止的消息後，原本 200～300 圓的不動產買賣價格暴跌到 50～70 圓，被當時報紙認爲「像股票買賣一樣」。〔註 23〕由上可知 1895 年起短短幾年內，基隆港周邊土地的價格已有快速漲跌的現象，代表當時地方上已有不動產市場的交易行爲。

〔註 19〕鍾淑敏，〈政商與日治時期東臺灣的開發——以賀田金三郎爲中心的考察〉，《臺灣史研究》，第 11 卷第 1 期（2004 年 6 月），頁 82～83。
〔註 20〕〈臺北實業界彙報　大倉組〉，《臺灣新報》，第 448 號，1898 年 3 月 12 日，2 版。
〔註 21〕〈基隆築港調查一班（明治三十五年三月末日調）.他一括〉，《後藤新平文書》；〈地主の會合と借地料〉，《臺灣日日新報》，第 1371 號，1902 年 11 月 26 日，2 版。
〔註 22〕〈基隆の土地買收〉，《臺灣新報》，第 10 號，1896 年 8 月 16 日，3 版；〈基隆紛爭地問題（六）〉，《臺灣日日新報》，第 1154 號，1902 年 3 月 9 日，2 版。
〔註 23〕〈土地家屋の賣買〉，《臺灣新報》，第 275 號，1897 年 12 月 9 日，3 版。

　　臺北市亦有類似之情形，日本治臺初期臺北的新榮街（臺北城南門附近，今林森南路、愛國東路、羅斯福路一段附近）1 坪僅「數圓」，南門附近的臺灣銀行宿舍（今臺北市牯嶺街內）當時土地購買價格也僅 1 坪 0.5 圓，〔註24〕甚至有傳聞指出知名工程師久米民之助購買新起街（今西門町周邊）土地一坪僅約 0.43 圓，內田孝太郎購買第一小學校及郵局（今臺北北門及中華路附近）周邊土地，一坪也僅 0.6 圓，〔註25〕但 1902 年新起街的平均地價已上漲至每坪 5.3 圓，北門街更上漲至每坪 8 圓，〔註26〕代表臺北城區附近的土地在日治初期漲幅也相當快速。不過 1900 年的報導亦指出當時日人爭相購買臺北與基隆的土地，是抱者未來地價上漲獲得暴利的心態而來，但部分如內田孝太郎的日本地主卻還不待時機到來，便有處分土地之情形。〔註27〕

　　由上可知，日資在預期日本政府的建設政策時，便立即搶購當地之土地，但與其是投資，來不如說是抱者「投機」的心態而來，在土地尚處於低價時「先搶先贏」，等待將來確定都市發展的政策後，再靠土地上漲大賺一筆。〔註28〕但當時投資臺灣土地的風險極大，當局統治政策尚未明朗、社會不穩、語言不通、土地產權混亂、臺灣舊有習慣外人難以了解、交易尚未健全等都是風險所在，這更顯出購買土地的「投機」性質。

　　但日本資本家也是跟隨者日本政府對臺灣的治理政策而來，而非漫無目的的搶購。由下面敘述可知，日治初期日資投資臺灣的不動產，主要係以基隆、高雄與臺北三地，以「兩港一市」而展開。「兩港」為基隆與高雄，代表日治時

〔註24〕〈等閑に附されたる 我都市の土地政策（二）〉，《臺灣日日新報》，第 7938 號，1922 年 7 月 4 日，3 版。

〔註25〕赤鳥帽子，〈領臺當時の地價及生活費〉，《臺灣官民奇聞情話》（台北：台南新報社台北印刷所，1925 年），頁 19～20。

〔註26〕〈臺北の地代〉，《臺灣日日新報》，第 1392 號，1902 年 12 月 20 日，2 版。

〔註27〕〈土地買占と其處分〉，《臺灣日日新報》，第 793 號，1900 年 12 月 20 日，2 版。

〔註28〕在此需要說明的是，投資學上所謂的「投資」與「投機」，兩者並無明確的劃分，如果要劃分的話，可用行為的動機作為區別。如果願意承擔適當的風險下，追求長期、穩定的報酬，其行為可稱為「投資」；相反的「投機」追求的是短期的暴利，且須承擔比「投資」更高的風險。本文認為日治初期日本資本家購買臺灣土地，雖然報酬極高但風險極大，因此偏向於「投機」，但為了避免敘述混亂不清，本文其餘大多仍使用「投資」一詞。有關「投資」與「投機」區別之討論，詳見謝劍平，《投資學——基本原理與實務》（台北市：智勝文化事業有限公司，2009 年），頁 7～8。

期臺灣對外貿易的重要港口，也是臺灣與日本進出的門戶，「一市」爲臺北，代表日治時期臺灣的政治與經濟重心。以上三地後來在日本統治後的 15 年內都陸續發布市區改正計畫或市區計畫，證明了日資對於該地發展都市的預期。

二、日資對於基隆港周邊的土地投資

擁有沉降海灣地形的基隆，係臺灣少數的天然良港，周邊山區的豐富礦藏在清末備受矚目，1884 年至 1885 年中法戰爭時，法國進攻基隆即已此有關。1895 年日本開始統治臺灣後，首任總督樺山資紀在當年 8 月即向臺灣事務局總裁伊藤博文表達基隆必須築港之意見，次月再向參謀總長彰仁親王提出基隆築港意見書，認爲基隆是臺灣唯一良港，又是聯絡日本與臺灣內地的緊要門戶，因此亟待建設，隔年便展開基隆的築港調查。但當時日本政府因爲當時臺灣叛亂尚未平定，經費又過於龐大，因此對於基隆築港一事並未積極，直到新任臺灣民政長官後藤新平向日本爭取以發行公債進行築港，築港工程才能順利展開。1900 年成立臨時基隆築港局，並於 1900～1906 年進行第一期築港工程，但受限於經費與天災人禍因素，僅完成最初期的濬渫港灣的部分。1905 年日俄戰爭結束後，日本政府重視殖民地的經營，港灣工程才逐漸順利開展，並於 1906 至 1912 年進行第二期築港工程。〔註29〕

雖然歷任總督大肆鼓吹基隆築港的重要性，但日本政府起初對築港並不積極，不過日資已經眼見基隆築港並可望發展成港灣都市的大好趨勢，加上基隆因爲政局混亂，土地價格大幅滑落等因素之下，不待日本政府政策，基隆的土地就已被日資大量侵入，至 1896 年（明治 29），基隆港口周邊的土地幾乎都已落入日本人的手中。依 1902 年的調查，日資持有基隆土地之坪數及位置如由圖 2-1 及表 2-2。由表與圖中可知，淺野總一郎（圖中綠色部分）與京濱銀行（圖中紫色部分）是當時基隆的兩大地主，但擁有建築用地最多者之前三名分別爲淺野總一郎、京濱銀行及中立起業株式會社（圖中碧藍色部分）。以地點而言，大倉組、賀田金三郎及中立起業株式會社佔據了舊基隆火車站周邊的土地（圖中港灣左下方底部，今基隆車站周邊），而未來成爲新市街的「小基隆」（圖中港灣右下方底部，今基隆市政府周邊）的地主有淺野總一郎及中立起業株式會社。

〔註29〕 陳凱雯，〈日治時期基隆築港之政策、推行與開展（1895～1945）〉，頁 82、91～96。

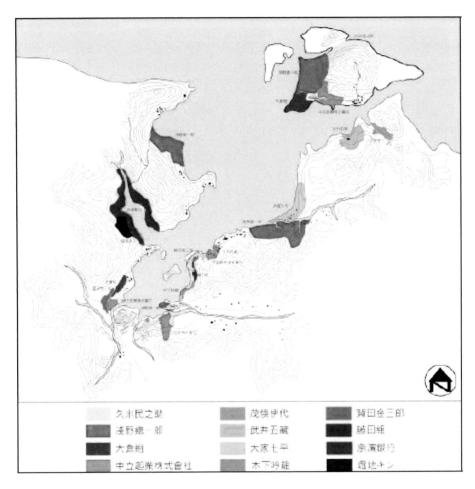

圖 2-1　1902 年基隆地主持有土地示意圖

資料來源：引用至陳凱雯，〈日治時期基隆築港之政策、推行與開展（1895～
1945）〉，國立中正大學歷史研究所博士論文，頁 176。

表 2-2　1902 年基隆日資持有土地表 （單位：坪）

所有人	建築用地	山　地	合　計
淺野總一郎	66,400	134,510	200,910
合名會社大倉組	9,360	18,670	28,030
合名會社藤田組	1,060	8,530	9,590
賀田金三郎	1,150	18,430	19,580
大家七平	4,100	29,600	33,700

久米民之助	3,670		3,670
茂俣伊代	3,590	48,760	52,350
京濱銀行	27,980	200,000	227,980
武井五藏	4,000		4,000
中立起業株式會社	16,460	4,850	21,310
木下吟龍	2,640	13,340	15,980
梅津三之輔、大泉長次郎		8,000	8,000
佐藤里治		2,500	2,500
堀地キン	7,470	不明	不明

資料來源：〈基隆築港調查一班（明治三十五年三月末日調）他一括〉，《後藤新平文書》。

　　日治初期在基隆港周邊的地主中，又以淺野總一郎與中立起業株式會社最爲重要，淺野總一郎持有土地後來由基隆地所建物株式會社管理，1920 年（大正 9）再被併入臺灣地所建物株式會社。至於中立起業株式會社設於 1898 年（明治 31）間，資本額 100 萬元（但在被臺灣建物株式會社合併前已減爲 50 萬元），股東 400 餘人皆爲京都、大阪地區有名的資產家，總社設於大阪，並於基隆設有出張所。﹝註 30﹞

　　以上兩地主所占的「小基隆」地區，後來在 1906 年（明治 39）起的第二階段基隆港建設工程中填海造陸，成爲基隆市區的黃金地段，有極大的發展潛力。但如上所述，起初日本政府對築港並不積極，加上下節所述的土地紛爭事件，使得這兩者的不動產經營並不順利。以中立起業株式會社爲例，依報導指出該會社至 1900 年底雖然有至少 2 萬坪以上的土地，但土地租金收入偏低的影響之下，該年底尚有 2 千 8 百餘元之累積虧損，﹝註 31﹞ 據 1909 年報載該會社自創業 11 年來從未發放股利，經營並不理想。﹝註 32﹞ 由於該株式會社之業務與 1908 年成立之臺灣建物株式會社多所重複，因此 1910 年被臺灣建物株式會社合併。總而言之，該兩地主所持有的基隆土地，後來都成爲日

﹝註 30﹞ 〈中立起業會社營業景況〉，《臺灣日日新報》，第 860 號，1901 年 3 月 17 日，2 版；〈中立起業會社現況〉，《臺灣日日新報》，第 3493 號，1909 年 12 月 18 日，3 版。

﹝註 31﹞ 〈中立起業會社營業景況〉，《臺灣日日新報》，第 860 號，1901 年 3 月 17 日，2 版。

﹝註 32﹞ 〈中立起業會社現況〉，《臺灣日日新報》，第 3493 號，1909 年 12 月 18 日，3 版。

治初期兩大不動產會社之資本。

三、淺野總一郎對高雄港周邊土地之投資

　　如果基隆是日治時期臺灣北部港灣都市的代表，那高雄則代表南部的港灣都市。高雄港原名「打狗港」，1861 年臺灣因天津條約開放通商，高雄港被指定為安平的附屬港口，但因為港口的優越條件，因此在日本統治前，高雄港已成為臺灣南部最重要的通商港口之一，如該港海關早自 1864 年即設立。〔註33〕1895 年首任總督樺山資紀在當年 9 月向參謀總長彰仁親王提出基隆築港意見書時，雖認為高雄也應築港，但應以基隆築港為優先，因此高雄築港的時程整體而言較基隆為晚。〔註34〕1899 年 9 月臺灣總督府民政長官後藤新平巡視南部後，認為有築港調查之必要，乃於隔年派遣總督府技師川上浩二郎實施第一次高雄築港調查，惟調查後因正逢基隆築港工程之際，應集中財源等因素暫時擱置。

　　上述第一次築港調查時，當時技師川上浩二郎就對高雄港灣的市區發展抱持相當樂觀的態度。〔註35〕同年臺南至高雄的鐵路開通及高雄車站啓用，1904 年將高雄車站周邊填平 4 萬坪海埔新生地後，使得高雄港的運輸功能更為提高，〔註36〕但日治初期高雄港灣周邊除了漢人居住的旗後街及哨船頭街以外，幾乎都是鹽田、沼澤等荒涼之地，作為市區的腹地嚴重不足，不過上述土地皆在日本統治開始同時，便由淺野財閥創辦人淺野總一郎獨占。

　　淺野總一郎早於 1896 年（明治 29）派遣調查員前來臺灣，觀察後認為日後臺灣港灣的發展不可限量，陸續在基隆、蘇澳、高雄等收購土地。〔註37〕同年經由當地居民取得高雄哨船頭至後來高雄車站一帶之山林、鹽田、養魚池與建築用地等，共約 25 萬坪之土地，即今日的高雄市鼓山區、鹽埕區一帶。當時淺野取得土地之廣闊，連上述高雄車站周邊的海埔新生地，也是總督府

〔註33〕戴寶村，〈近代臺灣港口市鎮之發展：清末至日據時期〉，國立臺灣師範大學歷史研究所博士論文，1987 年，頁 302～307。

〔註34〕陳凱雯，〈日治時期基隆築港之政策、推行與開展（1895～1945）〉，頁 46。

〔註35〕張守真，〈哈瑪星：擁有許多「第一」的現代化新市街〉，《高市文獻》，第 20 卷第 2 期（2007 年 6 月），頁 7～9。

〔註36〕臺灣日日新報，《臺灣の工業地　打狗港》（臺北：臺灣日日新報社，1918 年），頁 51～54。

〔註37〕中山馨、片山清夫，《躍進高雄の全貌》（高雄：作者自印，1940 年），頁 299～300。

鐵道局向淺野購買，甚至要求淺野捐獻的方式取得。〔註38〕1900 年淺野認爲
縱貫鐵路將於高雄港設站，高雄勢必築港，因此向政府提出高雄車站周邊塡
海造陸的計畫。惟由前述可知，日本政府在 1905 年以前由於集中力量在基隆
築港，對於高雄築港一事依然消極，因此隔年政府以高雄尚未決定築港爲理
由並未同意。〔註39〕

　　由上可知淺野總一郎購買高雄港周邊的土地，主要係預期日本政府統治
臺灣後會立即從事高雄的築港建設，但卻事與願違。直到 1904 年（明治 37）
高雄車站周邊塡平海埔新生地後，提高高雄港的運輸便利性，加上南部糖、
米與阿里山木材等物產的大量運輸需求，1908 年政府才開始高雄的第一期築
港工程，淺野也配合政府築港的進度從事土地開發。該土地開發的成果形成
「哈瑪星」的新興都市，成爲下章所述臺灣地所建物株式會社的資本。

四、日資對臺北市的不動產投資

　　臺北是日治時期臺灣的政治與經濟中心，在清末開港前是以艋舺爲中
心，清末開港後，外國人紛紛在大稻埕設立洋行，隨者茶葉成爲臺灣最重要
的出口商品，在大稻埕經營茶葉的洋行便成爲貿易的主導，而其地位便取代
艋舺，成爲清末臺灣最大的港口市鎮之一，劉銘傳建省後爲推動洋務，把臺
北設爲官署所在地。〔註40〕1895 年日軍進入臺北城後，即舉行「始政典禮」，
也是日本政府視臺北爲臺灣政治中心的證據。

　　日治時代初期，臺北市區的範圍可以分爲三區，除了上面提到的艋舺及
大稻埕以外，還有 1880 年代爲了抵抗外國入侵而建造的臺北城地區。日本人
於 1895 年（明治 28）進入臺北城後，首先進行排水工程，改善市區衛生，1900
年公布「臺北城內市區計畫」，首先將臺北城內列爲都市計畫之範圍，從該計
畫預留總督府及總督、民政長官官邸用地可看出，臺北城地區成爲日治時期
的政治中心已經確立。1905 年發布「臺北市區計畫」，將艋舺、大稻埕與臺北

〔註38〕　當時總督府鐵道局要求淺野氏捐獻 3 萬 6 千坪之土地，並購買 1 萬 3 千餘坪
　　　　之土地，前後共 5 萬坪後來成爲官方所有。詳見中山馨、片山清夫，《躍進高
　　　　雄の全貌》，頁 299～300。
〔註39〕　〈打狗港市街地埋立の不認可〉，《臺灣日日新報》，第 895 號，1901 年 4 月
　　　　30 日，2 版。
〔註40〕　溫振華，〈二十世紀初之臺北都市化〉，國立臺北師範大學歷史研究所博士論
　　　　文，1986 年，頁 20～27、46。

城合併成完整的都市計劃。〔註 41〕隨者臺北成為日治時期的政治經濟重心，臺北市人口發展極為快速，加上為中央官署所在地，許多官僚在此居住，帶動相關產業之發展，也吸引日本民間人士來台，因此成為來臺日本人最集中居住的城市。〔註 42〕

　　由於日本政府來臺時已設定臺北為首府所在地，加上日治初期由於兵荒馬亂、土地價格還算便宜，許多來臺日人趁機收購臺北市區的不動產，與原有臺灣人分庭抗禮。表 2-3 為 1899 年（明治 32）《臺灣日日新報》所報導當時臺北市不動產主要所有者。由表中可見，臺北城內及新起街（臺北城西門旁，今西門町內）的不動產大多數為日本人所有，而大稻埕與艋舺等臺北市最早發展的地區，則以臺灣人為主，因此呈現新舊市區分別為日本人、臺灣人佔據的涇渭分明狀態。如上述臺北城內地區是最早發布都市計畫的地區，也做為未來政治中心，日本人看好其發展潛力而投資也並不意外。這些日本人中部分又與上述大倉財閥（大倉組）相關，代表人物包含賀田金三郎、久米民之助等。

表 2-3　1899 年臺北市區的土地及房屋主要所有者

地　區		土地及房屋主要所有者
新起街		久米民之助、青山幾三郎、今井五助、和井田、西本願寺等
臺北城內	土地	賀田金三郎、李春生
	房屋	內田孝太郎
大稻埕		林本源、李春生、王慶忠、葉為圭、林望周
艋舺		吳以南、吳源昌等

資料來源：〈台北にして地所持〉，《臺灣日日新報》，第 400 號，1899 年 8 月 31 日，4 版。

　　賀田金三郎（1857～1922）為山口縣人，1885 年離開故鄉前往東京時

〔註 41〕有關日治時期臺北市之都市計畫之討論，詳見黃武達，《日治時代（1895～1945）臺北市之近代都市計畫》（臺北縣板橋市：臺灣都市史研究室），1997 年。

〔註 42〕據王惠瑜統計資料顯示，日治初期因為臺灣各地抗日活動眾多，臺北地區相對安定，所以 1898～1910 年間，來臺日本人居住在臺北地區之比率都在三成以上，隨後比例略微降低，但至 1936 年前大都在二成五到三成之間。詳見王惠瑜，〈日治時期臺北地區（1895～1937）日本人的物質生活〉，國立台灣師範大學台灣史研究所碩士論文，頁 15～16。

首先任職於藤田組，後來改任大倉組。1895 年（明治 28）以大倉組臺北支店店長來臺後，協助政局尙未穩定的臺灣總督府從事軍需用品的徵集，及彈藥、糧食、工程建築材料等物資之搬運等，除了獲利甚高外，也讓自己累積巨大的財富。1899 年賀田離開大倉組獨立門戶，成立「賀田組」，從事建築、運送、物品販賣等業務，成爲日治時期臺北市主要地主之一。賀田在土地開發的另一事業，便是東臺灣的拓墾，並於 1910 年曾合資成立「臺東拓殖合資會社」。〔註 43〕

久米民之助（1861～1931）爲日本知名的土木技術家，畢業於工部大學校（東京大學工學部前身），最有名的作品爲參與及建造日本皇居的二重橋，1886 年（明治 19）進入大倉組，另外於 1898 起連續 4 屆當選日本眾議院議員。〔註 44〕1896 年起以大倉組土木部負責人身分多次來臺，該年即成爲臺北電燈會社的創立委員，隔年成立被推選爲監察役，〔註 45〕又曾擔任臺灣製冰會社的專務取締役。〔註 46〕久米民之助是日治初期投資臺北土地的日資之一，後來成立久米組，直到日治中期依然是臺北市主要地主。〔註 47〕

臺北由於被設定爲臺灣的市政中心，爲了來臺日本官民的居住需求，成爲不動產市場發展的契機，但短時間內日本官民來臺造成市區無法容納，造成地價與房租的快速上漲，引起不少民怨，尤其 1902 年（明治 35）由於當時臺北市區景氣不佳，承租房屋的勞工與企業的收入減少，唯房屋租金依然居高不下，造成民怨四起，但房屋租金的減低，有賴於承租土地租金的減低，因此該年 11 月 25 日晚上 6 點臺北市區地主們，在新起橫街丸中溫泉召開地主會議，參加者包含大倉組、久米組、賀田組等店長、地主或代理人，會中討論議題如下：（一）以土地等級統一制定地價與土地租金；（二）爲配合將來

〔註 43〕鍾淑敏，〈政商與日治時期東臺灣的開發——以賀田金三郎爲中心的考察〉，頁 82～83。

〔註 44〕デジタル版 日本人名大辞典+Plus，網址：https://kotobank.jp/word/%E4%B9%85%E7%B1%B3%E6%B0%91%E4%B9%8B%E5%8A%A9-1072343，下載日期：2017 年 4 月 8 日。

〔註 45〕〈電燈會社發起人總會〉，《臺灣新報》，第 48 號，1896 年 10 月 29 日，2 版；〈電燈總會〉，《臺灣新報》，第 153 號，1897 年 3 月 16 日，2 版。

〔註 46〕〈臺灣製氷會社の事業〉，《臺灣日日新報》，第 298 號，1899 年 4 月 30 日，2 版。

〔註 47〕〈等閑に附されたる 我都市の土地政策（二）〉，《臺灣日日新報》，第 7938 號，1922 年 7 月 4 日，3 版。

臺北市區改正，應視其需要捐贈土地做爲道路用地；（三）租借土地興建房屋時，房屋買賣需要地主的同意。〔註48〕地主會議除了可得知當時臺北市區的主要地主外，也反映當時臺北市區不動產市場所面對的主要問題，如地價與租金混亂、因爲沒有不動產登記制度而造成房屋買賣不夠透明等。

　　日本人當時踴躍購買土地，顯然是樂觀看待臺北身爲臺灣市政中心的都市發展，加上當時土地便宜而來，帶有投機之性質。隨者1900年（明治33）以後的慢性不景氣，部分地主如內田孝太郎、廣瀨鎮之、山口佑二郎、今井五介等陸續處分或抵押土地，如山口佑二郎的部分土地轉由中立起業會社經營，內田孝太郎將部分土地抵押給大倉組，其土地權利也一併轉移等。〔註49〕可見在臺日本人地主在1900年代初期出現土地兼併的現象，這現象的結果便是部分最早的日本人地主退出其不動產經營，甚至從此消失在不動產業中，〔註50〕而部分地主如賀田金三郎、板橋林家、林春生等與後來這些地主所投資的「臺灣建物株式會社」，則持續活躍於不動產業界。

第三節　土地調查及紛爭

一、土地調查與業主權的查定

　　如本章第一節所示，日治時代前臺灣的土地制度，受到臺灣傳統舊慣的影響，主要是以「大租戶－小租戶－佃農」的關係爲主，且隨者地方、標的不同而有部分差異，如建築物的「大租戶－地基主－屋主（厝主）」的關係又與上述農地不同，除了相當混亂以外，且與近代西方土地所有權有違。另外沒有登記與公示制度，造成產權不清，也形成不動產交易的阻礙。1898年（明治31）起的土地調查雖然是以增加政府財政收入爲考量，但有效消除土地的複雜權利義務關係，並增加公示登記制度，毫無疑問對於往後不動產業與市場有正面影響。

　　1898年（明治31）新任臺灣總督兒玉源太郎與民政局長後藤新平上任後，爲了確立臺灣土地的權利義務關係，並整頓田賦，以期增加收入，早日完成

〔註48〕〈地主の會合と借地料〉，《臺灣日日新報》，第1371號，1902年11月26日，2版。

〔註49〕〈土地買占と其處分〉，《臺灣日日新報》，第793號，1900年12月20日，2版。

〔註50〕內田孝太郎、廣瀨鎮之在「臺灣人物誌（1895～1945）」資料庫中均查無資料。

臺灣財政自主的目標，展開了土地調查與田賦改革的事業。首先於同年公布臺灣地籍規則、土地調查規則及高等土地調查委員會規則，1900 年成立臨時臺灣土地調查局，至 1905 年止共 6 年進行土地調查，以當代的科技對土地從事精確的調查與測量。〔註51〕

　　該調查尚有一大目的，就是確立土地的實質所有權人。由於傳統中國的土地皆屬於皇帝，人民並沒有西方的土地所有權，僅有經營該土地的「業主」權利，因此日本當局將臺灣實際經營土地者稱為「業主權」人。日本當局執行土地調查的目的之一，便是確定該土地的業主權人，將土地的實質所有權人單一化，與近代所有權接軌。1898 年以律令 14 號公布的「臺灣土地調查規則」中，要求將土地的「業主」需檢附書面向政府申報其持有之土地及附隨的法律關係（如大租權），經地方委員會查定後，將土地的業主權人登載於土地台帳上，如有不服得申請高等土地調查會申訴。以「大租戶－小租戶－佃農」的權利關係而言，由於小租戶才是實質土地的經營者，因此多成為業主權人。至於大租戶則於經過補償後，於 1904 年後以律令廢止，自此「大租戶－小租戶－佃農」的三重權利義務關係，簡化為「業主權人－佃農」的二重關係，業主權人視為土地的實質所有權人，符合近代民法上的「一地一所有權」的原則，不得不說是一種進步。〔註52〕

二、基隆土地紛爭事件

　　由第二節所述，日本資本家在日本統治臺灣同時，預期基隆將築港而成為港灣都市的潛力，加上當時基隆土地極為便宜之下，便大量購買基隆土地，短短幾年之內基隆港灣的土地幾乎都被日本人買下。但日本人在購買土地時，並未了解臺灣舊慣，因此在 1898 年起土地調查時，衍生相當嚴重的糾紛事件，這也是日治初期最大的社會紛爭事件之一。

　　與農地不同，臺灣日治時期前建築物的舊慣是「大租戶－地基主－屋主」的三重權利義務關係。按照臺灣舊慣，屋主在土地興建建築物與地主簽訂契

〔註51〕有關日治初期的土地調查，詳見江丙坤，《臺灣研究叢刊第一〇八種：臺灣田賦改革事業的研究》。

〔註52〕由於土地調查當時日本民法並未適用臺灣，因此仍不能將「業主權人」視為日本民法的「所有權人」，直到 1923 年日本民法適用於臺灣後，「業主權人」始直接適用日本民法的「所有權人」。有關日治時期土地調查對於臺灣不動產權利義務關係的改變與影響，詳見王泰升，《台灣日治時期的法律改革》（臺北：聯經出版事業股份有限公司，2005 年），頁 319～338。

約時，地主已將地基讓與屋主，自己成為「地基主」，每年向屋主收取地基租，且永遠不得增減。當時日本資本家在購買土地時，即是購買到土地的「地基主」的權利，由於地基租永遠不得增減，這也是當時土地價格極為便宜的原因。當時日本人在不了解臺灣舊慣之情形下貿然大量購買土地成為地基主，而土地上不少已有興建房屋（其中大多數為臺灣人），當時日本人地基主與屋主就產生不少紛爭。1899 年報載便指出在基隆義重橋街與哨船頭街的地基主三十四銀行、淺野總一郎、河村等要求提高地基租，屋主大多以違反地基租舊慣拒絕，唯有河村與屋主重新簽訂每坪改徵收 0.1 圓的租金契約。〔註53〕由事後發展可以發現，這些簽訂新契約的屋主後來都失去了業主權，主要原因就是被認為新契約已與傳統舊慣的「地基租契約」不同，反而更接近臺灣舊慣中的「稅地基」關係，類似今日「土地租賃契約」的性質。〔註54〕

　　日本資本家與當時臺灣人屋主的土地爭議，在土地調查的「業主權」查定時就一口氣爆發。由於按照舊慣，屋主不僅擁有房屋的所有權，也實質擁有土地的所有權，可任意移轉買賣繼承，因此在基隆土地調查期間，地方土地調查委員會以舊慣大多判定屋主為土地的業主權人。《臺灣日日新報》也曾於 1899 年 6 月為文指出，按照當地舊慣，屋主是最接近土地所有權的人，因此土地的業主權判給屋主並沒有疑義。〔註 55〕由於當時在日本資本家土地上的屋主大多是臺灣人，因此該會按照舊慣判定結果多對臺灣人有利。

　　但該判定結果卻讓當初取得「地基主」的日本資本家強烈不滿，於 1902 年（明治 35）2 月 20 日於大倉組基隆出張所開會，會中決議向高等土地調查會提出不服申請書，不服理由為：（一）地方土地調查委員會所認為屋主為土地之業主權人，係日本治臺以前的舊慣，日本治臺後，空地建築房屋都已改有期限的租地契約，也就是跟舊慣的「地基租」契約完全不同，而委員會卻

〔註53〕〈基隆土地問題の眞相（一）〉，《臺灣日日新報》，第 331 號，1899 年 6 月 10 日，2 版。

〔註54〕在臺灣舊慣中，雖然有地基主仍實質為土地的所有權人，而將土地短期租借給他人建造簡單房屋，並支付租金的法律關係，俗稱為「稅地基」，但這種情形很少，當時日資所主張者，便是他們與屋主的法律關係是「稅地基」關係，但林文凱認為日資「稅地基」的主張，純粹是當時與屋主約定增加地基租、更換新契約，並以此曲解或偽造法律關係的假象，見林文凱，〈日治初期基隆土地糾紛事件的法律社會史分析〉，頁 137、150。

〔註55〕〈基隆土地問題の眞相（六）〉，《臺灣日日新報》，第 344 號，1899 年 6 月 27 日，2 版。

將這些承租土地者的屋主判爲業主權人，是爲不當；（二）部分依舊慣承租土地者並沒興建家屋也沒有土地使用的事實，僅以數十年以前祖先時代的地基租收據，委員會就認定他們是實質經營土地者的業主權人，證據力不足；（三）委員會在土地業主權的查定上並未依據基隆舊慣而誤用臺北舊慣。〔註56〕

基隆土地爭議係當時臺灣的重大事件，《臺灣日日新報》曾有一系列的報導。當時土地爭議的案件多達 60 件餘件，茲舉中立起業株式會社與淺野總一郎有關之案件如表2-4。由表可知有爭議的案件大多爲建築用地，爭議當事人相當複雜，有臺灣人與日本人、日本人與軍方、日本人與日本人等，但大多爲臺灣人與日本人居多。按照原地方土地調查委員會認定的土地業主權人，可以推測日本人大多是爲地基主，而臺灣人大多數爲屋主，因此當初認定結果大多數對臺灣人有利，而日本資本家則喪失大多數土地權利，日本資本家的強烈反彈可想而知。

表 2-4　中立起業株式會社與淺野總一郎於 1902 年間涉及的基隆土地爭議案件

地　點	地　目	爭議當事人	原地方土地調查委員會認定的業主權人
社寮島	建築用地	中立起業會社、蔡老外 5 名	蔡老外 5 名
社寮島	建築用地	陸軍經營部、中立起業會社	中立起業會社
大沙灣	建築用地	淺野總一郎、劉梓外 1 名	劉梓外 1 名
大沙灣	建築用地	淺野總一郎、吳章外 25 名	吳章外 25 名
三沙灣	建築用地	楊馬超外 2 名、中立起業會社	中立起業會社
義重橋街	建築用地	淺野總一郎、劉黎外 15 名	劉黎外 15 名
玉田街	建築用地	楊水植外 13 名、中立起業會社	楊水植外 13 名
義重橋街及哨船頭街	建築用地	淺野總一郎、陸軍經營部	陸軍經營部
鼻仔頭街	建築用地	中立起業會社、陳嬰外 8 名、大阪商船會社	陳嬰外 8 名
哨船頭街與鼻仔頭街	墓地	慶安宮、佐藤里治、何石德、中立起業會社、木下吟龍	國有
和興頭街	建築用地	中立起業會社、吳竹根外 31 名	吳竹根外 31 名

〔註56〕　〈基隆大地主の聯合運動（再記）〉，《臺灣日日新報》，第1140 號，1902 年 2月 21 日，2 版。

石牌街	建築用地	中立起業會社、吳天外 49 名	吳天外 49 名
鼻仔頭街	建築用地	中立起業會社、大阪商船會社	不明
義重橋街	建築用地	淺野總一郎、丁永傳外 4 名、何全友外 1 名	丁永傳外 4 名、何全友外 1 名
鼻仔頭街	建築用地	中立起業會社、陳乞食	陳乞食
曾仔寮	建築用地	中立起業會社、鄭江外 13 名	鄭江外 13 名
和興頭街	建築用地	中立起業會社、許進發外 3 名	許進發外 3 名
義重橋街	不明	中立起業會社、栗山和吉外 1 名	栗山和吉外 1 名
義重橋街	建築用地	淺野總一郎、何全友外 4 名	何全友

資料來源：〈基隆紛爭地問題の查明（四）〉，《臺灣日日新報》，第 1181 號，1902 年 4 月 12 日，2 版。

　　高等土地調查會於 1902 年 11 月公布判決，其判決的主旨認爲，如果土地交給他人興建房屋並訂定契約，如地基主有調升地基租的情形，則認爲地基主與屋主的關係不再是傳統基隆「地基租」舊慣，因此土地的業主權人應爲地基主。〔註 57〕判決結果對當初在基隆取得地基主的日本資本家有利，因大多在取得土地後與屋主修改租約，取得調升地基租的權利，依該判決取得土地的業主權。

　　但高等土地調查會的判決結果也讓臺灣人屋主極度不滿，因此向臺北地方法院提起公訴，控告淺野總一郎、中立起業株式會社等地主的契約爲偽造，1903（明治 36）年 1 月 29 日甚至在兒玉源太郎總督前往基隆視察時當面陳情，因爲語言不通而送上陳情書，卻因未被准予被警察阻止。〔註 58〕另一方面，取得土地業主權的日本資本家立即要求屋主繳納未繳納的土地租金，甚至提高土地租金到市價的水準，並要求日後房屋買賣都要經由地主核准。〔註 59〕據報導指出部分日本地主考量屋主多爲弱勢，可協商減免部分未繳納的土地租金，並容許延緩繳納，但部分地主則極爲強硬，最典型的例子是淺野總一郎，「貸地賃金頗高，市街可稱爲一等地者，宅地一坪 30 錢，而其處置亦稍強硬，無所假借，當高等土地調查委員會，裁決公示之時，即改從前之貸地

〔註 57〕〈紛爭地事件の裁決書〉，《臺灣日日新報》，第 1383 號，1902 年 12 月 10 日，2 版。
〔註 58〕〈基隆爭地〉，《臺灣日日新報》，第 1426 號，1903 年 2 月 4 日，2 版。
〔註 59〕〈紛爭地裁決に對する運動〉，《臺灣日日新報》，第 1384 號，1902 年 12 月 11 日，2 版。

契約，對新貸地者，要徵收兩個月的豫訂金，且要得相當之保證人，若不從之，則直使還該土地，其緩還者，及緩納貸地賃金者，必向法院出訴假差押其財產，此於法律之外頗不留餘地。」〔註60〕充分展現日資的弱肉強食性格。

三、土地調查之影響

　　日治初期的土地調查事業，對臺灣影響重大，對不動產業與市場的影響主要係在土地權利的確定與土地登記制度上。土地調查事業確立「一地一業主權人」的土地實質所有權，消除大租權或地基權，使得土地建物所有權由「大租戶－小租戶（地基主）－佃農（屋主）」的三重關係，簡化為「業主權人－佃農（屋主）」的二重關係，與近代土地房屋所有權關係接軌，自然便於日後土地與房屋的交易。

　　1905（明治38）年總督府發布「臺灣土地登記規則」，規定業主權等四種權利，應登記於土地登記簿上，並且該權利之設定、移轉、變更、處分等非經該規則登記不生效力。〔註61〕土地登記制度使得土地的權利義務明白公示於土地登記簿中，對於土地、房屋的買賣、租賃之交易安全有極大的幫助，對於日治時期不動產業與市場的興起顯然有正面的影響。

　　由業主權查定而衍生的基隆土地紛爭事件，是日後基隆港區周邊不動產業者興起的關鍵事件。如當時按照原地方土地調查委員會所認定土地業主權的結果，中立起業株式會社與淺野總一郎等日資會喪失許多土地權利，自然是一大打擊，後來高等土地調查會的判決產生大逆轉，結果對日資極為有利。中立起業株式會社後來在1910年（明治43）被新成立的臺灣建物株式會社合併；淺野總一郎在基隆的土地後來成立基隆地所建物株式會社管理，在1920年（大正9）又被臺灣地所建物株式會社合併，也就是中立起業株式會社與淺野總一郎當時在基隆持有的土地，後來都成為日治初期兩大不動產會社之基礎。

　　日資在基隆與屋主的土地紛爭並不隨土地調查而結束，由於部分地主取得業主權後立即調升地基租，造成與臺灣人的衝突依然持續，基隆當局為了社會安定，也要求地主盡量不要有過於刺激屋主的舉動，甚至勸告不要提高租金，但效果有限。〔註62〕例如淺野總一郎便如上述使用強硬手段提高租金外，對滯納租金者也不惜告上法院要求支付，1903年便有報導指出淺野向臺

〔註60〕〈基隆大地主意向〉，《臺灣日日新報》，第1499號，1903年5月2日，3版。
〔註61〕王泰升，《台灣日治時期的法律改革》，頁330～331。
〔註62〕林文凱，〈日治初期基隆土地糾紛事件的法律社會史分析〉，頁145～146。

北地方法院要求何金友等屋主支付租金，屋主也以租賃契約爲僞造抗辯，但法院判決淺野勝訴，何金友等屋主必須按淺野要求支付。〔註63〕由於淺野總一郎對基隆屋主的強硬態度造成與地方關係惡劣，下述由基隆哨船頭街的開發而成立的臺灣建物株式會社，從討論到設立淺野完全被排除在外，或許也與基隆地方關係不佳有關，而這也影響淺野後來所成立的臺灣地所建物株式會社在基隆的經營。〔註64〕

　　另外，由基隆土地紛爭事件可以了解清代傳統舊慣轉變到今日不動產權利義務的過程，由部分日資一取得「地基主」後，便調升地基租或更換契約看來，代表已從永久不變地基租的「地基租契約」，已實質轉變成可變更租金的「土地承租契約」，高等土地調查會的判決結果，便是承認日資的地基主與屋主已不再是傳統「地基主－屋主」舊慣上的關係，而已實質轉變成「地主－土地承租人」的關係，這與近代的不動產上的法律關係一致，有利於不動產市場的發展，但也因此使得地價與租金日後不斷隨者都市發展而上漲，再也無法回到日治時期前的舊觀，而許多弱勢的土地與房屋的承租人則成爲這樣市場上的最大受害者。

第四節　小結

　　本章討論近代臺灣不動產業與市場發展之背景。清代臺灣盛行農地開墾可謂不動產投資的早期型態，清末開港通商之後，「買辦」與「豪紳」取代地方仕紳成爲臺灣的領導階層，這些人大多也持有不動產，其中李春生與板橋林家所合資的「建昌公司」，從事大稻埕樓房的建造與出租的行爲，已經與近代臺灣不動產業極爲相似。

　　日治初期兩大臺灣不動產會社都是以日本人爲主導，因此在探討之前，日本不動產業的發展趨勢也不容忽視。日本近代不動產業係在明治維新時，隨者工商業發達造成的都市化而興起，除了小規模的經營外，亦有財閥從事大型建築用地開發者。明治時期興起的大型財閥政商關係良好，甚至部份協

〔註63〕〈基隆地主派訴訟〉，《臺灣日日新報》，第1492號，1903年4月24日，4版。

〔註64〕由第三章可知，淺野總一郎對港灣開發興趣極高，明治末年甚至主導生平最受人稱道的東京灣港灣開發計畫，但依陳凱雯的研究卻指出，除了工程水泥的供應外，淺野在基隆築港不論工程與投資都極少參與，甚至與賀田組向總督府申請基隆港東岸的裝卸場也被拒絕。陳凱雯也認爲淺野捲入基隆土地紛爭事件，可能就是淺野在基隆發展有限的原因。見陳凱雯，〈日治時期基隆築港之政策、推行與開展（1895～1945）〉，頁184。

助日本從事戰爭侵略工作，其中大倉、淺野等財閥後來在 1895 年隨者日本來臺投資不動產，對臺灣的不動產業影響極大。至於安田財閥所投資的東京建物株式會社首創「月分期付款之建築物建造契約」及「土地建物之擔保貸款」等不動產金融業務，帶給下章所述臺灣日治時期最大的不動產會社——臺灣建物株式會社有極大的啓示作用。

與日本明治維新時期係以都市化引導不動產投資完全不同的是，日本統治開始臺灣同時，日資便利用日本建設臺灣的政策之消息與資金的優勢，踴躍搶購臺灣的不動產。雖然有靠者不動產行情而獲得暴利者，經營不善甚至退出者亦不少，顯示當時投資報酬與風險極大，因此購買不動產之舉近似於「投機」，但也因此使臺灣在日治初期的短時間內，已有不動產市場的初步形式。

日資購買不動產以基隆、高雄兩個港口，與臺北市等三地，以「兩港一市」的不動產為重心。基隆、高雄兩地一北一南，係日治初期臺灣當局努力鼓吹建設的港口，後來也成為日治時期最重要的兩大港口都市，日資早在日本政府決定兩地築港的政策前，就已預期兩地未來發展港口都市的潛力，因此紛紛購買港口周邊之土地。相對於基隆港周邊土地的多家爭鳴，高雄港的周邊土地幾乎都被淺野財閥所獨佔。臺北市則早自清末便成為臺灣的首府，在來臺日本政府也將臺灣成為總督府所在地之下，臺北市成為日治時期在臺日本人的重心。但在臺北市有李春生等漢人為首之下，日治初期呈現日人、臺人在臺北市不動產各占一方的情況。

1898 年開始進行的土地調查，在業主權的查定下，使得臺灣土地的三重權利義務關係簡化為二重關係，有效消除大租權等臺灣舊慣造成土地權利的混亂情況。但來臺投資基隆土地的日本人在不了解臺灣舊慣之下，於土地調查期間與臺灣人產生嚴重的土地紛爭事件，該事件還可看出日資努力想要挑戰臺灣舊慣，而且挑戰成功後便立即提高租金，使得臺灣人在該事件成為最大的受害者。但土地調查使得臺灣不動產所有權明確界定並與近代所有權接軌，土地登記制度減少不動產交易的風險，猶如明治初期的日本，對於日後臺灣不動產業與市場的發展有正面影響，因此仍應給予肯定。

由於日資係以基隆、高雄、臺北市等「兩港一市」的不動產為重心，後來成立的兩大不動產會社，亦以「兩港一市」的不動產投資為基礎，其中又以臺灣土地建物株式會社在基隆與臺北的投資，與臺灣地所建物株式會社在高雄的投資最為重要。

第三章　日治初期兩大都市不動產
會社之成立與經營

　　1908 年（明治 41）及 1910 年，臺灣出現日治時期兩大都市不動產會社
——臺灣建物會社及臺灣地所建物株式會社，這兩會社分別代表以荒井泰治
爲首的不動產業，與淺野財閥的在臺不動產業。前述日治初期日資的不動產
投資，主要係以基隆、高雄與臺北，以「兩港一市」爲重心，因此本章由日
人主導的兩大不動產會社，也是以「兩港一市」爲基礎展開，所不同的是荒
井泰治爲首的不動產業是以臺北與基隆的不動產爲基礎，淺野財閥則是以高
雄的不動產爲基礎，但兩者均非以該地區之不動產投資爲限，本章討論兩者
產生的背景與經營策略，及經營結果與影響的關鍵因素。

　　第一節討論荒井泰治爲首的不動產業，他以臺北與基隆的不動產爲基礎
成立臺灣建物株式會社，在高雄則成立打狗整地與打狗土地株式會社，由於
臺灣建物株式會社對於不動產業有劃時代的意義，因此該節討論將以臺灣建
物株式會社爲主。淺野財閥在臺的不動產業主要是臺灣地所建物株式會社，
則於第二節討論。最後兩者雖然成立時間與規模類似，但從營業策略到經營
成果都有極大差異，本章第三節將比較兩者之異同與其對經營之影響。

第一節　荒井泰治與臺灣建物株式會社

一、荒井泰治投資不動產業之背景

　　荒井泰治（1861～1927）毫無疑問是日治時代前期在臺日本人的重量級

工商業者與政治家。他出生於日本仙台市，曾任職銀行員，後來陸續擔任東京商品取引所、富士紡績株式會社負責人等職務，並於 1899 年（明治 32）進入橫濱外商三美路商會。日本治臺初期，三美路商會取得總督府樟腦專賣的特約商資格，荒井泰治便以該商會臺北負責人的身分來臺，除了從事樟腦事業外，並跨入糖業經營，1907 年擔任鹽水港製糖株式會社之創立者並擔任取締役社長，成爲日治初期的糖業巨頭之一。1911 年被家鄉宮城縣獲選爲貴族院議員，使得他成爲臺灣政商兩棲的有力人士。〔註1〕依 1911 年的報章雜誌之評價，當時臺灣事業界在日本內地廣爲人知者，主要爲荒井泰治及賀田金三郎，但說到臺灣事業成功者，荒井泰治應列爲首位，尤其被選爲貴族院議員後，更成爲全國知名人物。〔註2〕

　　獲選爲貴族院議員顯示荒井泰治強大的政治實力外，身爲日治初期臺灣產業的先鋒，與臺灣總督府的良好關係自不待言，總督府的活動往往可以看到荒井泰治的身影，包含參與總督府的餐宴、〔註3〕迎接回臺的民政長官後藤新平、〔註4〕新任總督佐久間佐馬太來臺歡迎會擔任儀式係係長等。〔註5〕本節的臺灣建物與打狗整地株式會社，其設立都有官方的指導因素，由於荒井泰治在日治初期的顯赫聲望，自然是官方協議合作的不二人選。

　　由於荒井泰治的商業實力雄厚，因此在日治初期的所成立的會社也吸引了許多臺北商界人士投資或合作，包含下述的不動產業在內，代表者包含賀田金三郎代表的大倉組，及木下新三郎等人。大倉組爲前述隨者日本政府來臺時，協助日軍從事運輸糧食與物資及土木工程，成爲日治初期的大型日本企業，擔任臺灣支店長的賀田金三郎也成爲在臺日本人的有力人士之一，荒井泰治在商業的經營上也有不少與賀田金三郎相互合作。〔註6〕木下新三郎係

〔註1〕 大園市藏，《臺灣人物誌》（臺北：古澤書店，1916 年），頁 322。

〔註2〕 北鳴聲，〈臺灣事業界の人物（五）〉，《臺灣》，第 17 期（1911 年），頁 47。

〔註3〕 〈總督官邸の饗宴〉，《臺灣日日新報》，第 300 號，1899 年 5 月 5 日，2 版。

〔註4〕 〈後藤民政長官の歸臺〉，《臺灣日日新報》，第 1390 號，1902 年 12 月 18 日，2 版。

〔註5〕 〈總督歡迎會委員〉，《臺灣日日新報》，第 2415 號，1906 年 5 月 22 日，2 版。

〔註6〕 例如 1907 年荒井泰治成立鹽水港製糖株式會社時，賀田金三郎有參與投資，賀田金三郎於 1910 年成立臺東拓殖合資會社時，由荒井泰治擔任社長等。見〈擴張せる鹽水港製糖會社〉，《臺灣日日新報》，第 2611 號，1907 年 1 月 17 日，4 版；〈拓殖會社創立總會〉，《臺灣日日新報》，第 3691 號，1910 年 8 月 14 日，3 版。

臺北工商人士中與總督府關係最密切的人物之一。他跟隨者首任臺灣總督樺山資紀一同來臺，擔任當時總督府的人事課長兼文書課長，1896 年（明治 29）辭職後，隔年擔任臺灣新報社社長，再隔年即 1898 年改制成臺灣日日新報社後，擔任該報主筆，係日本治臺初期言論界的先鋒。1907 年報社辭職後也活耀於產業界，除擔任下述臺灣建物株式會社的首任專務取締役社長外，還曾創立北港製糖株式會社等事業，並曾擔任臺北商工會長，被稱為「本島企業界之明星」。〔註7〕

　　除了活躍於商場的日人外，荒井泰治所成立的不動產業還吸引許多臺人參與，例如林春生、林熊徵等板橋林家成員、辜顯榮代表的鹿港辜家，與陳中和代表的高雄陳家等，尤其是下述的臺灣建物會社，可說是日治初期日臺商界人物的大集合，其眾星雲集的現象在日治時期會社中也屬少見，但基本上都是在臺日本人主導成立與經營，臺人僅是參與投資人的角色。

二、臺灣建物株式會社的成立

　　1908 年（明治 41）由荒井泰治等人成立的臺灣建物株式會社，成為臺灣日治時期最大的不動產業者之一。該會社係緣起於基隆發布市區改正計畫所衍生的哨船頭街的開發，後來由基隆地方人士轉由荒井泰治所主導並擴大成立，而且過程明顯是受到官方的指示。

　　1905 年（明治 38）日俄戰爭結束，殖民地統治受到當局重視後，便積極進行基隆第二期的築港工程（1906～1912 年）。在築港工程進行的同時，基隆港灣周邊亦開始進行填海造陸的工程，其中大多數位於哨船頭街，後來成為基隆的新市街。〔註8〕1907 年 8 月基隆市區改正計畫發布後，該填海造陸的哨船頭街土地，本來是採取公開販售方式，並由購買者負責該街建物之開發，但提出申請者相當踴躍而供不應求，因此該年 9 月底基隆廳長橫澤次郎邀請申請者討論，討論結果頃向改為成立一大型建物會社，並將哨船頭街土地全部買下開發建物的方式，會後並指示佐藤一景〔註9〕、木村

〔註7〕《臺灣人物誌》，頁 322。

〔註8〕陳凱雯，〈日治時期基隆築港之政策、推行與開展（1895～1945）〉，國立中正大學歷史研究所博士論文，2014 年，頁 195～196。

〔註9〕佐藤一景，日本治臺初期即來臺，靠經營臺灣北部煤炭致富，曾擔任臺灣水產株式會社重役，並致力於基隆的公共事業，為基隆地方有力人士之一。見《臺灣人物誌》，頁 116。

久太郎〔註 10〕等人討論處理成立會社事宜。〔註 11〕由後續報導所見，成立
會社主要是橫澤次郎的指示，原因應爲基隆是臺灣與日本的交流門戶，哨船
頭街又是基隆港上岸所必然經過的街道，其街景必然要整齊美觀以符合門
面，要達成這目標，必須成立會社募集大量資金開發較能達成。

　　佐藤一景奉官方指示後，於 10 月初討論會社事宜時，估計如要將哨船頭
街買下並建築房屋，約要 30～40 萬圓資金，以此推論如要成立會社，至少要
先有 50 萬圓的資本額，後續還要再擴充至 80～90 萬圓，當時評估以基隆地
方人士財力，僅是募集 50 萬圓就已相當困難，加上評估建築房屋的成本效益
相當有限，不足以支付股東股利，因此直到 11 月初股東募集仍相當困難，甚
至請求總督府特別保護，並延遲繳納土地購買資金等要求。〔註 12〕

　　由該年 12 月 3 日報導以「基隆家屋建築會社」爲題所示，〔註 13〕該會社
一開始討論成立時，僅以開發基隆哨船頭街建築而存在，投資人也以基隆地
方人士爲主，但卻面臨無法負擔開發資金的問題。由於官方立場要求基隆哨
船頭街必須由大型建物會社投資開發之下，因此便在短短一個月內，突然由
基隆地方人士轉爲荒井泰治等臺北人士主導，並擴大成立「臺灣建物株式會
社」來投資開發。以荒井泰治上述的政商關係，與成立後由官方的補助、保
護及賦予的義務，主導成立顯然是總督府的政策。

　　另外依同月報導所示，由於移入臺北等地的日本人漸多，但當時適合日
本人居住之家屋依然少見，大多數仍是向臺灣人租借，而這些房屋不但租金
甚高，且簡陋骯髒，早已讓日本人詬病，因此該會社的成立目的也包含解決
日本人在臺的居住問題，並引進日本的不動產金融業務。〔註 14〕因此該會社

〔註10〕　木村久太郎，基隆木村組主，鳥取縣人，來臺前曾在大阪從事土木業，1897 年
　　　　渡臺後亦從事土木業務，1900 年開始經營礦業，隔年停止土木業務全面投入礦
　　　　業以後，經營金瓜石、瑞芳、牡丹礦山有成，被稱爲「礦山王」，另外創立臺灣
　　　　水產株式會社，係基隆當地發展有力人士之一。見《臺灣人物誌》，頁 200～201。
〔註11〕　〈基隆埋立地拂下の決議〉，《臺灣日日新報》，第 2824 號，1907 年 10 月 1
　　　　日，2 版。
〔註12〕　〈基隆埋立地拂下の協議〉，《臺灣日日新報》，第 2830 號，1907 年 10 月 8
　　　　日，2 版；〈基隆家屋建築の協議〉，《臺灣日日新報》，第 2857 號，1907 年 11
　　　　月 9 日，2 版。
〔註13〕　〈基隆家屋建築會社問題〉，《臺灣日日新報》，第 2876 號，1907 年 12 月 3
　　　　日，2 版。
〔註14〕　〈臺灣建物會社設立〉，《臺灣日日新報》，第 2889 號，1907 年 12 月 18 日，3
　　　　版。

轉由荒井泰治主導之後，至此已不僅是基隆哨船頭街的建物開發會社，而是將成為都市不動產業務的大型會社。

　　1908 年（明治 41）2 月，《臺灣日日新報》刊載由「臺灣建物株式會社創立事務所」所發起的「臺灣建物株式會社株式募集」的廣告，〔註 15〕創立委員長為荒井泰治，並包含佐藤一景、木村久太郎、木下新三郎、木村条市、林爾嘉、李春生、辜顯榮等創立委員共 12 名，〔註 16〕其中日本人 8 人、臺灣人 4 人，均為當時在臺的重要商界人士。依廣告所見，該會社刊載募集廣告時，2 萬股中僅須募集 1 千 5 百股，其餘均已由發起人募集完成，顯現該會社創立時資金募集相當成功。

　　該會社創立委員除了商業顯要外，其中以木村条市的角色極為重要。上章提及 1896 年（明治 29）在東京成立的「東京建物株式會社」，係日本不動產金融的先驅。木村条市早年曾經營安房銀行、安房汽船會社、東海漁業會社、三固商會等，其中三固商會不僅從事不動產買賣，還成為東京建物株式會社的創始事務所所在地。木村以三固商會代表者的身分，在除了成為東京建物株式會社之發起人與股東外，還被選舉為該會社之首任負責人，主導該會社實際經營，並於 1899 年至 1902 年底擔任取締役，可以說是東京建物株式會社創業初期的靈魂人物。〔註 17〕

　　木村条市在東京建物株式會社內貢獻最著者，便是中國天津日本租界的土地與建物開發。1900 年（明治 33）八國聯軍清廷戰敗後，天津部分地區被劃為日本租界，當時租界內大多為沼澤，還不適合居住。當時木村条市認為該租界的不動產開發有利可圖，因此於 1902 年間前往天津，並於隔年成立天津支店。該會社在天津取得近 4 萬坪之土地後，進行整地及建造房屋，所建造房屋除了部分用於出租，部分以分期付款償還方式賣出。雖然早年前往天津的日本人不多，房屋出租經營並不理想，木村還受到股東之質疑而退社，但後來隨著租界逐漸發達，吸引日本人及中國人租借房屋後，使得該會社在

〔註 15〕《臺灣日日新報》第 2948 號，1908 年 2 月 23 日，4 版。

〔註 16〕荒井泰治、生沼永保、金子圭介、小松楠彌、佐藤一景、木下新三郎、木村久太郎、木村条市、林爾嘉、李春生、林大義、辜顯榮等 12 名。

〔註 17〕當時東京建物株式會社創立時所訂的章程雖然置有專務取締役，並由取締役選舉產生，但實際上未設有取締役，因此負責人成為實際負責該會社經營事務者。詳見東京建物株式會社社史編纂委員會，《信賴を未來へ——東京建物百年史》（東京：東京建物株式會社，1998 年），頁 17〜21。

天津獲利甚豐。木村条市在天津的土地開發經驗，正是臺灣建物株式會社解決日人在臺居住問題的最佳指導對象。〔註18〕另外〈臺灣建物會社設立〉的報導中，亦提及臺灣建物株式會社除了傳統不動產業務外，還將從事分期付款之房屋買賣、房屋擔保借款等不動產金融業務，也就是說透過前東京建物株式會社負責人下，除了傳承東京建物株式會社的不動產開發經驗，還將日本不動產金融業務引進臺灣，係臺灣不動產業的創舉。

　　1908 年（明治 41）4 月 16 日，該會社於臺北俱樂部召開創業總會，當時股東數爲 176 名，在出席者踴躍下，〔註19〕由創立委員長荒井泰治報告創立經過，隨後舉行取締役及監察役之選舉，共選出 7 名取締役，其中日本人 6 名，臺灣人 1 名，並由木下新三郎擔任首任專務取締役社長，佐藤一景爲專務取締役，3 名監察役中日本人 2 名，臺灣人 1 名，茲將取締役、監察役及至營業第一年底的股東組成如表 3-1 至 3-2。由表中可見，該會社是日治時期臺灣少數的日臺合資企業，但所佔股數以日本人較佔優勢，因此取締役與監察役亦是日本人佔多數。在地區方面集中在臺北及基隆，至於臺灣其他地區較少，另外來自日本本土持有股數佔不到 5%。值得注意的是臺北的股數占了半數以上，因此選出的取締役與監察役均以臺北爲主，充分顯示出該會社係以荒井泰治爲首的臺北工商人士主導之情形。〔註20〕

〔註18〕東京建物株式會社社史編纂委員會，《信賴を未來へ——東京建物百年史》，頁 42～44；〈木村条市氏談話（上）〉，《臺灣日日新報》，第 2892 號，1907 年 12 月 22 日，3 版。

〔註19〕創立時股東 176 名，出席者（包含持有委任狀者）129 名，出席者所有股數爲 15,326 股，佔 2 萬股之 76.63%，見臺灣建物株式會社，《第一回營業報告書》，頁 1～3；〈建物會社總會〉，《臺灣日日新報》，第 2987 號，1908 年 4 月 18 日，2 版。

〔註20〕當時獲基隆廳長橫澤次郎指示成立建物會社的 20 名調查委員中，僅佐藤一景、木村久太郎 2 名基隆地方人士後來擔任臺灣建物會社的取締役。陳凱雯認爲當初由基隆人士負責哨船頭街的開發，卻後來由臺北人士主導的建物會社獨佔一事，普遍造成基隆地方的不滿。橫澤廳長在 1908 年臺灣建物株式會社成立當年 5 月被調離基隆廳長職務，亦可能與總督府決定設立建物會社立場相左有關。如上述爲眞，更證明該會社的成立與總督府政策的關係。詳見陳凱雯，〈日治時期基隆築港之政策、推行與開展（1895～1945）〉，頁 192～194。

表 3-1　臺灣建物株式會社成立時之取締役及監察役

職　務	姓　名	身　分	居住地	備　註
專務取締役社長	木下新三郎	日人	臺北	前臺灣新報社社長、臺灣日日新報社主筆
專務取締役	佐藤一景	日人	基隆	基隆煤礦業鉅子
取締役	荒井泰治	日人	臺北	東京商品取引所、富士紡績株式會社負責人、橫濱三美路商會臺灣支店負責人、鹽水港製糖株式會社取締役社長
取締役	小松楠彌	日人	臺北	臺灣製腦合名會社社長
取締役	木村久太郎	日人	基隆	基隆木村組主、基隆礦業鉅子
取締役	賀田金三郎	日人	臺北	前大倉組臺北支店店長，選舉當日即辭任
取締役	辜顯榮	臺人	臺北	鹿港辜家
監察役	生沼永保	日人	臺北	
監察役	柵瀨軍之佐	日人	臺北	前大倉組臺北支店主任
監察役	李春生	臺人	臺北	臺北大地主

資料來源：〈建物會社總會〉，《臺灣日日新報》，第 2987 號，1908 年 4 月 18 日，2 版。

表 3-2　臺灣土地建物株式會社初期之股東組成（股數別）

地　區	日本人股數	臺灣人股數	合計（股數）	地區百分比（％）
臺北	7,695	5,017	12,712	63.56
基隆	3,019	477	3,496	17.48
臺灣其他地區	1,472	1,436	2,908	14.54
日本本土	884	0	884	4.42
合計	13,070	6,930	20,000	100.00
身分百分比（％）	65.35	34.65	100.00	

說明：統計時間至 1909 年 3 月 31 日止

資料來源：臺灣建物株式會社，《第一回營業報告書》，頁 22。

　　該會社設立當初設定資本額爲 100 萬圓，1910 年（明治 43）合併中立起業株式會社後提高至 150 萬圓，設立第 1 年實收資本額爲 25 萬圓，至 1920 年（大正 9）3 月 150 萬圓資本額已全部收取完畢，之後便不再變動。〔註21〕表 3-3 爲至 1930 年（昭和 5）爲止部分取締役與監察役資料。由表中可知以下兩點事實：（一）該社自始自終均是由日人擔任社長，1911 年 4 月木村泰治被選爲取締役，1914 年擔任專務取締役後，成爲該會社的實質領導者。木村泰治（1872～1961）爲秋田縣人，畢業於東京英語學校後，起先任職於日本官報局，負責官報的編纂，1901 年渡臺後任職於臺灣日日新報約 8 年，1909 年退職後隨即參與該會社之發起，並擔任負責人實際經營；〔註22〕（二）臺人雖然有參與該會社之投資，但無法成爲該會社之主導，某些時段甚至沒有任何臺人取得取締役與監察役席位。出身於板橋林家的林熊徵在 1920 至 1941 年爲止，長期擔任該會社之取締役，成爲該會社營運最重要的臺灣人代表。

表 3-3　臺灣建物株式會社 1915、1920、1925、1930 年實收資本額、取締役、監察役

時　　間	實收資本額	取締役社長	專務取締役	取締役	監察役
1915 年 3 月	95 萬	木下新三郎	木村泰治	佐藤一景、荒井泰治、木村久太郎、小松楠彌、齊藤豐次郎	柵瀨軍之佐、金子圭介、橫澤次郎、濱口勇吉
1920 年 3 月	150 萬		木村泰治	木村久太郎、柵瀨軍之佐	齊藤豐次郎、金子圭介
1925 年 3 月	150 萬		木村泰治	林熊徵、後宮信太郎、柵瀨軍之佐、木村久太郎、常見辨次郎、佐佐木敬一	李延禧、近江時五郎、鎌田眞司
1930 年 3 月	150 萬		木村泰治	林熊徵、後宮信太郎、木村久太郎、柵瀨軍之佐、常見辨次郎、鎌田眞司	坂本信道、近江時五郎、李延禧

資料來源：臺灣建物株式會社，《第七回營業報告書》，頁 10、17；臺灣土地建物株式會社，《第十六回營業報告書》，頁 9、16；《第二十六回營業報告書》，頁 8、14～15；《第三十六回營業報告書》，頁 5、12～13。

〔註21〕1920 年 3 月底該會社臨時股東會中，曾決議將資本金提高至 550 萬圓，但當時會社高層考量經濟狀況而暫緩實行，見臺灣建物株式會社，《第十七回營業報告書》，頁 2。
〔註22〕《臺灣人物誌》，頁 244。

三、臺灣建物株式會社之經營概況

依該會社章程第二條，該會社經營項目包含：（一）土地房屋之買賣及仲介；（二）土地房屋之租賃；（三）土地房屋擔保及其代理、仲介與保證；（四）土地房屋之委託保管；（五）以即時買賣、分年償還、貸款等方式之房屋建築；（六）土木建築工程之委託；（七）建築設計之委託；（八）建築材料之製造販賣；（九）同類型營業會社的組合與出資。由上可知該會社包含（一）不動產買賣、租賃與仲介等傳統不動產業務；（二）分年償還房屋建築、土地建物擔保等不動產金融業務；（三）非屬不動產業務之土木建築工程、建築設計、建築材料販賣等營造業、建築業等經營項目，堪稱大型的綜合不動產會社。

臺灣建物株式會社雖然係民間發起設立，但在設立初期即獲得以下官方的保護，及對官方之義務：（一）總督府分 5 年，以該會社的已繳資本額的 6％補助該會社；（二）將基隆哨船頭街之填海造陸土地轉賣該會社使用；（三）在該會社財務允許之下，可命令該會社承作地方市街的家屋建築；（四）建築的式樣需經官方認可；（五）如將由政府取得之土地轉賣，需經官方認可；（六）如官方認為房屋租金價格不當，可要求變更；（七）定期提出收支決算書向官方報備；（八）章程修正應經官方認可；（九）社長、取締役、負責人、副負責人之變更應向官方報備；（十）官方可隨時至該會社檢查金櫃帳簿。〔註23〕由上可知該會社在成立時受到官方諸多限制，但也獲得官方補助的承諾。但後來會社成立後，除了上述（一）（二）以外並無實質的補助，而這些補助在後來會社的發展上並不占重要地位，尤其下述合併中立起業株式會社成為基隆的大地主後，土地租金收入成為該會社的主要收入來源，之後又隨者開發不動產買賣與金融業務而大幅擴展。因此自第 5 年結束官方不再補助後，該會社已經是實質的民營不動產事業。〔註24〕

表 3-5 與圖 3-1 為該會社以百分比表示 1908～1920 年之收入來源。由表中可知，土地租金、房屋租金及土地建物買賣為該會社傳統不動產業務，該除少數幾期以外都占該期收入一半以上，代表始終都是該會社收入主力，值

〔註23〕〈建物會社命令〉，《臺灣日日新報》，第 2980 號，1908 年 4 月 10 日，2 版。
〔註24〕依該會社第 1～5 回營業報告書統計，該會社前五年獲得官方補助收入，僅占該期總收入的 19～28％之間，即使該會社未獲得該補助，該期依然都有純益，詳見表 3-4。

得一提的是土地租金一開始占總收入甚低，後來卻逐漸提高（圖中深藍色線），反而房屋租金所占比重呈現逐年降低，由以下的討論可以得知，這是因為1910年（明治43）合併中立起業株式會社後，該會社成為基隆的大地主，造成土地租金收入大幅提升的緣故。不動產金融的業務反映在利息收入上，由下表可見大多占該會社收入2成到3成之間（圖中綠色線）。至於其他非不動產業務收入雖然在一開始占收入甚多，但比例逐漸降低，例如政府的補助金收入僅到1913年止，土木工程的收入偶爾會占該期收入1成以上，但也有許多不超過5%。另外表中最大起伏變動的便是土地房屋的買賣收入（圖中紫色線），有時佔該期不到10%，但亦有占該期收入30%以上者，這是隨該會社的不動產買賣策略而定，例如下述該會社在1920年代前後地價大漲的期間多次進出不動產買賣，取得可觀的買賣收入，甚至有占該期收入1半以上者。由於土地租金、利息收入與不動產買賣收入成為該會社的收入重心，以下分別討論該會社的土地承租、不動產買賣及不動產金融等業務。

表 3-4　臺灣建物株式會社 1908～1920 年收入來源百分比　　　（％）

期間	土地租金	房屋租金	土地房屋買賣	利息	工程收入	補助金	其他	合計
1908 年 4 月～ 1909 年 3 月	2	9	14	16	9	20	30	100
1909 年 4 月～ 1910 年 3 月	6	19	8	17	16	19	15	100
1910 年 4 月～ 1911 年 3 月	17	27	9	11	0	24	7	100
1911 年 4 月～ 1912 年 3 月	18	20	11	15	7	23	6	100
1912 年 4 月～ 1913 年 3 月	24	17	8	15	2	28	6	100
1913 年 4 月～ 1914 年 3 月	22	15	22	22	12	0	7	100
1914 年 4 月～ 1915 年 3 月	23	12	35	17	6	0	6	100
1915 年 4 月～ 1916 年 3 月	32	16	10	25	8	0	8	100

1916 年 4 月～ 1916 年 9 月	32	17	17	21	4	0	9	100
1916 年 10 月～ 1917 年 3 月	41	16	9	21	3	0	9	100
1917 年 4 月～ 1917 年 9 月	43	18	6	20	4	0	10	100
1917 年 10 月～ 1918 年 3 月	37	14	7	27	4	0	10	100
1918 年 4 月～ 1918 年 9 月	37	15	9	30	4	0	5	100
1918 年 10 月～ 1919 年 3 月	35	14	10	26	7	0	9	100
1919 年 4 月～ 1919 年 9 月	32	13	8	25	8	0	14	100
1919 年 10 月～ 1920 年 3 月	13	5	53	10	14	0	5	100
1920 年 4 月～ 1920 年 9 月	25	10	30	25	7	0	5	100
1920 年 10 月～ 1921 年 3 月	27	12	20	25	10	0	5	100

說明：（1）百分比均四捨五入；（2）1915 年度前爲年制，1916 年起爲半年制。

資料來源：整理自臺灣建物株式會社，《第一回營業報告書》，頁 10～11；《第二回營業報告書》，頁 14～15；《第三回營業報告書》，頁 9～10；《第四回營業報告書》，頁 9～10；《第五回營業報告書》，頁 13；《第六回營業報告書》，頁 15～16；《第七回營業報告書》，頁 14～15；《第八回營業報告書》，頁 14～15；臺灣土地建物株式會社，《第九回營業報告書》，頁 14～15；《第十回營業報告書》，頁 13～14；《第十一回營業報告書》，頁 13～14；《第十二回營業報告書》，頁 13～14；《第十三回營業報告書》，頁 13～14；《第十四回營業報告書》，頁 12～13；《第十五回營業報告書》，頁 13～14；《第十六回營業報告書》，頁 13～14；《第十七回營業報告書》，頁 11～12；《第十八回營業報告書》，頁 11～12。

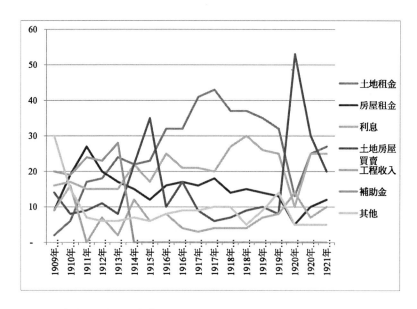

圖 3-1　臺灣建物株式會社 1909～1920 年收入來源百分比（％）

資料來源：同表 3-4

四、臺灣建物會社的土地出租

（一）基隆的土地出租

臺灣建物會社的成立目的之一，主要係協助官方從事基隆哨船頭街的建設開發。如上所述，為了協助開發，官方給予將基隆哨船頭街之填海造陸土地轉賣該會社使用之優惠條件，但實際上該會社並沒有將該街之土地全部購買下來，許多是由官方無償給該會社使用一年。〔註 25〕官方的考量自然係該地係基隆的門戶，必須盡快展開建設的腳步。該會社在取得土地後，隨即向官方提出房屋建築設計及建築式樣獲得認可，成立隔年即新建 35 戶之房屋，成為寬廣的新市街。〔註 26〕

〔註 25〕　〈基隆哨船頭街所在築港埋立地無料貸下許可ノ件〉，《臺灣總督府公文類纂》，明治四十一年永久保存第二十八卷；陳凱雯，〈日治時期基隆築港之政策、推行與開展（1895～1945）〉，頁 198。

〔註 26〕　〈臺灣建物株式會社基隆街哨船頭埋立地建物設計并仕樣認可〉，《臺灣總督府公文類纂》，明治四十一年十五年保存特殊第一卷。該市街的建築形式是遵守 1900 年發布的「臺灣家屋建築規則」，陳正哲認為該市街建築採用「外觀洋風、內部和風」的形式，外觀塑造出摩登形象。見陳正哲，〈植民地都市景観の形成と日本生活文化の定着－日本植民地時代の台湾土地建物株式会社の住宅生産と都市経営－〉，東京大学大学院工学系研究科博士論文，2004 年，頁 64～68。

　　基隆在日治時期前，人口主要集中在原劉銘傳時代基隆車站的周邊，俗稱「大基隆」，至日治時期仍是臺人的主要居住地區。哨船頭街、義重橋街周邊俗稱「小基隆」（即今日基隆港右岸基隆市政府周邊），經過日治時代市區改正及臺灣建物會社爲首的經營之下，成爲日治時期日本人居住最集中之地區之一。〔註27〕該地周邊在 1931 年改制爲町制後，成爲義重町、日新町等，成爲基隆的市政重心及許多會社、銀行本店或支店的所在地，如 1924 年改制後的基隆市役所、臺灣建物會社本店（1921 年移至臺北市後改稱營業所）、臺灣銀行、商工銀行基隆支店等。〔註28〕

圖 3-2　臺灣建物株式會社所經營的基隆哨船頭街土地

資料來源：臺灣建物株式會社，《第七回營業報告書》。

〔註27〕陳凱雯，〈帝國玄關──日治時期基隆的都市與地方社會〉，頁 107～113。
〔註28〕除上述以外，另外設於義重町、日新町之會社本店或支店包含蓬萊水產株式
　　　　會社本社、基隆劇場株式會社本店、日本振興株式會社本店、山下汽船臺灣
　　　　支店、三菱商事株式會社基隆出張所、株式會社林兼商店基隆支店等，另外
　　　　包含基隆信用組合、基隆住宅利用組合等產業組合，見陳凱雯，〈帝國玄關─
　　　　─日治時期基隆的都市與地方社會〉，頁 135～139。

　　1910（明治 43）的合併中立起業株式會社，成爲臺灣建物株式會社在基隆經營的重大事件。中立起業株式會社即上章所述在 1895 年日本統治開始大量購買基隆土地的地主之一，但受到基隆築港及市區改正緩慢等因素，營業並不順利，成立以來均未發放股利，加上與新成立的臺灣建物株式會社經營相似性太高，1909 年底，兩會社便已協商合併之事宜。〔註29〕隔年 2 月 28 日臺灣建物株式會社招開臨時股東會，正式承認兩會社之合併案，並於同年 5 月 1 日生效，中立起業株式會社爲解散公司，所持有資產都被臺灣建物株式會社吸收，因此實質上該會社是被臺灣建物株式會社吞併，合併後之臺灣建物株式會社資本額提高至 150 萬圓。〔註30〕合併後對臺灣建物株式會社之最大影響，便是取得中立起業株式會社的龐大土地資產。依報載中立起業株式會社解散前，持有基隆 59 萬 6 千餘坪的土地，〔註31〕由被合併後之臺灣建物會社繼承，因此該會社從 1910 年 3 月至 1912 年 3 月短短 2 年間，持有基隆的土地從 1 萬 3 千餘坪增加到 64 萬 1 千餘坪，增加約 46.54 倍，成爲基隆首屈一指的大地主。〔註32〕

　　依 1916 年該會社的第八回營業報告書的附圖顯示，該會社持有基隆土地遍布在基隆市區與周邊山區，包含上述哨船頭街周邊，可知該會社在基隆的地位。該會社所有土地除了哨船頭街周邊外，又以「小基隆」東側的田寮港庄（即今日基隆市田寮河兩岸）最爲重要。由於基隆的人口逐漸眾多，市區也逐漸往市郊擴展，其中田寮港庄因爲曾進行運河整頓，北面成爲日本人市營住宅所在地，南岸靠近大基隆地區則由臺灣人居住，依 1930 年之資料，改爲町制前的田寮庄僅次於基隆街，是基隆市人口第二多的地區。〔註33〕換句話說，該會社至少包辦了「小基隆」與田寮港兩大基隆市區的黃金地段，因此在基隆的業務榮景不言自明。

〔註29〕〈中立起業會社現況〉，《臺灣日日新報》，第 3493 號，1909 年 12 月 18 日，3版。

〔註30〕臺灣建物株式會社，《第二回營業報告書》，頁 3。

〔註31〕〈起業會社の財産引繼〉，《臺灣日日新報》，第 3585 號，1910 年 4 月 12 日，3 版。

〔註32〕臺灣建物株式會社，《第二回營業報告書》，頁 3；《第四回營業報告書》，頁2。

〔註33〕陳凱雯，〈帝國玄關──日治時期基隆的都市與地方社會〉，頁 109～111。

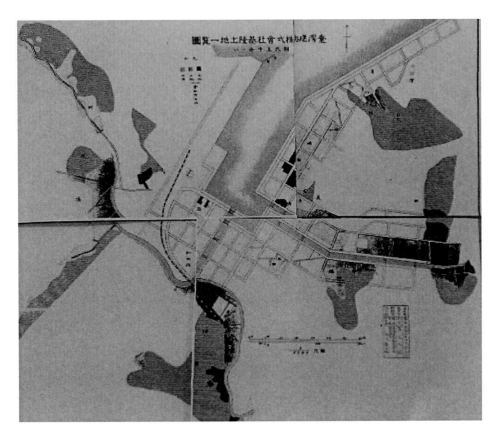

圖 3-3　臺灣建物株式會社 1916 年在基隆持有的土地

資料來源：臺灣建物株式會社，《第八回營業報告書》。

（二）臺北的土地出租

就如同募集股東的廣告前言：「臺北市區改正後逐步改善民家的建築，乃目前當務之急。」〔註 34〕可見臺灣建物株式會社亦以臺北的不動產投資為主要業務。該會社在成立初期（1909 年 3 月），其持有臺北市的土地僅 2 萬 7 千餘坪，至 1916 年 3 月底，已增加到近 8 萬餘坪，〔註 35〕圖 3-3 為該會社 1916 年的在臺北的土地分布圖。由圖中可知該會社持有臺北土地最重要者為臺北城東北的「大正街」一帶（圖中右下角），及臺北城內的府前街、府後街周邊（圖中正中央），前者為臺北市的高級住宅區，後者為臺北城內的核心商業區。

〔註 34〕臺灣建物株式會社株式募集廣告，《臺灣日日新報》，第 2496 號，1908 年 2 月 23 日，4 版。

〔註 35〕臺灣建物株式會社，《第一回營業報告書》，頁 4～5；《第八回營業報告書》，頁 3。

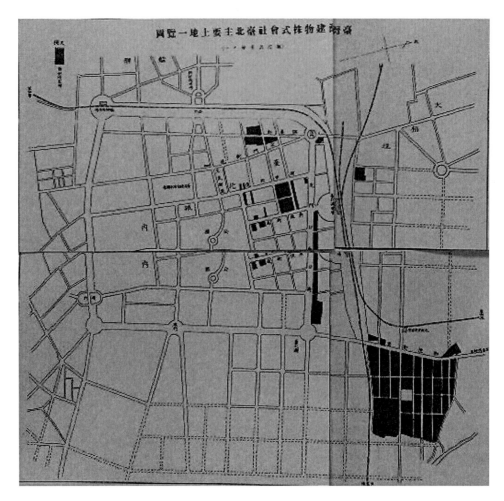

圖 3-4　臺灣建物株式會社 1916 年在臺北持有的土地

資料來源：臺灣建物株式會社，《第八回營業報告書》。

　　臺北城外的「大正街」（改制爲市制後爲「大正町」），位於今日林森北路及長安東路交叉口周邊，原稱爲「三板橋」，依該會社第五回營業報告書中「臺北三板橋經營」所述：

　　　　本社鑒於近幾年臺北市街發展快速，從去年開始經營三板橋
　　　　的土地，該地距離臺北日本人聚集地中心僅數丁〔註36〕，沿者通
　　　　往東北方的臺灣神社與圓山公園的敕使街道〔註37〕，土地高燥清

〔註36〕日本十字路口單位。
〔註37〕即參拜臺灣神社的道路，後來 1923 年皇太子裕仁從臺北火車站經由這條道路
　　　　前往臺灣神社。

潔，適合日本人居住。該地開發計畫包含開設縱橫數條道路，中央做為休閒區域，並配置電燈、水管、瓦斯等街道必要設備。該住宅地開發尚在初期階段，但租借土地或興建房屋出租的申請者眾多，已有數十戶的房屋已完成並在此居住，其中林本源家已投資十幾萬圓在此興建洋房，其住宅堪稱臺北第一，目前臺北廳宿舍也將設置於本地距離兩丁以內。由於距離市中心甚近，本社所經營之該地不僅能成為市郊最適合的住宅地區，未來也無疑逐漸有商業地帶的潛力。〔註38〕

　該會社在創立初期便已宣稱該會社的經營目的為解決來臺日本人的居住問題，因此「大正街」便是解決此問題的最重要方案，該地占約6萬坪，〔註39〕為該會社初期臺北持有土地的一半以上。依上述可知該會社選擇此地進行開發的理由有二，其一為距離日本人活動中心的臺北城地區不遠，但又與市區保持適當距離，另一則是該地的道路可前往臺灣神社，即日本人的信仰中心，因此可以想像該會社所稱「土地高燥清潔」的含意所在。該會社自1912年（明治45）開始開發該地到營業報告書發表之前，尚在開發初期階段，但依上述已吸引許多人前來居住，申請租借土地者亦相當踴躍，至1916年（大正5）3月底，該街已開發了三分之一，住戶已達250～260戶，〔註40〕至1923年起，該街已開發完成並逐批出售。〔註41〕

　大正街在開發前被稱為「三板橋」時，還只是凹凸不平、溝渠散亂的田園，到處有毒蛇出沒，裡面的火葬場還會飄出惡臭，在該會社的開發之下，卻成為日治時期臺北的高級住宅區。〔註42〕由於該街的土地面積廣大，開發工程相當費時費力，例如上述凹凸不平的田地，需要挖高填低才能成為平整的住宅區，加上道路與公園的開拓，與電燈、水管、瓦斯的鋪設等，如果沒有像該會社的龐大資金挹注下顯然無法達成，因此與上章日本明治時期，由大型財閥主導的土地開發相似，或許也有參考東京建物株式會社在天津的土地開發經驗，但值得注意的是日本都市周邊的土地開發是為了解決日本平民的居住問題，但日治

〔註38〕臺灣建物株式會社，《第五回營業報告書》，頁8。
〔註39〕臺灣建物株式會社，《第八回營業報告書》所附「臺北大正街略圖」。
〔註40〕臺灣建物株式會社，《第八回營業報告書》所附「臺北大正街略圖」。
〔註41〕臺灣土地建物株式會社，《第二十三回營業報告書》，頁2。
〔註42〕〈臺北市街の今昔（33）大正街方面（上）〉，《臺灣日日新報》，第6486號，1918年7月13日，7版。

時期的「大正街」住的是政府高官及商業顯要，一般日本人平民與臺灣人則被排除在這住宅地區之外，〔註43〕因此該會社實際上並沒有解決臺北的民眾居住問題，尤其在 1919 年後因住宅不足而發生「住宅難」現象時更爲嚴重。

當會社經營ノ地一部

臺北大正街

一昨年以來當會社ノ經營スル所ニシテ臺北特有ノ坪ナリ坪數六萬餘ノ土地ニ街道ニ沿ヒ坪數六萬街道ニ割ナリ臺北新タニ近キ使街道ニ沿ヒタル土ノ一割ナリ臺北新坪ノ臺北停車場最モ近夕坪ノ臺北停車場ニ適シ居住ニ内地人ノ舍臺北停車場最地間地ニ適シ居住ニ内地人約住宅電燈水道瓦斯電話百戶電燈水道瓦斯電話ノ諸設備至ヲサザルナシ

圖 3-5　臺灣建物株式會社所開發的臺北「大正街」

資料來源：臺灣建物株式會社，《第七回營業報告書》附圖。

〔註43〕 依陳正哲與王惠瑜的研究，大正街的居住者大多是日本官員、銀行業者、會社員、鐵道旅館經理等商家店主，屬於中上階層，該會社營業報告書第五回所稱由林本源所興建的洋房，在該會社的勸説之下轉手給美國大使館，顯然該會社不歡迎臺灣人居住此地。見陳正哲，〈植民地都市景観の形成と日本生活文化の定着─日本植民地時代の台湾土地建物株式会社の住宅生産と都市経営─〉，頁80；王慧瑜，〈日治時期臺北地區日本人的物質生活（1895～1937）〉，頁64。

臺北城內的府前街與府後街周邊是臺灣土地建物株式會社營業的另一重心，也就是今日臺北市的公園路到中華路一段之間。這地帶在日治初期依然係以清代傳統建築為主，不但破舊且衛生堪慮，當時官方雖然鼓吹改建，以形塑臺北形象，但多數所有者昧於現狀而不願配合。1911 年（明治 44）8 月的颱風造成臺灣的重大災害，上述鬧區便是臺北市內受災最嚴重的地區，清代舊式房屋倒塌與損壞多數。官方試圖利用舊式民房損壞的機會做徹底的重建，並成為臺北市內的模範街區。由於重建當時該會社是此地區的最大地主，因此改建的設計便交由該會社接手進行，還承辦此街區改建的低利貸款業務。該街區歷 3 年重建後，於 1914 年（大正 3）陸續完工，完工後的街區面目一新，例如府後街係日治時期縱貫鐵路臺北車站至總督府博物館（今國立臺灣博物館）的道路，係臺北的重要門戶，除將街道擴寬外，建築為西洋風格的兩層到三層的高樓，具有臺灣特有的建物形式亭仔腳用於遮雨，整齊的街區增加臺北車站前的景觀形象，也反映總督府治理成功的門面。該地區日後依然是臺北市商業繁榮的地區，而該會社又是此地區的最大地主，因此成為最大的受益者。〔註44〕

圖 3-6　臺灣建物株式會社所持有臺北土地——臺北府後街通（1914 年）

資料來源：臺灣建物株式會社，《第六回營業報告書》附圖。

〔註44〕 有關 1911～1914 年臺北城內改築房屋的經過，詳見黃郁軒，〈日治初期臺北城內街屋現代化過程之研究〉，國立台北藝術大學建築與古蹟保存研究所碩士論文，2011 年。依該研究所示，府後街以臺灣鐵道旅館為首，成為當時的旅館集中地。另外據 1922 年的資料，株式會社華南銀行、三井株式會社臺灣出張所、日立製作所臺灣出張所、大永興業株式會社、林本源製糖株式會社臺北出張所、大倉商事株式會社出張所、臺灣製紙株式會社、臺灣炭業株式會社等私立行號均設於府後街。

　　表 3-5 為 1908～1921 年臺北、基隆的土地持有坪數、出租坪數及出租收入。由表中可知，該期間土地持有坪數不論是臺北與基隆均持續增加，但基隆持有坪數增加主要是因為 1910 年合併中立起業株式會社，及 1920 年間基隆街市區範圍擴大的影響，其他期間增加並不明顯，相反的臺北市區由 1909 年的 2 萬 7 千餘坪成長至 1921 年的近 16 萬餘坪，成長了 5.7 倍。承租坪數與出租收入不論臺北、基隆也是逐漸成長的狀況，不過以 1921 年 3 月這時間點而言，基隆的土地出租率為 43.98％，而臺北只有 27.63％，顯示臺北市雖然持有土地較多，但大多數並沒有用來出租，由下述可以得知，這是因為該會社持有臺北土地除了用來出租以外，也用來買賣取得收益有關。

表 3-5　臺灣建物會社 1908～1921 年臺北、基隆之土地持有坪數、出租坪數及租金收入

期　　間	臺北土地			基隆土地		
	持有坪數（坪）	出租坪數（坪）	出租收入（圓）	持有坪數（坪）	出租坪數（坪）	出租收入（圓）
1908 年 4 月～1909 年 3 月	27,850	4,498	606	6,947	4,881	578
1909 年 4 月～1910 年 3 月	15,270	5,873	2,800	13,782	3,841	3,490
1910 年 4 月～1911 年 3 月	23,525	8,676	不明	83,885	13,136	不明
1912 年 4 月～1913 年 3 月	69,409	15,995	27,012	87,176	21,569	13,318
1913 年 4 月～1914 年 3 月	83,694	12,681	26,893	86,457	22,463	16,234
1914 年 4 月～1915 年 3 月	76,224	16,011	27,579	80,004	19,575	18,771
1915 年 4 月～1916 年 3 月	79,333	20,647	30,512	80,571	20,263	20,081
1916 年 4 月～1916 年 9 月	80,585	21,648	14,598	77,709	20,905	11,555

1916 年 10 月～ 1917 年 3 月	90,404	26,917	15,737	79,497	21,037	14,803
1917 年 4 月～ 1917 年 9 月	98,676	30,028	15,915	79,012	21,037	15,364
1917 年 10 月～ 1918 年 3 月	110,763	31,526	16,227	83,843	22,047	16,362
1918 年 4 月～ 1918 年 9 月	109,376	31,816	17,301	83,843	22,771	16,988
1918 年 10 月～ 1919 年 3 月	124,149	32,824	20,114	85,359	25,963	18,706
1919 年 4 月～ 1919 年 9 月	161,715	37,421	20,493	86,937	30,276	20,741
1919 年 10 月～ 1920 年 3 月	161,307	42,467	30,773	80,387	40,534	22,869
1920 年 4 月～ 1920 年 9 月	163,381	43,060	30,159	139,773	63,036	24,714
1920 年 10 月～ 1921 年 3 月	159,549	44,085	33,232	139,773	61,466	26,839

說明：（1）1911 年 4 月～1912 年 3 月資料從缺；（2）數字均四捨五入；（3）1915 年度前為年制，1916 年起為半年制；（4）基隆、臺北土地持有坪數均僅限市區，不含山區。

資料來源：整理自臺灣建物株式會社，《第一回營業報告書》，頁 4～5；《第二回營業報告書》，頁 3～4；《第三回營業報告書》，頁 2～4；《第五回營業報告書》，頁 2～5；《第六回營業報告書》，頁 3～6；《第七回營業報告書》，頁 3～6；《第八回營業報告書》，頁 3～6；臺灣土地建物株式會社，《第九回營業報告書》，頁 4～7；《第十回營業報告書》，頁 3～5；《第十一回營業報告書》，頁 3～5；《第十二回營業報告書》，頁 3～6；《第十三回營業報告書》，頁 3～5；《第十四回營業報告書》，頁 2～4；《第十五回營業報告書》，頁 3～5；《第十六回營業報告書》，頁 3～5；《第十七回營業報告書》，頁 2～4；《第十八回營業報告書》，頁 2～4。

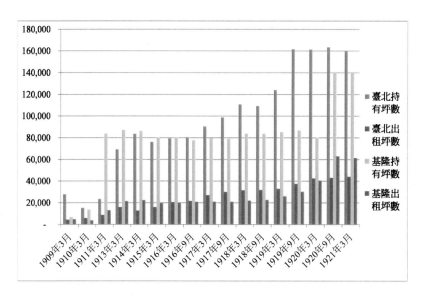

圖 3-7　臺灣建物會社 1908～1921 年臺北、基隆之土地持有與出租坪數
（單位：坪）

資料來源：同表 3-5。

　　由表 3-5 之資料及基隆與臺北的土地出租，可得知下列事實：（一）臺灣
建物株式會社在創立初期雖以房租收入爲主，但 1912 年以後，不論是臺北與
基隆都呈現土地出租收入逐年上升之情況，成爲土地出租爲主要業務的會
社，1916 年「臺灣建物株式會社」改爲「臺灣土地建物株式會社」，便是反映
上述經營的結果，但也表示該會社的經營已經逐漸以土地承租與買賣爲主，
偏離「解決在臺日本人的居住問題」的營業目的；（二）該會社初期雖以基隆
爲本店，但因爲主要股東以臺北人居多，股東大會均在臺北支店舉辦，且依
表 3-5 顯示，臺北的土地承租業務收入與基隆大多不分上下，因此自 1921 年
起將本店改爲臺北，也是反映上述事實的結果；〔註 45〕（三）該會社在基隆
在合併中立起業株式會社後，已成爲基隆最大地主，因此持有土地坪數的增
減有限，大筆買賣土地情形較少，代表在基隆的經營上偏於守成；相形之下
臺北的土地大量購買，與「大正街」的開發，都反映該會社在臺北的經營較
爲積極，不過這或許是因爲合併中立起業株式會社，讓該會社不費一分一毫
便佔有基隆的龐大土地資源，加上臺北是當時臺灣的市政中心，又是在臺日
本人最多的都市，其都市發展潛力較大有關。

〔註 45〕臺灣土地建物株式會社，《第十九回營業報告書》，頁 1。

五、臺灣建物會社之不動產買賣

　　臺灣建物會社的不動產業務除了土地、房屋的出租以外，就如同第六回營業報告書的營業概況所述：「本會社的土地房屋賣出利益，便是開拓市街地外圍的田地並賣出所產生，此為本會社營業之特色。」〔註46〕表3-6為該會社1908～1921年土地的買賣狀況。由表中可知，該會社自1908～1921年間，以現有的資料顯示共買進40萬4千餘坪之土地，賣出12萬7千餘坪，買多賣少代表該會社的持有土地坪數持續增加。雖然1912年後該會社陸續在嘉義及廣東購買土地，但由營業報告書可知該會社買賣土地主要依然是在臺北、基隆兩地為主。〔註47〕以年度而言，買進土地集中在創業至1914年間，及1918至1919年間，前者應為草創期資金充足有關，後者係與1920年代的地價大幅上升有關，至於賣出土地集中在1913～1914年與1919～1920年間。以價格而言，除了大多數期間賣出價格大於買進價格外，該期間總平均賣出價格8.93圓，亦高於買進價格的3.85圓，該「買低賣高」的操作模式所產生的土地買賣利益，也成為該會社的收入來源之一。

表3-6　臺灣建物株式會社1908～1921年土地買賣狀況

期　間	土地買入			土地賣出		
	坪　數（坪）	金　額（圓）	每坪金額（圓）	坪　數（坪）	金　額（圓）	每坪金額（圓）
1908年4月～1909年3月	32,449	83,773	2.58	2,775	9,682	3.49
1910年4月～1911年3月	14,827	60,404	4.07	9,628	23,676	2.46
1911年4月～1912年3月	45,259	124,190	2.74	11,104	54,088	4.87
1912年4月～1913年3月	84,174	175,225	2.08	3,743	33,828	9.04

〔註46〕臺灣建物株式會社，《第六回營業報告書》，頁2。

〔註47〕1912年起該會社在嘉義持有5萬2千餘坪之土地，但從1915～1920年間該會社在嘉義無土地買賣之情形，1919年該會社在廣東購買640坪之土地，但至1920年便無其他土地買賣。見臺灣建物株式會社，《第五回營業報告書》，頁2～5；《第六回營業報告書》，頁3～6；《第七回營業報告書》，頁3～6。

1913 年 4 月～ 1914 年 3 月	31,004	123,741	3.99	24,005	不明	不明
1914 年 4 月～ 1915 年 3 月	10,464	70,358	6.72	9,221	112,224	12.17
1915 年 4 月～ 1916 年 3 月	4,956	98,478	19.87	2,862	32,234	11.26
1916 年 4 月～ 1916 年 9 月	3,353	38,875	11.59	5,022	50,372	10.03
1916 年 10 月～ 1917 年 3 月	11,994	74,117	6.18	5,328	24,393	4.58
1917 年 4 月～ 1917 年 9 月	10,232	23,927	2.34	808	14,935	18.48
1917 年 10 月～ 1918 年 3 月	33,457	88,125	2.63	545	12,539	23.01
1918 年 4 月～ 1918 年 9 月	218	1,300	5.95	1,155	51,974	44.98
1918 年 10 月～ 1919 年 3 月	41,561	113,298	2.73	966	25,807	26.70
1919 年 4 月～ 1919 年 9 月	43,052	308,165	7.16	1,243	11,872	9.55
1919 年 10 月～ 1920 年 3 月	2,471	58,941	23.85	30,646	279,591	9.12
1920 年 4 月～ 1920 年 9 月	11,952	64,544	5.40	14,640	124,005	8.47
1920 年 10 月～ 1921 年 3 月	22,584	48,673	2.16	3,831	63,675	16.62
合　計	**404,007**	**1,556,134**	**3.85**	**127,522**	**924,895**	**8.93**

說明：（1） 1909 年 4 月～1911 年 3 月資料從缺，土地賣出每坪金額未考慮 1913 年 4 月～1914 年 3 月；（2）坪數為四捨五入，每坪金額為小數點第 2 位；（3） 1915 年度前為年制，1916 年起為半年制。

資料來源：整理自臺灣建物株式會社，《第一回營業報告書》，頁 4～5；《第三回營業報告書》，頁 2～4；《第四回營業報告書》，頁 2～3；《第五回營業報告書》，頁 2～5；《第六回營業報告書》，頁 3～6；《第七回營業報告書》，頁 3～6；《第八回營業報告書》，頁 3～6；臺灣土地建物株式會社，《第九回營業報告書》，頁 4～7；《第十回營業報告書》，頁 3～5；《第十一回營業報告書》，頁 3～5；《第十二回營業報告書》，頁 3～6；《第十三回營業報告書》，頁 3～5；《第十四回營業報告書》，頁 2～4；《第十五回營業報告書》，頁 3～5；《第十六回營業報告書》，頁 3～5；《第十七回營業報告書》，頁 2～4；《第十八回營業報告書》，頁 2～4。

　　表 3-7 為該會社在 1908～1921 年間土地、房屋的賣出坪數、金額與賣出收入，值得注意的是所謂的「賣出收入」指的是賣出價格減帳面價值（包含土地購買價格及整地工程費等），〔註48〕也就是不動產買賣的實質收益，例如依第 7 回營業報告書（1914 年 4 月～1915 年 3 月）所示，該期賣出了 9 千 2 百餘坪的土地，賣出金額 11 萬 2 千餘圓，帳面價值為 3 萬 9 千餘圓，因此該期土地賣出收入應為 7 萬 3 千餘圓。〔註49〕由表 3-11 可知該會社利用不動產買賣獲得最多收益的期間，為 1913～1915 年間與 1919 年 10 月至 1920 年 3 月，尤其是後者取得了 24 萬 1 千圓之賣出收入，佔該期營業收入的 1 半以上。雖然該收益包含土地與房屋（自 1925 年起，土地與房屋的賣出收入始在損益表分開顯示），但因以下四點，可推測該會社的歷年土地的賣出收入遠大於房屋：（一）該會社營業報告書中的營業概況，許多都顯示持有土地市價遠大於帳面價值的情況；〔註50〕（二）上述營業報告書第 7 回顯示，該期土地賣出收入為 7 萬 3 千餘圓，與損益計算書的土地房屋賣出收益相同，代表當期房屋賣出幾無收益可言，其他營業報告書亦有顯示類似情形者；〔註51〕（三）部分營業報告書顯示當時房屋的建築費相當高昂，每戶建造價格與每戶市價幾乎相同，使得出售房屋本身幾乎沒有收益，〔註52〕相反的如同上述第 7 回顯示，該期賣出的土地平均市價，竟然是平均帳面價值的 2.8 倍；（四）該會

〔註48〕依照會計學原理，不動產等資產的帳面價值應為「取得資產的一切必要支出」，至於整地、改良、擴建等能增加不動產價值或使用年限的支出，也應認列為帳面價值。依該會社第 7 回營業報告書所稱：「前記土地價額 881,208.7圓，為購買價格、登記手續費、仲介手續費、整地工程費等實際支出金額」便是使用上述會計帳務的原理。
〔註49〕臺灣建物株式會社，《第七回營業報告書》，頁 4。
〔註50〕例如第 5 回營業報告書所述，該會社持有土地帳面價值 72 萬 4 千餘圓，但市價至少有 150 萬圓；第 7 回營業報告書所稱持有土地帳面價值 88 萬 2 千餘元，市價已至少有 200 萬圓以上。見臺灣建物株式會社，《第五回營業報告書》附表；《第七回營業報告書》，頁 4。
〔註51〕如會社第 8 回營業報告書（1915 年 4 月～1916 年 3 月），該期賣出土地金額為 3 萬 2 千餘圓，賣出土地的帳面價值為 1 萬 7 千餘圓，可得出該期土地賣出收入為 1 萬 4 千餘圓，該期的損益表中土地房屋賣出收入為 1 萬 6 千餘圓，代表該期房屋賣出收入僅 1 千餘圓。見臺灣建物株式會社，《第八回營業報告書》，頁 4。
〔註52〕例如第 16 回營業報告書顯示，當期房屋賣出了 93 戶，計 56 萬 1 千餘圓，每戶賣出價格 6,032 圓，但當期房屋建築了 95 戶，建築費 54 萬 9 千餘圓，每戶建築費 5,780 圓，顯示僅是將建築房屋賣出收益極為有限。見臺灣土地建物株式會社，《第十六回營業報告書》，頁 6。

社自 1925 年起，損益表將土地與房屋的賣出收入分開顯示，1925～1936 年間的土地賣出收入合計為 265 萬 7 千餘圓，反之房屋賣出收入僅 2 萬 7 千餘圓，房屋賣出收入約僅為土地的 1%（見附錄二），可以推測土地的賣出收入便是該會社購買大量土地，等到地價上漲後賣出的結果。

表 3-7　臺灣建物株式會社 1908～1921 年不動產賣出與損益狀況

期　　間	土地賣出			房屋賣出			土地房屋賣出收入（圓）
	坪數（坪）	金額（圓）	每坪金額（圓）	坪數（坪）	金額（圓）	每坪金額（圓）	
1908 年 4 月～1909 年 3 月	2,775	9,682	3.49	－	－	－	10,455
1909 年 4 月～1910 年 3 月	不明	不明	不明	不明	40,595	不明	8,001
1910 年 4 月～1911 年 3 月	9,628	23,676	2.46	500	不明	不明	11,749
1911 年 4 月～1912 年 3 月	11,104	54,088	4.87	不明	2,518	不明	18,098
1912 年 4 月～1913 年 3 月	3,743	33,828	9.04	827	52,950	64.06	13,561
1913 年 4 月～1914 年 3 月	24,005	不明	不明	3,226	196,767	61.00	42,803
1914 年 4 月～1915 年 3 月	9,221	112,224	12.17	1,726	118,897	68.90	73,872
1915 年 4 月～1916 年 3 月	2,862	32,234	11.26	1,528	122,796	80.35	16,137
1916 年 4 月～1916 年 9 月	5,022	50,372	10.03	944	59,730	63.31	14,082
1916 年 10 月～1917 年 3 月	5,328	24,393	4.58	775	49,861	64.33	6,654
1917 年 4 月～1917 年 9 月	808	14,935	18.48	904	57,410	63.49	4,407
1917 年 10 月～1918 年 3 月	545	12,539	23.01	1,777	168,789	95.01	6,734
1918 年 4 月～1918 年 9 月	1,155	51,974	44.98	741	62,303	84.06	9,058
1918 年 10 月～1919 年 3 月	966	25,807	26.70	不明	130,829	不明	11,663

1919 年 4 月～ 1919 年 9 月	1,243	11,872	9.55	不明	197,071	不明	11,032
1919 年 10 月～ 1920 年 3 月	30,646	279,591	9.12	不明	561,002	不明	241,386
1920 年 4 月～ 1920 年 9 月	14,640	124,005	8.47	不明	186,976	不明	72,452
1920 年 10 月～ 1921 年 3 月	3,831	63,675	16.62	不明	53,825	不明	47,636

説明：（1）坪數爲四捨五入，每坪金額爲小數點第 2 位；（3） 1915 年度前爲年制，1916 年起爲半年制；（4）土地房屋賣出收入指的是土地房屋的賣出價格減帳面價值。

資料來源：整理自臺灣建物株式會社，《第一回營業報告書》，頁 4～7、10；《第二回營業報告書》，頁 2～5、14～15；《第三回營業報告書》，頁 2～5、9～10；《第四回營業報告書》，頁 2～4、9～10；《第五回營業報告書》，頁 2～6、13；《第六回營業報告書》，頁 3～8、15；《第七回營業報告書》，頁 3～7、14～15；《第八回營業報告書》，頁 3～8、14～15；臺灣土地建物株式會社，《第九回營業報告書》，頁 4～8、14～15；《第十回營業報告書》，頁 3～7、13～14；《第十一回營業報告書》，頁 3～6、13～14；《第十二回營業報告書》，頁 3～7、13～14；《第十三回營業報告書》，頁 3～7、13～14；《第十四回營業報告書》，頁 2～5、12～13；《第十五回營業報告書》，頁 2～6、13～14；《第十六回營業報告書》，頁 3～7、13～14；《第十七回營業報告書》，頁 3～5、11～12；《第十八回營業報告書》，頁 2～5、11～12。

　　由上述可知，該會社持有土地除了用於出租以外，還利用「買低賣高」取得大量收益，相形之下房屋用來出租，或是以下述的分期付款方式賣出取得利息收入相比，出售房屋的利益較低。1920 年 9 月該會社臺北持有土地有 16 萬 3 千餘坪，平均帳面價值爲 5.91 圓，但當時報載艋舺歡慈市街（即今日貴陽街）的土地市價已達每坪 30～40 圓，〔註53〕1922 年市中心地價更高達 200 圓以上，〔註54〕即使以一坪市價 30 圓計算，該會社如將持有臺北土地全部賣出，將能獲得近 400 萬圓的土地賣出利益，上述 1925～1937 年間透過土地賣出所獲得的利益，便是持有土地市價遠高於帳面價值的結果。顯示隨者臺灣都市化的發展而促成的不動產價格上漲，該會社身爲臺北與基隆的大地主，成爲最大的收益者，但這也曾被報紙批評任其閒置不興建房屋的結果，成爲 1920 年代住宅不足的原因之一。〔註55〕

〔註53〕〈土地買賣熱〉，《臺灣日日新報》第 7179 號，1920 年 6 月 5 日，5 版。

〔註54〕〈等閒に附されたる 我都市の土地政策（二）〉，《臺灣日日新報》第 7938 號，1922 年 7 月 4 日，3 版。

〔註55〕〈臺北空地七萬坪〉，《臺灣日日新報》第 7247 號，1920 年 8 月 22 日，日刊 6 版。有關日治時期臺北地價上漲之狀況詳見第四章第二節。

　　1908 年（明治 41）成立的臺灣建物株式會社，除了合併中立起業株式會社成爲基隆大地主以外，加上臺北大正街土地開發、臺北城內房屋改建、及土地買賣操作成功之下，臺北與基隆的土地出租與買賣成爲該會社發展的基石。表 3-8 與圖 3-8 爲該會社 1908～1921 年之損益資料，由表中可知，該會社在該期間靠者豐厚的不動產獲利，純益率至少都有 4 成以上，1919 年 10 月至隔年 3 月更靠者不動產買賣取得 24 萬 1 千餘圓的收入，將純益率提高到約 77％。由於該會社獲利一直良好，自創業起每期均有發放股利，而且不斷提高。該會社日後不論是大幅發展不動產金融業務，還是將業務拓展至嘉義、高雄及日本等地，均以基隆、臺北的經營爲基礎。

表 3-8　臺灣建物株式會社 1908～1921 年收入、費用、純益及股利

期　間	收　入 （圓）	費　用 （圓）	純　益 （圓）	純益率 （％）	股　利 （圓）
1908 年 4 月～1909 年 3 月	74,283	29,778	44,506	59.91	15,000
1909 年 4 月～1910 年 3 月	103,264	38,139	65,125	63.07	26,400
1910 年 4 月～1911 年 3 月	127,170	46,198	80,972	63,67	52,500
1911 年 4 月～1912 年 3 月	163,727	52,720	111,007	67.80	62,700
1912 年 4 月～1913 年 3 月	168,752	63,799	104,953	62.19	82,800
1913 年 4 月～1914 年 3 月	197,042	81,164	115,878	58.81	90,000
1914 年 4 月～1915 年 3 月	208,620	84,617	124,003	59.44	101,550
1915 年 4 月～1916 年 3 月	161,471	90,804	70,667	43.76	63,000
1916 年 4 月～1916 年 9 月	83,620	48,749	34,871	41.70	31,500
1916 年 10 月～1917 年 3 月	76,302	35,778	40,525	53.11	31,500
1917 年 4 月～1917 年 9 月	76,525	37,982	38,544	50.37	31,500
1917 年 10 月～1918 年 3 月	91,944	50,124	41,820	45.48	31,500
1918 年 4 月～1918 年 9 月	97,289	52,109	45,180	46.44	31,500
1918 年 10 月～1919 年 3 月	116,316	60,555	55,761	47.94	42,000
1919 年 4 月～1919 年 9 月	138,676	77,992	60,684	43.76	43,500
1919 年 10 月～1920 年 3 月	455,349	102,563	352,786	77.48	75,000
1920 年 4 月～1920 年 9 月	242,497	136,290	106,208	43.80	75,000
1920 年 10 月～1921 年 3 月	234,944	123,682	111,262	47.36	75,000

說明：（1）金額爲四捨五入，百分比取至小數點第2位；（2）　1915年度前爲年制，1916年起爲半年制。

資料來源：整理自臺灣建物株式會社，《第一回營業報告書》，頁10～12；《第二回營業報告書》，頁14～16；《第三回營業報告書》，頁9～11；《第四回營業報告書》，頁9～11；《第五回營業報告書》，頁13～14；《第六回營業報告書》，頁15～17；《第七回營業報告書》，頁14～16；《第八回營業報告書》，頁14～16；臺灣土地建物株式會社，《第九回營業報告書》，頁14～16；《第十回營業報告書》，頁13～15；《第十一回營業報告書》，頁13～15；《第十二回營業報告書》，頁13～15；《第十三回營業報告書》，頁13～15；《第十四回營業報告書》，頁12～15；《第十五回營業報告書》，頁13～15；《第十六回營業報告書》，頁13～15；《第十七回營業報告書》，頁11～13；《第十八回營業報告書》，頁11～13。

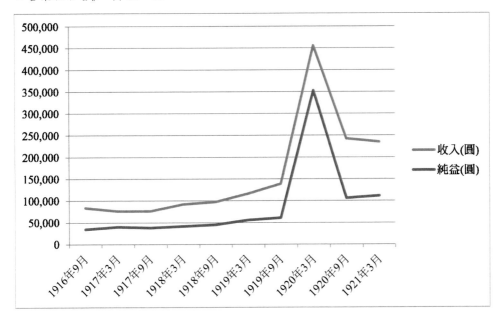

圖 3-8　臺灣建物株式會社 1916～1921 年收入及純益

資料來源：同表 3-8。

六、臺灣建物會社的不動產金融

　　該會社之不動產金融業務是臺灣不動產業的創舉，係由從 1896 年在東京成立的「東京建物株式會社」引進而來，包含「不動產分期貸款」及「不動產擔保融資」，另外該會社還辦理低利資金業務，以下分別說明。

　　所謂「不動產分期貸款」，係將土地房屋之買賣價格以分期付款方式支付。以第 5 回營業報告書爲例，有關該契約之說明如下：

該會社為讓買受人方便，將土地或房屋賣出，五年以內每年或每月支付者共 60 件。截至本年度為止未收代金計 46 件，金額118,407.82 圓。為確保債權，該賣出土地與建物均已設定胎權或抵當權設定登記，在付款完成前，所有權為該會社保留，且擔保物件市場價格不低於債權金額之兩倍。〔註56〕

另外在第15回營業報告書中，該會社為解決當時住宅缺少的問題，於1919年間辦理基隆與臺北特別住宅新建的專案：

因住宅大缺乏，本期間為提供特別長期月償還低利住宅，以著手特別建築臺北大正街六十戶、基隆田寮港庄二十戶住宅、基隆哨船頭街十二戶店鋪兼住宅，其中大部分竣工後，以一百二十個月償還、年利 1 割賣出。〔註57〕

由上可知，該會社對土地與建物的購買者，提供購買價款以分期（每年或每月）付款方式支付的服務，另外也有趁者住宅不足時，在黃金地段大量興建住宅，並以分期付款方式賣出的案例。為了確保分期付款的債權能順利收回，該會社至少做了兩種措施：（一）將土地與房屋設定相當於現在的抵押權，在債權尚未償還完畢前，該會社保有所有權；（二）擔保設定的土地或房屋之市價至少是該債權金額的 2 倍以上。上章東京建物株式會社所介紹的「月分期付款之建築物建造契約」，與本業務十分類似，但仍有一些不同，例如前者擔保對象只有房屋，但後者也可接受土地買賣；前者的期限可到 15 年，但後者初期只有 5 年，可能係因相對於東京市房屋價格已經十分穩定，臺灣的不動產市場尚未成熟有關。

該會社另一經常性不動產金融業務為土地房屋之擔保融資，例如第 5 回營業報告書針對此業務之說明如下：

他人所有之土地建物之擔保借款截至現在為止計 24 件，金額31,111.225 圓，對此借款均已設定胎權或抵當權登記，且擔保物件市場價格不低於借款金額之兩倍。〔註58〕

該會社辦理的第三種不動產金融業務為低利資金，即為了興建房屋者取得資金的方便性，提供興建房屋者較低利息的融資業務。例如 1914 年間，該

〔註56〕臺灣建物株式會社，《第五回營業報告書》，頁6。
〔註57〕臺灣土地建物株式會社，《第十五回營業報告書》，頁8。
〔註58〕臺灣建物株式會社，《第五回營業報告書》，頁6。

會社所有的基隆哨船頭街填海造陸之土地，提供建築費用的融資業務，年息以 7%計算，以 5 年內每月償還，截至該報告書提出前已有 27 戶完工，使得哨船頭街更爲繁榮。〔註59〕

　　該會社另一長期辦理的低利資金業務，爲臺北城內低利住宅資金。1911年（明治 44） 8 月的暴風雨，使臺北城內的店家傾倒大半，爲了扶助當地重建，也藉此將臺北城內的建築煥然一新，該會社向臺灣總督府及臺灣銀行協議，由該會社代理臺灣銀行，提供 5 年期間 5.5%的低利貸款 75 萬圓，給予城內居民興建房屋。〔註 60〕應注意的是該會社僅是代理承辦本業務，並收取手續費，因此該低利貸款未出現於該會社之平衡表，貸款產生的利息收入仍歸臺灣銀行所有。

　　表 3-9 與圖 3-9 爲 1908～1921 年該會社不動產金融業務概況。由表中可知，該會社在不動產分期貸款在貸借對照表中以「未收金」表達，至於不動產擔保融資則以「貸付金」表達，至於利息收入則是以上兩業務所產生的利息收入，最後臺北城內低利貸款業務係代理臺灣銀行的業務，未列入平衡表。以金額分析，該會社的未收金隨者時間大幅成長，尤其從 1915 年 3 月至 1921 年 3 月短短 6 年間，由 26 萬 6 千餘圓成長至 85 萬 9 千餘圓，成長了 3 倍以上，顯示不動產分期貸款業務成長極爲快速。受惠於該業務的成長，該會社的利息收入也隨者時間成長，由 1915 年期的 4 萬餘圓，增加到 1920年期的 11 萬 7 千餘圓，成長了 2 倍以上。相形之下貸付金自 1910 年 3 月達到 8 萬 2 千餘圓後，反而呈現衰退的狀況，顯示不動產擔保融資業務的成長呈現停滯。

〔註59〕臺灣建物株式會社，《第七回營業報告書》，頁 9。1914 年底臺灣銀行臺北本店的貸款利率最高爲每百圓每日 2.7 錢，相當於年利率 9.855%（0.027×365 ＝9.855），最低爲 2.2 錢，相當於年利率 8.03%（0.022×365＝8.03），見臺灣總督官房統計課，《臺灣總督府第十八統計書》（臺北：臺灣印刷株式會社，1915 年），頁 433。

〔註60〕臺灣建物株式會社，《第四回營業報告書》頁 5；《第五回營業報告書》，頁 7 ～8。1911 年底臺灣銀行臺北本店的貸款利率最高爲每百圓每日 2.6 錢，相當於年利率 9.49%（0.026×365＝9.49），最低爲 2.2 錢，相當於年利率 8.03%（0.022 ×365＝8.03），見臺灣總督官房統計課，《臺灣總督府第十五統計書》（臺北：株式會社臺灣日日新報社，1913 年），頁 445。

表 3-9　臺灣建物會社 1908～1921 年不動產金融業務概況　（單位：圓）

期間	未收金 （不動產分期 貸款） 期末餘額	貸付金 （不動產擔保 融資） 期末餘額	當期利息收入	臺北城內低利 貸款期末餘額
1908 年 4 月～ 1909 年 3 月	9,557	49,700	12,028	
1909 年 4 月～ 1910 年 3 月	102,822	82,946	17,650	
1910 年 4 月～ 1911 年 3 月	63,524	85,533	19,574	
1911 年 4 月～ 1912 年 3 月	161,404	46,113	24,445	
1912 年 4 月～ 1913 年 3 月	118,408	31,111	25,916	197,480
1913 年 4 月～ 1914 年 3 月	176,689	16,562	43,709	354,873
1914 年 4 月～ 1915 年 3 月	263,471	26,073	36,002	521,557
1915 年 4 月～ 1916 年 3 月	211,341	20,867	40,279	508,379
1916 年 4 月～ 1916 年 9 月	266,133	29,765	17,780	508,501
1916 年 10 月～ 1917 年 3 月	222,357	26,694	16,400	480,395
1917 年 4 月～ 1917 年 9 月	209,340	48,045	15,226	
1917 年 10 月～ 1918 年 3 月	312,112	50,137	25,224	406,600
1918 年 4 月～ 1918 年 9 月	391,995	55,312	28,973	369,177
1918 年 10 月～ 1919 年 3 月	411,289	41,010	30,339	330,393
1919 年 4 月～ 1919 年 9 月	481,021	38,294	34,392	295,084

1919 年 10 月～ 1920 年 3 月	842,196	30,230	46,646	290,676
1920 年 4 月～ 1920 年 9 月	718,532	49,710	59,941	296,227
1920 年 10 月～ 1921 年 3 月	859,330	59,355	57,903	266,899

說明：（1）數字均四捨五入；（2）1915 年度前爲年制，1916 年起爲半年制。

資料來源：整理自臺灣建物株式會社，《第一回營業報告書》，頁 9～11；《第二回營業報告書》，頁 13～15；《第三回營業報告書》，頁 7、9～10；《第四回營業報告書》，頁6、9～10；《第五回營業報告書》，頁 9、13；《第六回營業報告書》，頁 11、15～16；《第七回營業報告書》，頁 10、14～15；《第八回營業報告書》，頁 10、14～15；臺灣土地建物株式會社，《第九回營業報告書》，頁 10、14～15；《第十回營業報告書》，頁9、13～14；《第十一回營業報告書》，頁 9、13～14；《第十二回營業報告書》，頁 9、13～14；《第十三回營業報告書》，頁 9、13～14；《第十四回營業報告書》，頁 8、12～13；《第十五回營業報告書》，頁 9、13～14；《第十六回營業報告書》，頁 9、13～14；《第十七回營業報告書》，頁 7、11～12；《第十八回營業報告書》，頁 7～8、11～12。

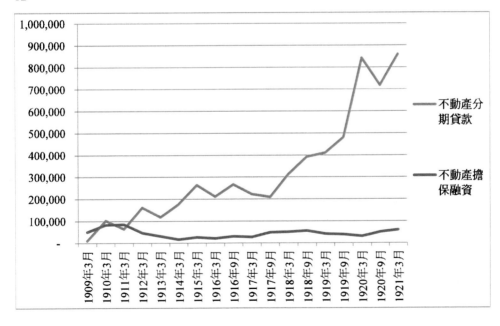

圖 3-9　臺灣建物會社 1908～1921 年不動產分期貸款與擔保融資（單位：圓）

資料來源：同表 3-9。

　　不動產金融的引進代表臺灣政治情勢的穩定，使得不動產業朝向成熟與專業化。日治初期臺灣政治情勢不穩時，來臺日本人不會有久居的意願，因此除了投資客以外，僅需承租房屋即滿足住的需求，隨著臺灣政治逐漸穩定，來臺日本人也漸多，也逐漸有購買土地與建房屋，作爲居住或投資使用，不動產金融便是滿足這些人而存在。另一方面，要從事不動產金融至少要有不動產估價人員、不動產登記辦理人員、法務人員等專業人士，因此不動產金融的產生代表不動產業的成熟與專業化，在臺灣有劃時代的意義。但不動產金融業務發展之前提，係合理的放款審核機制，與擔保不動產價格的穩定，如兩者缺乏其中之一則可能造成債權無法回收之情況，形成俗稱的呆帳，因此相較於不動產出租與買賣，不動產金融是風險性較高的業務。

七、荒井泰治在高雄的不動產投資

　　荒井泰治除了成立臺灣建物株式會社外，隔年即 1909 年（明治 42）還在高雄成立兩家會社——打狗整地及打狗土地株式會社，兩者都是受到 1908 年高雄發布第一次市區改正的影響，且前者是受到臺灣總督的指示。但在高雄成立該兩會社時，淺野財閥早已佔有高雄俗稱「哈瑪星」的黃金地段，因此在經營上面臨極大挑戰，後來打狗整地株式會社因營業成績不佳而於 1920 年決定解散，至於打狗土地株式會社至 1936 年爲止仍在高雄繼續營業。〔註 61〕由於臺灣土地建物株式會社繼承部分打狗整地株式會社清算後的業務，因此以下敘述打狗整地株式會社之成立與經營。

　　1908 年（明治 41）高雄發布第一次市區改正後，由於當地建築物缺乏，建物租金居高不下，甚至出現一戶住家有數組同居者，這時荒井泰治於隔年前往臺南，與木下新三郎、木村久太郎等有意發起打狗建物會社，並與前一年成立的臺灣建物株式會社成爲姊妹會社。〔註 62〕但當時的臺灣總督佐久間

〔註 61〕打狗土地株式會社於 1912 年（明治 45）由荒井泰治等人成立，資本額 50 萬圓，實收資本額至 1936 年爲止爲 15 萬圓，荒井泰治爲最大股東並擔任社長。該會社之營業目的爲高雄港及附近的土地買賣、借款及其附帶事業等，與打狗整地株式會社係以土地整地開發爲主要業務有所區別。依該會社第 5 回（1916 年 7 月〜1917 年 6 月）營業報告書所示，該會社 1917 年（大正 6）6 月底止共有約 58.55 甲（約 171,778 坪）之土地，其位置鄰接打狗整地株式會社之開發地。但受到持有土地尚未成爲市區的影響，經營並不理想，1916〜1919 年 3 年總損益僅 6 千 5 百餘圓。見打狗土地株式會社，《第五回營業報告書》、《第六回營業報告書》、《第七回營業報告書》所附「損益計算書」。

〔註 62〕〈打狗の建物會社〉，《臺灣日日新報》第 3309 號，1909 年 11 月 2 日，3 版。

左馬太，卻命令荒井泰治與下述的淺野總一郎同樣從事高雄塡海造陸的土地開發，「打狗整地株式會社」便是在這背景之下成立。﹝註63﹞同年 10 月底該會社成立，資本額 50 萬圓，後來提高至 75 萬圓，荒井泰治爲最大股東，於股東大會選出爲取締役社長。﹝註64﹞表 3-10 爲 1917 年（大正 6）6 月底該會社持股比率 3%以上股東概況。由表中可知，荒井泰治仍是最大股東，但持股比率僅接近 10%，其餘股東大多來自日本東京，或是東京周邊的關東地區，但也有來自臺灣者，最大的即代表高雄陳家的陳中和。

表3-10　打狗整地株式會社 1917 年 6 月底持股比率 3%以上股東

姓　　名	居住地	股　份 （股）	所持股份占總 股份比率（%）	備　　註
荒井泰治	臺灣	1,415	9.43	創始人暨時任取締役社長
安部幸兵衛	橫濱	1,200	8	
別府金七	東京	820	5.47	
藤崎三郎助	東京	750	5	時任取締役
陳中和	臺灣	750	5	高雄陳家
青地玄三郎	東京	700	4.67	
槇武	東京	600	4	
川崎榮助	東京	450	3	
吉野周太郎	福島	450	3	
槇哲	臺灣	450	3	時任監察役
安藤達二	橫濱	450	3	時任監察役

資料來源：打狗整地株式會社，《第八回營業報告書》所附「株主名簿」。

　　該會社成立後，即購買現在愛河以東之鹽田並加以塡海造陸，於 1914 年（大正 3）完工，所完成之土地共 18 萬 5 千餘坪，形成了全新的市街地。圖 3-6 爲當時高雄港周圍的土地示意圖，該圖也同時爲 1908 年第一次市區改正的範圍，由圖中可知左上爲臺灣地所建物株式會社（即淺野總一郎）之塡海造陸的範圍，於 1912 年完成，因爲接近高雄車站與高雄港，後來成爲「哈瑪

﹝註63﹞ 中山馨、片山清夫，《躍進高雄の全貌》（高雄：作者自印，1940 年），頁 364。
﹝註64﹞〈整地會社重役決定〉，《臺灣日日新報》，第 3455 號，1909 年 11 月 2 日，3版。

星」，成為日治時期高雄的市政中心，相形之下該會社之土地位於該圖的右下
方，距離高雄車站與高雄港均較遠，因此在 1918 年依然「毫無施設，只有繁
盛的雜草，不時捲起沙塵般的荒涼」的景色。〔註65〕

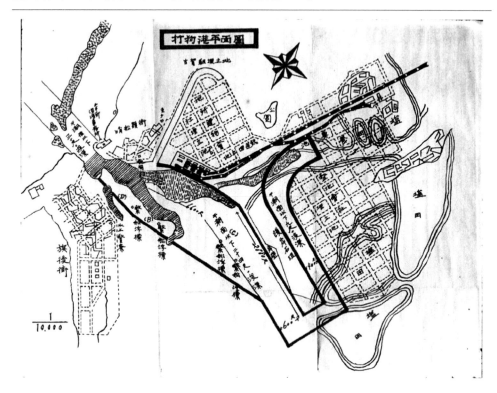

圖 3-10　1911 年高雄港周邊平面圖

資料來源：岩田久太郎，《「明治四十四年」打狗港》（出版地、出版者及出版
　　　　　年不詳），「打狗港平面圖」。

　　該會社 1916 至 1920 年之損益狀況如表 3-11。由表中可知，該會社雖於
1916～1917 年期因賣出土地獲得大筆收入，該期利益有 7 萬 2 千餘圓，但隨
後 1917～1918 年期因無土地賣出收入，當期就有 1 萬餘圓之虧損，顯示靠租
金收入會有入不敷出的情形，1918～1919 年靠剛完工之臺灣製糖株式會社事
務所、宿舍、商店、旅館等建築租借，及其周邊租借土地收入等，使得該期
租金收入提升至 2 萬 5 千圓，該期有 6 千餘圓之利益，但卻在隔年之 1920 年

〔註65〕臺灣日日新報編輯局，《臺灣的工業地の打狗港》（臺北：臺灣日日新報社，
　　　　1918 年），頁 57～58。

（大正9）2月，突然宣布解散清算。

表3-11　打狗整地株式會社1916～1920年損益狀況　　　　（單位：圓）

期　間	收　入				支　出	損　益
	租金收入	土地賣出收入	其他收入	合　計		
1916年7月～1917年6月	8,980	87,368	343	96,692	23,762	72,929
1917年7月～1918年6月	8,614		2,009	10,624	21,196	−10,573
1918年7月～1919年6月	25,273		1,819	27,092	20,406	6,687
1919年7月～1920年2月	17,355		4,947	22,302	34,840	−12,539

說明：（1）金額皆四捨五入；（2）1920年2月5日該會社解散，因此該會社之損益僅計算至當日為止；（3）租金收入包含土地與房屋之租金收入。

資料來源：整理自打狗整地株式會社，《第八回營業報告書》所附「損益計算書」；《第九回營業報告書》，頁9；《第十回營業報告書》，頁10；《解散會社財產狀況調查書第十一回定時總會承認計算書》，頁3。

　　打狗整地株式會社之解散清算，事前並無徵兆，1920年（大正9）2月1日《臺灣日日新報》還出現該會社將借入更多資金積極建設房屋之報導，〔註66〕卻於2月13日出現該會社解散之消息。〔註67〕更耐人尋味的是，該年正好是高雄改制為州之年，在改制的效應下，高雄地價上漲快速，「昨今無怪一坪四五圓者。驟漲至二三十圓。十數圓者驟變為五六十圓」，有趣的是該整地會社當時已是清算狀態，「一株繳納五十圓。時價五十圓。今一躍至三百餘圓」〔註68〕由於依清算結果除了將部分土地及建物用來償還銀行借款之外，其餘土地將分配與原股東，〔註69〕該會社股票上漲的原因，毫無疑問係該會社清算後所能分配土地之龐大利益。另外臺灣土地建物株式會社於1920年（大

〔註66〕〈打狗整地會社 積極的の經營〉，《臺灣日日新報》，第7054號，1920年2月1日，2版。
〔註67〕〈打狗整地解散〉，《臺灣日日新報》，第7066號，1920年2月13日，2版。
〔註68〕〈高雄地價澎漲〉，《臺灣日日新報》，第7277號，1920年9月11日，5版。
〔註69〕原股東（1萬股股東）每股可分配到填海造陸地區之土地10坪，新股東（5千股股東）每股8坪，非填海造陸地區新舊股東每股各分得1.5坪。詳見打狗整地株式會社，《打狗整地株式會社解散會社財產狀況調查書第十一回定時總會承認計算書》，事務報告書頁1～3。

正 9）間取得打狗整地株式會社 1,335 股之股份，〔註70〕1926 年完成清算後，臺灣土地建物株式會社依清算結果取得 1 萬 3 千餘坪之土地，並於當年 9 月 1 日於高雄市成立支店，因此該會社清算結束後，臺灣土地建物株式會社繼承了該會社的部分業務。〔註71〕

　　該會社解散清算之詳細原因，雖然尚難得知，但該會社在解散前 4 年之營業狀況不佳，卻也是不可否認之事實，尤其是該會社於解散前 4 年均未發放股利。該會社解散前 4 年租金收入偏低，卻要靠銀行借款來繼續土地的開發與建築物之建造，銀行利息或許成為該會社無法持續的最大原因。依該會社最後一期營業報告書，該會社至清算日有接近 50 萬圓的銀行借款，這也讓當期的利息支出接近 2 萬圓，佔了該期費用的一半以上，使得該期虧損了 1 萬 2 千餘圓。〔註72〕或許可以推測該會社部分股東對此會社之決策有不同意見，成為該會社解散之原因，畢竟比起不知何時能取得的股利，會社清算後所能得到土地之利益更大。

第二節　淺野財閥與臺灣地所建物株式會社

一、淺野財閥投資臺灣不動產之背景

　　淺野總一郎（1848～1930）所創立的淺野財閥，係在日治初期在臺崛起的另一不動產投資事業，在規模上僅次於荒井泰治的臺灣建物株式會社。〔註73〕與荒井泰治成立事業明顯不同的是，淺野氏的事業是典型的家族事業，他所成立的臺灣地所建物株式會社，自始自終都是淺野家族所主導。

　　淺野總一郎為富山縣人，早自 17 歲開始便至京都販賣水見名產縫針維生，但後來在生意不斷失敗之下，於 24 歲時離開家鄉至江戶（東京），〔註74〕

〔註70〕臺灣土地建物株式會社，《第十九回營業報告書》，頁 11。
〔註71〕臺灣土地建物株式會社，《第二十九回營業報告書》，頁 2。
〔註72〕打狗整地株式會社，《解散會社財產狀況調查書第十一回定時總會承認計算書》，頁 2～3。
〔註73〕荒井泰治等人所創立的臺灣建物株式會社資本額為 100 萬圓，在合併中立起業株式會社後提升到 150 萬圓，淺野財閥的臺灣地所株式會社資本額為 100 萬圓，合併基隆地所建物株式會社後資本額提升至 120 萬圓（以上皆為實收資本額）。
〔註74〕〈淺野總一郎年譜〉，收錄在淺野總一郎、淺野良三，《〈伝記〉淺野總一郎》（東京：太空社，2010 年）。

之後以廢棄焦炭作爲燃料販賣給水泥工廠崛起，〔註75〕由於該業務上的關係使他接觸了水泥業與煤礦業，尤其前者更讓他大展鴻圖。1884 年（明治 17）在產業界與身旁友人皆不看好的情況下，買下官方的深川水泥工廠，改稱淺野工廠，後來在淺野氏以獎金激勵下將工廠轉虧爲盈，1893 年在門司新設水泥工廠，1898 年以 80 萬資本額成立淺野水泥合資會社，1913 年改組成淺野水泥株式會社。拜第一次世界大戰所賜，淺野財閥的水泥業在大正年間快速發展，先後合併北海道、木津川等水泥工廠，資本額也急速成長至 5,630 萬圓，水泥業成爲淺野財閥的骨幹，淺野氏也被稱爲「水泥王」。〔註76〕1917 年（大正 6）於本文所述淺野氏所開發的高雄「哈瑪星」附近設水泥工廠，係日治時期臺灣首家水泥工廠。〔註77〕

由於曾販賣煤礦的經驗，使得淺野氏也對礦業充滿興趣，1884 年（明治 17）以磐城礦坑（今福島縣いわき市境內）爲基礎，成立磐城炭礦社，1893 年改組爲磐城炭礦株式會社，至 1897 年已實收資本額 40 萬圓，雖規模小於水泥業，但獲利甚豐。〔註78〕

明治初期日本海運被三菱集團獨佔，淺野的水泥與煤礦不得不依賴三菱集團的海路運輸，在淺野無法忍受三菱的高價船費下，興起投資船運業的念頭。1887 年（明治 20）設立淺野回漕店，旗下有 5 艘船隻經營國內航線。1896 年淺野等人創立東洋汽船株式會社，將航線擴展至海外，開發日本至倫敦、漢堡航線、日本經印度洋、地中海及大西洋往返紐約等航線，由於 1893 年淺野創設石油部，前者往倫敦的航線還有至俄羅斯載運石油的功能。〔註79〕

由上可知淺野總一郎先以水泥業起家後，因爲運送水泥、煤礦、石油等需要而跨足了船運業，又從國內發展至國外航線，當時正好是甲午戰爭前後，

〔註75〕前坂俊之，〈解說〉，收錄在淺野總一郎、淺野良三，《〈伝記〉淺野總一郎》。
〔註76〕斎藤憲，《稼ぐに追いつく貧乏なし──淺野總一郎と淺野財閥》（東京都：東洋經濟新報社，1998 年），頁 29～41；前坂俊之，〈解說〉，收錄在淺野總一郎、淺野良三，《〈伝記〉淺野總一郎》。
〔註77〕該高雄水泥工廠於戰後被國民政府接收，成爲臺灣水泥股份有限公司的前身。有關淺野財閥在臺灣的水泥事業，詳見廖師慧，〈日治時期水泥工業的發展－以淺野財閥爲中心－〉，國立高雄第一科技大學應用日語系碩士論文，1994 年。
〔註78〕斎藤憲，《稼ぐに追いつく貧乏なし──淺野總一郎と淺野財閥》，頁 43～50。
〔註79〕斎藤憲，《稼ぐに追いつく貧乏なし──淺野總一郎と淺野財閥》，頁 50～57。

可以想見淺野在當時因爲發展船運業的關係，已經對港灣的土地開發充滿興趣。淺野投資港灣土地開發的事業始於 1893 年（明治 26）以大股東身分投資的若松築港，即今日北九州港的港灣開發，雖然該會社僅只於小部分的填海造陸工程，但已看出淺野對港灣開發的興趣。〔註 80〕明治末年還進行他生平最大的成就，即東京灣周邊的土地開發，更證明他港灣開發的雄心。〔註 81〕

　　在此有疑問的是，淺野投資基隆與高雄的港灣土地，是否跟淺野的兩大事業——煤礦業與水泥業有關？本文認爲前者很有可能，但後者可能性較低。淺野在臺的事業在日治初期以礦業與樟腦產業爲主，1897 年（明治 30）與數人合資 12 萬圓，成立臺灣興業會社，業務包含煤礦、石油、沙金與樟腦的採取與開發，在 1898 年報導中，該會社以苗栗樟腦的煉製爲重心外，並提及該會社正著手基隆煤礦的開發。〔註 82〕由前述基隆在清末時期的豐富礦藏已聞名海外，淺野對基隆港灣的土地投資，不排除有意將開發基隆煤礦做連結，並配合新投資的船運業，將基隆成爲從礦業、港灣開發、船運三者連成一氣的產業鏈。但後來日本政府將基隆地區煤礦列爲海軍預備煤田，禁止民間開採，〔註 83〕加上基隆的港灣開發後來也全由政府主導，因此淺野即使當時有意對基隆當地大力開發，也沒有達成目標。

〔註 80〕橘川武郎、粕古誠編，《日本不動產業史》（名古屋：名古屋大學出版會，2007年），頁 103～104。

〔註 81〕淺野總一郎在 1897 年（明治 30）前往美國、英國視察時，稱讚歐美文明的強盛，回國後看到橫濱港口因爲沒有適當建設，無法停靠大型船隻，必須用小船往返的景象，便立志進行橫濱港口與填埋土地的開發計畫。由於港灣開發事業極爲重大，因此他曾五次探勘港灣周邊土地，並詢問帝國大學教授的意見後，選定鶴見、川崎周邊（今神奈川縣橫濱市鶴見區海灣）作爲築港並填海造陸地點，另外因爲水泥事業的發展，也把該地作爲新設水泥工廠的預定地。1908 年淺野氏向神奈川縣提出填海造陸計畫，1912 年淺野等人合資等成立鶴見埋立組合，隔年獲得許可後，改組成鶴見埋立株式會社。該填海造陸工程於 1927 年完成後，淺野水泥、沖電氣、淺野造船所、日本鋼管等淺野財閥所屬會社均有工廠設於此地，成爲淺野財閥的大本營之一。1920 年因爲擴大開發港灣周邊，還成立東京灣埋立株式會社並合併原有的鶴見埋立株式會社，資本額從創立當時的 350 萬圓大增至 1,250 萬圓。見斎藤憲，《稼ぐに追いつく貧乏なし——浅野総一郎と浅野財閥》，頁 148～161、184。

〔註 82〕〈臺灣興業會社支店〉，《臺灣新報》，第 334 號，1897 年 10 月 9 日，2 版；〈再び臺灣興業會社〉，《臺灣新報》，第 448 號，1898 年 3 月 12 日，2 版。

〔註 83〕周耀裕，〈煤礦產業與地方社會——以台北土城地區爲例〉，國立中央大學歷史研究所碩士論文，1997 年，頁 25。

　　至於高雄的土地開發是否與淺野的水泥事業有關？依研究指出，臺灣日治初期沒有自產水泥，完全依賴進口，雖然淺野持有高雄土地附近的壽山（日治前期稱爲打狗山），在 1898 年（明治 31）的報告指出是水泥原料石灰石的良好產地，但淺野申請壽山石灰石的開發與水泥工廠的建設，已經是 1913 年（大正 2 年）的事情，1917 年淺野水泥臺灣工廠在高雄田町開始生產後，是臺灣自產水泥之始。〔註84〕由於淺野氏早於 1896 年即購買高雄港灣的土地，因此由時間點推測，難以證明淺野係爲高雄的水泥事業而投資高雄港灣土地，但高雄土地開發之成功與水泥事業在高雄的順利開展，亦是不容否認之事實。

二、高雄港的土地開發與臺灣地所建物株式會社之成立

　　淺野財閥在臺最重要的不動產事業，即臺灣地所建物株式會社於 1910 年（明治 43）成立，該會社主要就是接收淺野總一郎在高雄港灣土地的開發成果。1900 年臺南至高雄的鐵路開通及高雄車站啓用，1904 年將高雄車站周邊塡平 4 萬坪海埔新生地後，提高高雄港的運輸便利性，1908 年適逢日俄戰爭結束，產業景氣勃興，米糖等南部物產大量集中於高雄港後，日本政府改變以往的消極態度，轉而重視高雄港的建設，因此開始第一期的築港工程。該工程原定 6 年完工，但因爲高雄港運輸需求大幅提升，因此日本國內議會要求將 6 年工期縮短爲 4 年，最後提前一年於 1913 年（大正 2）完工。〔註85〕

　　1906 年（明治 39）起由於日本政府開始重視高雄港的建設，配合高雄港站的完成，及未來高雄築港後，周邊土地將作爲高雄新市街之需要，總督府命令淺野將 1896 年所購買高雄港周邊的土地，開始進行塡海造陸的工程，共分以下三期，其圖示如圖 3-7：（一）第一期：塡海造陸高雄車站西端共 4,200 坪土地，並與高雄車站土地連接，兩新生地中間至壽山山腳下開鑿運河，在運河預定地之對岸塡海造陸 3,600 坪之土地（圖中標示「運河」的周邊，今鼓山漁港港灣）。（二）第二期：塡海造陸 66,129 坪之土地，作爲未來高雄新市街使用，該土地大多爲後來的湊町（圖中「運河」至鐵路與「埋立既成地」

〔註84〕廖師慧，〈日治時期水泥工業的發展－以淺野財閥爲中心－〉，頁 45～47。

〔註85〕戴寶村，〈近代臺灣港口市鎮之發展：清末至日據時期〉，國立臺灣師範大學歷史研究所博士論文，1987 年，頁 311～315；臺灣日日新報，《臺灣の工業地 打狗港》（臺北：臺灣日日新報社，1918 年），頁 51～54。

中間之土地）。（三）第三期：將鹽田填海造陸（圖中標示「塩田」之土地），
該土地亦大多爲後來的湊町。〔註86〕

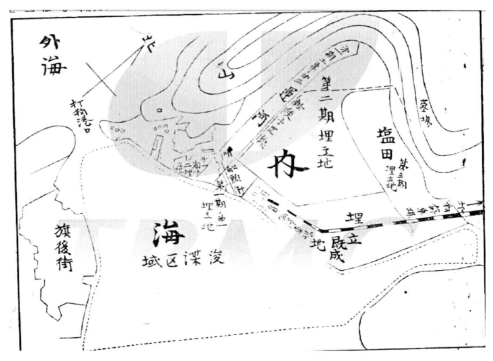

圖 3-11　淺野總一郎高雄港周邊填海造陸工程示意圖

資料來源：〈打狗港の改修〉，《臺灣日日新報》，第 2495 號，1906 年 8 月 23
日，2 版。

　　1910 年（明治 43）成立的臺灣地所建物株式會社，便是接收填海造陸所
開發土地的成果。該會社設定資本額 100 萬圓，至 1917 年（大正 6）9 月底
止已資本額已實收 90 萬圓（另 10 萬圓於 1920 年 6 月實收完畢）。該會社雖
完全以臺灣的不動產爲營業範圍，但總店設於東京，每年股東會均在東京召
開。表 3-12 爲至 1917 年 9 月底止該會社持有 5% 以上股東。由表中可知該會
社最大股東即淺野總一郎，其餘大股東亦有淺野家族者，淺野家族合計占該
會社 37.5% 之股份，其餘股東所持股份都在 10% 以下，顯示該會社爲典型的
家族企業。

〔註86〕　〈打狗港の改修〉，《臺灣日日新報》，第 2495 號，1906 年 8 月 23 日，2 版。

表 3-12　臺灣地所建物株式會社 1917 年 9 月底 5％以上股東

姓　名	居住地	股　份 （股）	所持股份占總 股份比率（％）	備　註
淺野總一郎	東京府	5,000	25	淺野財閥創辦人
山村爲介	東京府	2,000	10	
家城尚由	富山縣	2,000	10	
馬瀨清三郎	富山縣	1,985	9.93	
中澤彥吉	東京府	1,197	5.99	臺灣拓殖株式會社創辦人
白石元治郎	東京府	1,000	5	淺野總一郎次女夫婿
鈴木紋次郎	東京府	1,000	5	淺野總一郎五女夫婿

資料來源：臺灣地所建物株式會社，《第拾伍回報告書》，頁 10～11。

　　表 3-13 爲該會社 1917、1920、1927、1935 年 9 月的股權狀況、取締役及監察役。由表中可知：（一）淺野家族所占股份始終都占 40％上下，並至少占該會社 3 席取締役的 2 席，3 席監察役的 1 席，到後期甚至占了取締役的 3 席，及 2 席監察役的 1 席，因此至終都保持家族企業的色彩；（二）該會社與株式會社十二銀行（即今日北陸銀行的前身）關係極深，該銀行的本部正是在淺野家鄉的富山縣，顯示淺野的地緣關係，1921 年至 1934 年曾爲該會社的股東，最高曾佔有 29.1％的股權，成爲僅次於淺野家族的次大股東，另外歷任大股東山村爲介與家城尚由（1917 年各占 10％股份）等人，也有資料顯示與十二銀行有關，〔註87〕顯示該銀行很早就參與該會社的投資；（三）板橋林家的林熊祥與汪明燦，於 1934 年（昭和 9）取代了十二銀行，取得 28.16％的股份，成爲僅次於淺野財閥的次大股東，林熊祥並取得 1 席取締役，這也是該會社有臺灣人勢力之始，雖然後來兩人將大多數股份移轉給另一臺人（楊文疇），但林熊祥依然維持取締役的地位直到戰爭後期。

〔註87〕在淺野創業時期最大友人澀澤榮一的日記中，曾提及 1901 年銀行春季懇親會中，山村爲介曾以十二銀行的代表人出席，見渋沢栄一伝記資料，網址：https://eiichi.shibusawa.or.jp/denkishiryo/digital/main/index.php?DK070051k_text，下載日期：2017 年 1 月 8 日。另外在北陸銀行的創設百年史中，也記載家城尚由曾擔任該銀行的常務取締役，見渋沢社史データベース，網址：http://shashi.shibusawa.or.jp/details_siryo.php?sid=9770，下載日期：2017 年 1 月 8 日。

表 3-13　臺灣地所建物株式會社 1917、1920、1927、1935 年股權持有狀況、取締役及監察役

時　　間	最大股東	次大股東	淺野家族所佔股份（％）	取締役	監察役
1917 年 9 月底	淺野總一郎	山村爲介、家城尚由	37.5	淺野總一郎、山村爲介、中澤彥吉、淺野泰治郎、家城尚由	飯島正治、鹿島精一、鈴木紋次郎
1920 年 9 月底	淺野同族株式會社	山村爲介、山田秀治	41.58	淺野總一郎、山村爲介、中澤彥吉、淺野泰治郎、山田秀治	飯島正治、鹿島精一、鈴木紋次郎
1923 年 9 月底	淺野同族株式會社	株式會社十二銀行	41.58	淺野總一郎、山村爲介、中澤彥吉、淺野泰治郎、石場清一郎	鹿島精一、鈴木紋次郎
1935 年 9 月底	淺野同族株式會社	林熊祥	40.96	淺野總一郎、前川益以、淺野良三、林熊祥、友田勇	鹿島精一、鈴木紋次郎

說明：（1）淺野家族所佔股份係以淺野同族株式會社及淺野家族所持有股份合併計算；（2）取締役首位爲社長；（3）淺野總一郎於 1930 年去世後，長子淺野泰治郎改名爲淺野總一郎（二世）。

資料來源：整理自臺灣地所建物株式會社，《第貳拾壹回報告書》，頁 12～13《第貳拾七回報告書》，頁 11～12；《第五拾壹回報告書》，頁 14～16；《第六拾五回報告書》，頁 15～18。

三、臺灣地所建物株式會社在高雄之經營

　　臺灣地所建物株式會社成立後，淺野總一郎在高雄持有之土地均由該會社接收。上述高雄港塡海造陸工程於 1912 年（明治 45）完成，改變了高雄港及高雄車站附近之風貌，形成許多新市街，其中最重要的是「哈瑪星」地區的誕生，日治時期該地因爲鄰近港邊，且有火車站利於貨物與魚貨之運輸，該鐵路線被稱爲「濱海鐵路線」，簡稱「濱線」，當時臺灣人以日語轉譯成「哈瑪星」，即今天高雄市鼓山區。

在淺野總一郎開發「哈瑪星」前，漢人所住的旗後街及哨船頭街等傳統市街，不但路面狹小、交通不便且衛生不佳，相形之下哈瑪星道路整齊明確，且自 1910 至 1913 年之間陸續有電力與自來水供應，並營造優良的都市生活環境與都市建築，成為日治時期高雄的最重要的市政中心，例如高雄州政府廳舍（成立於 1920 年）、高雄市役所（成立於 1924 年）及高雄警察署（成立於 1924 年）等政府機關均設於該地，〔註88〕還出現首家公立小學校、幼稚園、高等女學校等教育機構，及高雄第一個現代化公有市場、郵政電信總局、現代化漁港及魚市場等，並有臺灣銀行、臺灣商工銀行等 6 家銀行進駐，猶如「高雄的華爾街」。〔註89〕「哈瑪星」在日治時期的繁榮，顯示淺野總一郎土地開發之成功，而這也顯示在臺灣地所建物株式會社之經營。

表 3-14 為該會社於 1917 年（大正 6）9 月底止在高雄所持有的土地及出租情形。由表中可知該會社持有之土地集中在湊町、田町及鹽埕町等，其中湊町就是「哈瑪星」最重要的核心，與新濱町因為靠近火車站與商港，如上章所提，不僅是日治時期高雄最重要的商業地區，也是高雄的行政中心，也因此以出租率而言，新濱町與山下町是出租率最高的地區，湊町雖然當時出租率僅接近 3 成，但出租坪數 1 萬 2 千餘坪，佔該會社出租坪數 1 萬 7 千餘坪之 7 成以上，成為該會社土地出租的業務重心，至於田町與鹽埕町雖然廣大，但當時大多尚為養魚池、山林、鹽田等，從幾無出租率來看，可以推測當時仍是一片荒蕪之地。

表 3-14　臺灣地所建物株式會社 1917 年 9 月持有土地及出租情形

町　名	地　目	持有坪數（坪）	占總坪數百分比（%）	出租坪數（坪）	出租率（%）
湊町	建築用地	40,789.63	44.86	12,074.47	29.60
新濱町	建築用地	2,247.74	2.47	1,568.73	69.79
山手町	建築用地、山林	940.64	1.03	452.30	48.08

〔註88〕1917 年（大正 6）哈瑪星的湊町新建臺南廳打狗支廳。1920 年地方制度改革，打狗改稱高雄並設州治理，其新設的州廳公署設於湊町附近的山下町，原打狗支廳改稱高雄郡役所。1924 年高雄改制為市，新設的高雄市役所辦公廳舍亦設於哈瑪星至 1939 年，原高雄郡役所公署廳舍則改為警察署，詳見張守真，〈哈瑪星：擁有許多「第一」的現代化新市街〉，《高市文獻》，第 20 卷第 2 期（2007 年 6 月），頁 23～25。
〔註89〕張守真，〈哈瑪星：擁有許多「第一」的現代化新市街〉，頁 18～39。

哨船町	建築用地、山林	1,590.09	1.75	227.00	14.28
山下町	建築用地、山林	3,496.15	3.85	1,988.37	56.87
田町	養魚池、山林	16,520.77	18.17	0.00	0.00
鹽埕町	建築用地、鹽田	20,955.52	23.05	156.80	0.75
堀江町	養魚池	4,039.53	4.44	392.80	9.72
旗後町	建築用地	338.29	0.37	249.40	73.72
合計		90,918.36		17,109.87	18.82

資料來源：臺灣地所建物株式會社，《第拾伍回報告書》，頁2～4。

　　由於高雄市區的快速發展，該會社持有土地出租率也快速成長，表 3-15
及圖 3-12 爲該會社高雄土地出租情形。由表中可知，該會社在 1917 年土地出
租率還不到 2 成，但 2 年後就快速突破 5 成，之後便穩定成長，在 1925 年左
右便接近 7 成左右的水準，跟成立早期的出租情形相比，可顯見該會社在高
雄土地開發的成功。以所持有高雄土地面積最大的三個區域──湊町、田町
及鹽埕町的土地出租情形分析，「哈瑪星」核心地帶的湊町，雖然在 1917 年
土地出租率不滿 3 成，但在政府機關、金融機構帶動當地的繁榮之下，至 1920
年已成長至 6 成，以後便都接近 8 成，成爲該會社在高雄業務的重心。田町
是淺野財閥水泥工廠的所在地，是日治時期高雄地區的工業地帶，1919 年起
出租了約 1 萬 4 千餘坪之土地後，將高雄土地出租率從不滿 3 成成長至 5 成
以上。〔註 90〕至於鹽埕町離當時高雄火車站距離較遠，市區發展較遲，直到
1920 年代隨者市區擴大後才逐漸成形，因此出租比起湊町明顯較差。

表 3-15　臺灣地所建物株式會社 1917～1926 年高雄土地出租率

（單位：％）

日　　期	總　　體	湊　　町	田　　町	鹽埕町
1917 年 9 月	18.82	29.60	0.00	0.75
1918 年 3 月	19.82	31.80	0.00	0.86
1918 年 9 月	22.32	34.79	0.00	1.78
1919 年 3 月	26.81	43.22	0.00	2.43
1919 年 9 月	29.39	46.31	0.00	4.49

〔註 90〕在該會社第 20 回報告書中並未提及該土地之承租人身分，現行資料也尚未得
　　　　知，但從一次出租大筆坪數來看，不排除是作爲工廠用地。

1920 年 3 月	51.12	52.87	88.75	9.93
1920 年 9 月	56.68	61.54	88.75	21.78
1921 年 3 月	62.66	68.21	88.75	31.31
1921 年 9 月	66.30	77.62	88.75	35.64
1923 年 9 月	67.03	76.43	88.75	37.26
1924 年 3 月	66.59	76.35	88.75	35.50
1924 年 9 月	66.96	76.44	88.75	36.63
1925 年 3 月	67.18	77.79	88.75	35.04
1925 年 9 月	68.67	78.38	88.75	39.94
1926 年 3 月	69.54	78.79	88.75	42.07

說明：（1）缺 1921 年 10 月至 1923 年 3 月資料；（2）百分比均取小數點第二位。

資料來源：整理自臺灣地所建物株式會社，《第拾伍回報告書》，頁 2～4；《第拾六回報告書》，頁 2～4；《第拾七回報告書》，頁 2～4；《第拾八回報告書》，頁 3～4；《第十九回報告書》，頁 3～4；《第貳拾回報告書》，頁 3～4；《第貳拾壹回報告書》，頁 4～7；《第貳拾貳回報告書》，頁 2～5；《第貳拾參回報告書》，頁 3～5；《第貳拾七回報告書》，頁 3～6；《第貳拾八回報告書》，頁 3～6；《第貳拾九回報告書》、《第三十回報告書》所附「營業報告」；《第參拾壹回報告書》，頁 3～6；《第參拾貳回報告書》，頁 3～5。

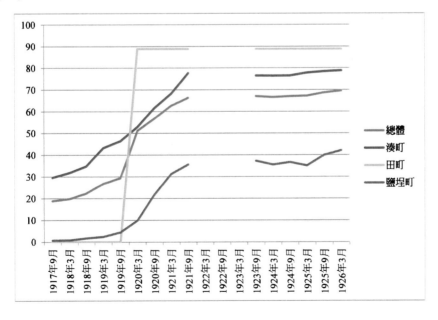

圖 3-12　臺灣地所建物株式會社 1917～1926 年高雄土地出租率（單位：%）

資料來源：同表 3-15

　　表 3-16 爲該會社 1917 至 1925 年損益資料。由表中可知該會社的收入在合併基隆地所建物株式會社前，已從 1 萬 5 千餘圓上升至 2 萬餘圓，1920 年合併基隆地所建物後 1 年內上升至 4 萬餘圓，但從下面的敘述可知，該會社基隆的業務經營並不理想，相較之下高雄的業務穩定上升，致 1925 年該會社收入已達到每期 5 萬元以上。除了少數幾期可能因爲收入變動的短期影響以外，該會社大多保持 5 成以上的純益率。由於年年獲利，該會社於 1920 年發放 145,000 圓的股利，1921 年起便每期都有發放股利，至 1925 年大都每期至少 30,000 圓的股利，股東獲利甚佳反映該會社在高雄的經營成果。

表 3-16　臺灣地所建物株式會社 1917～1926 年損益情形（部分）

（單位：圓）

期　　間	收　　入	支　　出	利　　益	純益率（％）	股東股利
1917 年 4 月～1917 年 9 月	15,158	8,444	6,714	44.29	
1917 年 10 月～1918 年 3 月	15,702	9,780	5,922	37.71	
1918 年 4 月～1918 年 9 月	15,700	7,681	8,019	51.08	
1918 年 10 月～1919 年 3 月	18,284	10,085	8,200	44.85	
1919 年 4 月～1919 年 9 月	19,900	8,545	11,355	57.06	
1919 年 10 月～1920 年 3 月	21,735	10,880	10,855	49.94	145,000
1920 年 4 月～1920 年 9 月	30,089	23,840	6,249	20.77	
1920 年 10 月～1921 年 3 月	41,217	12,824	28,392	68.89	
1921 年 4 月～1921 年 9 月	45,707	15,255	30,452	66.62	30,000
1923 年 4 月～1923 年 9 月	48,250	17,329	30,921	64.08	30,000
1923 年 10 月～1924 年 3 月	48,287	17,118	31,169	64.55	30,000
1924 年 4 月～1924 年 9 月	48,101	16,703	31,398	65.27	30,000
1924 年 10 月～1925 年 3 月	49,355	19,924	29,431	59.63	30,000
1925 年 4 月～1925 年 9 月	51,567	21,290	30,277	58.71	30,000
1925 年 10 月～1926 年 3 月	35,031	24,812	10,219	29.17	18,000

說明：（1）缺 1921 年 10 月至 1923 年 3 月資料；（2）金額爲四捨五入，百分比取小

數點第二位。(2) 該會社於 1920 年 9 月 29 日起與基隆地所建物株式會社合併，因此自 1920 年起損益包含基隆經營部分。

資料來源：整理自臺灣地所建物株式會社，《第拾伍回報告書》，頁 6～8；《第拾六回報告書》，頁 6～8；《第拾七回報告書》，頁 6～8；《第拾八回報告書》，頁 7～9；《第十九回報告書》，頁 7～9；《第貳拾回報告書》，頁 7～9；《第貳拾壹回報告書》，頁 10～11；《第貳拾貳回報告書》，頁 8～9；《第貳拾參回報告書》，頁 8～10；《第貳拾七回報告書》，頁 9～10；《第貳拾八回報告書》，頁 9～10；《第貳拾九回報告書》、《第三十回報告書》所附「損益計算書」及「利益金處分案」；《第參拾壹回報告書》，頁 9～10；《第參拾貳回報告書》，頁 8～10。

　　綜上所述，臺灣地所建物株式會社在高雄的經營，受惠於早期高雄港灣開發形成「哈瑪星」街區的成功，該會社的土地出租率隨著時間逐漸提升，而這也反映到收入與獲利，年年均能發放股利亦反映了經營的穩定。但有三點值得注意：（一）該會社在成立前，土地幾已開發完成，加上資本額的充實，不需要向銀行貸款開發，因此帳上負債很低，歷屆損益表也極少出現利息費用，因此該會社每期較大的費用，就僅有持有不動產的稅捐而已，這也是該會社純益率相當高的原因之一；（二）該會社自始僅以高雄、基隆為經營範圍，且少有土地買賣行為，顯示該會社幾乎完全以當初日本治臺初期所購買的土地為經營基礎，相較於荒井泰治等主導的臺灣土地建物後來在土地買賣與不動產金融上努力開發，該會社經營偏向於守成，這或許與在臺的不動產業本來並不是淺野財閥的業務重心有關；（三）該會社雖有「建物」為名，但建物業務所占比例始終極低，唯一值得一提的是該會社響應臺灣總督府的低利住宅資金政策，辦理高雄市街的低利住宅資金業務，另外還辦理以建築費用的放款業務，即以建築為擔保，提供建築費用的七成放款服務。〔註 91〕依該會社第 42 期報告書，至 1931 年 3 月底止，該會社帳上有 1 萬 2 千餘圓的建築費用放款及 1 萬 7 千餘圓的未收取低利資金利息，當期並認列近 5 千元的利息收入，其來源應與以上兩者有關，但與當期土地租金收入（5 萬 9 千餘元）相較仍不占重要地位。〔註 92〕

三、臺灣地所建物株式會社在基隆的經營

　　淺野總一郎於在日治初期在基隆所投資的土地，以 1902 年（明治 35）的示意圖（圖 2-1）來看，主要集中在市中心的義重橋街，與基隆港東北岸的大沙

〔註91〕臺灣地所建物株式會社，《第拾八回報告書》，頁 2。
〔註92〕臺灣地所建物株式會社，《第四拾貳回報告書》，頁 9～12。

灣庄、社寮島庄（今基隆和平島），及西北岸的仙洞庄一帶，這之中除了義重橋街位於被稱為「小基隆」的市中心以外，大多位於港灣的東北與西北沿岸與和平島，距離市中心較遠。該持有土地後來成立基隆地所建物株式會社管理，但在 1920 年（大正 9）9 月 29 日為臺灣地所建物株式會社所合併。〔註93〕

　　表 3-17 為 1920 年（大正 9）9 月 30 日臺灣地所建物株式會社基隆土地狀況，由表中可知淺野總一郎在基隆之土地自 1902 年至 1920 年間，持有土地從 20 萬餘坪減少至 13 萬 3 千餘坪，與 1902 年的地圖對照的話，可以發現都是以 1902 年所持有的土地為基礎。值得一提的是淺野總一郎 1902 年持有的土地中，原本有義重橋街海岸的大片土地，但在 1920 年的資料，「小基隆」地帶的持有的基隆街土地僅剩 6 百多坪，其原因應該在於 1907 年（明治 40）起隨者基隆市區改正的土地徵收，該年間官方為了市區改正為由，徵收義重橋街海岸之土地，從徵收價格僅 1 坪約僅 2.8 圓來看，可以說是被官方「賤價」徵收。〔註94〕淺野總一郎減少了義重橋街的大片土地，以至於除基隆街的 600 多坪外，其持有土地僅剩基隆港東北及西北岸一帶，而這些土地距離基隆市區較遠，因此從區位來看完全無法跟當時基隆的大地主——臺灣建物株式會社相比。該會社於 1920 年持有基隆的土地，以大沙灣庄的 9 萬 2 千坪最多，但出租率僅 30.34％，從該土地地目顯示「建築用地、田、山林、原野」來看，可推測該持有土地大多位於山區，因此出租率自然較低，相反的仙洞庄、社寮島庄與基隆街出租狀況則較佳。整體而言該會社土地在基隆的出租率僅48.58％，低於同時間在高雄的出租率 56.68％。

表 3-17　臺灣地所建物株式會社 1920 年 9 月底基隆土地一覽表

地　區	地　目	持有坪數 （坪）	占總坪數百分比（％）	出租坪數 （坪）	出租率 （％）
大沙灣庄	建築用地、田、山林、原野	92,219.73	69.31	27,974.90	30.34

〔註93〕臺灣地所建物株式會社，《第貳拾壹回報告書》，頁 2～3。
〔註94〕依 1901 年（明治 34 年）基隆築港局為了築港需要而先行調查的土地價格資料，義重橋街的土地價格為 1 坪 13 圓。陳凱雯認為隨者築港事業的開展，土地價格只會水漲船高，官方以公共建設為由低價徵收，卻在官方文書《基隆築港誌》載明「市民亦能誠意以對」，頗有粉飾太平的意味。有關基隆市區改正的土地徵收一節，詳見陳凱雯，〈日治時期基隆築港之政策、推行與開展（1895～1945）〉，頁 192～195。

仙洞庄	建築用地、山林	15,821.30	11.89	11,813.30	74.67
社寮島庄	建築用地、田	24,342.10	18.29	24,318.21	99.90
基隆街	建築用地、田	673.65	0.51	527.13	78.25
合計		**133,056.78**		**64,633.55**	**48.58**

資料來源：臺灣地所建物株式會社，《第貳拾壹回報告書》，頁4～7。

　　隨者於1924基隆改制爲市，基隆的市區隨者人口增加而擴大，照理說這些郊區的土地也應隨者水漲船高，但該會社經營的狀況卻是相反。表3-18是該會社1932年（昭和7）9月底該會社於基隆土地的持有及出租狀況，由表中可知，該會社持有土地相較1920年合計沒太大變化，但出租率除位於市中心的義重町較好以外，郊區的仙洞町與社寮町均僅約5成，而眞砂町雖然土地最多，但出租率不到2成。整體基隆土地出租坪數僅1920年的1半，出租率僅25.57%，低於1920年的48.58%。

表3-18　臺灣地所建物株式會社1932年9月底基隆土地一覽表

町名	地目	持有坪數（坪）	占總坪數百分比（%）	出租坪數（坪）	出租率（%）
眞砂町（大沙灣庄）	建築用地、田、山林、原野	96,663.86	77.01	16,204.05	16.76
仙洞町（仙洞庄）	建築用地、田、山林	6,853.82	5.46	3,857.27	56.28
社寮町（社寮庄）	建築用地、田	21,291.16	16.96	11,355.46	53.33
義重町（基隆街）	建築用地	712.96	0.57	683.41	95.86
合計		**125,521.80**		**32,100.18**	**25.57**

資料來源：臺灣地所建物株式會社，《第四拾五回報告書》，頁2～5。

　　綜上所述，淺野總一郎在基隆之土地於1920年被臺灣地所建物株式會社接收後，在基隆街持有之土地僅不到千坪，其餘都在基隆街以外，雖然土地坪數龐大但許多爲山林，除了出租率較少以外，其租金也不可能與市區相比，因此獲利有限，與上述臺灣土地建物株式會社在基隆之經營相較，更可看出差異。

第三節　兩大不動產會社經營之比較

一、成立與經營之比較

　　由上述可知日治初期的不動產業爲荒井泰治爲首的不動產業，及淺野財閥屬下的在臺不動產業，這些都是以基隆、臺北、高雄，即「兩港一市」的不動產投資爲重心。以荒井泰治成立的不動產業而言，共成立臺灣建物、打狗整地、打狗土地等三大不動產株式會社，其不動產投資整理如表3-19。1908年成立臺灣建物株式會社，起初以基隆、臺北爲經營重心，1910年合併中立起業株式會社，再接收該會社在基隆與臺北的不動產投資，1916年因土地經營的重要性逐漸取代房屋，改爲臺灣土地建物株式會社。至於高雄則成立打狗整地與打狗土地株式會社，其中打狗整地株式會社於1920年決定解散，1926年清算完成。由於臺灣土地建物株式會社持有打狗整地的部分股份，因此打狗整地清算完成後，該會社依清算結果取得部分土地，因此臺灣土地建物株式會社在基隆、高雄、臺北均有不動產投資。

表3-19　荒井泰治成立不動產會社之不動產投資

西元年	基隆	臺北	高雄
1896～1900			
1901			
1902	中立起業株式會社		
1903			
1904			
1905		中立起業株式會社	
1906			
1907			
1908	臺灣建物株式會社	臺灣建物株式會社	
1909			
1910	臺灣建物株式會社		打狗整地株式會社
1911			
1912			打狗土地株式會社
1913			

年			
1914			
1915			
1916	臺灣土地建物株式會社		
1917			
1918			
1919			
1920		打狗整地	
1921		株式會社	
1922		（清算狀	
1923		態）	
1924			
1925			
1926			
1927	臺灣土地建物株式會社		
1928			

說明：虛線表示年限不明。

資料來源：作者整理。

　　淺野財閥的在臺不動產業則較為單純，都是以高雄與基隆的土地房屋為營業重心，而且都是在 1896 年的搶購不動產熱潮中取得。淺野總一郎在日治初期取得高雄港周邊的土地後，配合政府的高雄港建設填海造陸，形成「哈瑪星」的新興市街地，1910 年便以高雄所開發的新市街地為基礎成立臺灣地所建物株式會社。至於基隆於日治初期在基隆取得之土地則成立基隆地所建物株式會社經營，直到 1920 年兩者合併。

表 3-20　淺野財閥成立在臺不動產會社之不動產投資

西元年	高雄	基隆
1896～1905		
1906		
1907	淺野總一郎	淺野總一郎
1908		
1909		

1910		
1911		
1912		
1913		
1914	臺灣地所建物株式會社	基隆地所建物
1915		株式會社
1916		
1917		
1918		
1919		
1920	臺灣地所建物株式會社	
1921		
1922		

說明：虛線表示年限不明。

資料來源：作者整理。

　　臺灣土地建物與臺灣地所建物株式會社成立時間與規模相似，但兩者不論是成立與經營上差異極大，茲將該兩會社比較如表 3-21。由表中可知該兩會社雖有極大不同，但仍有部分相似，例如：（一）兩者均以港灣開發與第一次市區改正為契機而成立，前者為基隆港築港與基隆第一次市區改正後之哨船頭街建物開發，後者與高雄港第一期築港時同時進行填海造陸工程，在工程期間高雄也發布第一次市區改正；（二）兩者成立過程均受到官方的指示，而且前者還獲得官方的實質補助與限制；（三）兩者皆是由日本人為主導，臺灣人雖皆有投資（尤其板橋林家成員都先後成為這兩家會社的投資者），但頂多只是取得 1 至 2 席取締役或監察役席位，至於社長自始都是日人；（四）兩者都是以上章所述的基隆、高雄與臺北，即「兩港一市」為發展重心，只是兩者在經營的成果上是截然相反；（五）兩者都有以土地出租、買賣為主要業務，也都有從事大規模的土地開發行為。

　　至於兩者的不論是成立與經營相異點極多。臺灣土地建物株式會社是以在臺日人與臺人為主體成立，成立資金也大多來自臺灣本地，並無大型財團主導運作的情形，但其成立也有受到東京建物株式會社的指導。至於臺灣地所建物株式會社成立時不論股東與資金全來自日本，且為淺野財閥的家族事業。在經營上，臺灣土地建物株式會社除了土地房屋出租以外，對於不動產買賣非常積極，另外跨足「不動產分期貸款」及「不動產擔保融資」等不動產金融等業務，

經營範圍由原本的臺北與基隆，擴展至嘉義、高雄等地，甚至跨足海外，除曾短期投資中國廣東的不動產外，並把經驗回流日本，在日本東京成立第一土地建物株式會社等，反映業務與經營範圍的多角化與積極性。相較之下臺灣地所株式會社僅以高雄與基隆的土地為基礎，而且這些土地還是在日本治臺開始不久便購買的，只從事出租而少有土地買賣行為，因此經營上明顯偏於守成，這與該會社並不是淺野財閥的核心事業有關。不過積極的經營如果過於輕忽風險，即使是如日治時期最大的不動產會社也有面臨經營危機的可能，下述不動產金融對臺灣土地建物株式會社之影響便證明這點。

表 3-21　臺灣土地建物株式會社與臺灣地所建物株式會社比較表

比較項目	臺灣土地建物株式會社 （1908 年）	臺灣地所建物株式會社 （1910 年）
資本額	100 萬圓→150 萬圓（1910 年）	100 萬圓→120 萬圓（1920 年）
成立契機	基隆港建設 基隆第一次市區改正（1907 年）	高雄港建設 高雄第一次市區改正（1908 年）
首任社長	木下新一郎	淺野總一郎
股權性質	多人募資	家族事業
主要業務範圍	土地出租、土地買賣、不動產金融	土地出租
經營範圍	臺北（主要）、基隆（主要）、嘉義、高雄、廣東、日本	高雄（主要）、基隆
大規模土地開發	臺北「大正街」	高雄港周邊今「哈瑪星」地區
基隆持有土地 （1920 年 9 月）	139,773 坪（市內） 包含「小基隆」、田寮港庄等市區人口集中地帶	133,056 坪 大多位於基隆港西北與東北沿岸及和平島
高雄持有土地 （1919 年）	126,260 坪（打狗整地株式會社 6 月底已開發完成者）	89,407 坪（3 月底） 多位於湊町（又稱「哈瑪星」）等高雄車站附近新市街

說明：打狗整地株式會社於 1920 年宣布解散，1926 年清算完成，由於臺灣土地建物株式會社持有該會社股份，因此清算後部分土地由臺灣土地建物株式會社取得。

資料來源：作者整理。

二、土地區位對不動產業經營之影響

由上章的討論，可以得知日治初期日資靠者對政府對臺灣港灣（基隆、高雄）與總督府所在地（臺北）發展的預期，加上當時不動產便宜等因素，因此不待總督府政策，以「投機」的心態搶先購買臺灣不動產，基隆、高雄、臺北等「兩港一市」成為日資購買臺灣不動產的重點。前述兩大不動產會社都接收了日治初期的不動產投資，對該會社的經營有重大影響，而且都是在日治初期的投資便已決定。

以基隆而言，被臺灣土地建物株式會社合併的中立起業株式會社，便是日治初期日資投資基隆不動產的主角之一，1902 年在基隆港灣便佔有 2 萬餘坪之土地，等到被臺灣土地建物株式會社合併前，中立起業在基隆已有 59 萬餘坪之土地（包含山地），因此合併之後臺灣土地建物株式會社不但成為基隆的大地主，而且還佔有「小基隆」與田寮港庄等兩個市區黃金地段。相反的淺野總一郎雖然也是日治初期基隆不動產的投資者，在 1902 年時持有的基隆港灣土地還是當時地主最多者，但除了義重橋街以外大多位於港灣的西北岸與東北岸，離市區較遠且多為山區與森林，在義重橋街土地多被政府徵收後，淺野的土地除了不滿千坪的義重橋街，其餘土地都在市區以外，在土地區位上完全無法跟臺灣土地建物株式會社相比。

表 3-22 為臺灣地所建物與臺灣土地建物株式會社 1920 至 1925 年經營成果之比較。由表中可知，臺灣土地建物株式會社在基隆土地出租坪數，在此期間大多超過臺灣地所建物株式會社，至於在收入上，前者的租金收入（包含土地與建物）合併前僅包含高雄的收入，為 2 萬餘圓，合併當期加上基隆之後提升至 2 萬 7 千圓，再次期則提升至 4 萬餘圓，也就是說合併的 1 年內，該會社的租金收入單期增加了約 2 萬圓，在高雄的經營相當穩定之下，可以推斷合併後的第 1 期基隆的租金收入約 2 萬圓左右，但同期的臺灣土地株式會社在基隆的土地租金收入卻有 3 萬 7 千餘圓，而且還不包括該會社在基隆的房租收入。1923 至 1925 年間，臺灣土地建物僅是基隆的土地租金收入，便已超過臺灣地所建物基隆與高雄租金收入的總和，這也代表前者在基隆的經營成果遠超過後者。

表 3-22　臺灣地所建物與臺灣土地建物株式會社 1920～1925 年經營狀況

期　　間	臺灣地所建物株式會社		臺灣土地建物株式會社	
	基隆土地出租坪數	當期租金收入	基隆土地出租坪數	當期基隆地租收入
1920 年 4 月～1920 年 9 月	64,634	27,446	63,036	30,159
1920 年 10 月～1921 年 3 月	57,027	40,598	61,466	33,232
1921 年 4 月～1921 年 9 月	56,863	44,808	75,310	37,569
1921 年 10 月～1922 年 3 月	－	－	78,730	48,435
1922 年 4 月～1922 年 9 月	－	－	79,500	47,324
1922 年 10 月～1923 年 3 月	－	－	80,020	49,786
1923 年 4 月～1923 年 9 月	58,243	47,070	80,671	50,620
1923 年 10 月～1924 年 3 月	58,033	47,233	80,140	49,386
1924 年 4 月～1924 年 9 月	57,874	47,202	79,864	53,522
1924 年 10 月～1925 年 3 月	58,463	48,375	69,462	52,110

說明：（1）「－」為資料從缺；（2）臺灣地所建物租金收入包含土地與房屋租金收入；（3）1920 年 6 月 20 日臺灣地所建物與基隆地所建物株式會社合併，因此在此之前租金收入僅有高雄，合併之後租金收入為基隆與高雄的總和；（4）所有數字均四捨五入。

資料來源：整理自臺灣地所建物株式會社，《第十九回報告書》，頁 3～4、7～9；《第貳拾回報告書》，頁 3～4、7～9；《第貳拾壹回報告書》，頁 4～7、10～11；《第貳拾貳回報告書》，頁 2～5、8～9；《第貳拾參回報告書》，頁 3～5、8～10；《第貳拾七回報告書》，頁 3～6、9～10；《第貳拾八回報告書》，頁 3～6、9～10；《第貳拾九回報告書》、《第三十回報告書》所附「營業報告」與「損益計算書」；臺灣土地建物株式會社，《第十五回營業報告書》，頁 3～5；《第十六回營業報告書》，頁 3～5；《第十七回營業報告書》，頁 2～4；《第十八回營業報告書》，頁 2～4，《第十九回營業報告書》，頁 3～5；《第二十回營業報告書》，頁 2～4；《第二十一回營業報告書》，頁 2～4；《第二十二回營業報告書》，頁 3～5；《第二十三回營業報告書》，頁 3～5；《第二十四回營業報告書》，頁 3～5；《第二十五回營業報告書》，頁 3～5；《第二十六回營業報告書》，頁 3～5。

　　高雄的狀況則呈現完全相反的情形。高雄港周邊土地早在日本治臺初期就被淺野購買，臺灣地所建物株式會社成立後便接收當時購買並加以土地開發的成果，在開發成功下成為該會社的營收重心。相反的荒井泰治所成立的打狗整地株式會社，其主要開發地區位於鐵路東側的今鹽埕區一帶，土地開發完成後卻直到 1918 年仍一片荒涼。表 3-23 為 1916～1920 年打狗整地與臺灣地所建物株式會社的經營結果，由表中可知，雖然打狗整地株式會社在收入與利益的總和雖都超過臺灣地所建物株式會社，但要注意下列幾點：（一）前者係 3 年 7 個月的損益，後者為 3 年；（二）前者曾認列 8 萬 7 千餘圓之土地買賣收入，並非經常性的收入，相形之下土地房屋租金收入僅 6 萬餘圓，而後者的收入則全為土地租金收入；（三）前者損益大起大落，而後者卻穩定上升。雖然隨者高雄市區的擴大，高雄市的範圍在昭和後也逐漸擴大到今日的鹽埕區，也帶動市區重心的移動，〔註 95〕但打狗整地株式會社沒有等到當時，即在 1920 年便已遭到解散的命運。

　　另外在高雄的經營上不可忽視的是淺野財團的資金雄厚。臺灣地所建物株式會社資本額高達 1 百萬元，高於打狗整地株式會社的 75 萬圓，並且淺野在土地開發階段資金全靠日本方面資金挹注，在臺灣地所建物株式會社成立時土地開發已快完成，因此會社銀行借款等負債甚少，利息負擔較低，相形之下打狗整地株式會社不但必須依賴自有的資金，而且在會社成立後始開發土地，資金不足時還需靠銀行借款補充，利息費用使得該會社虧損連連，成為該會社解散的其中一個爆發點。

表 3-23　打狗整地與臺灣地所建物株式會社 1916～1920 年營業比較表

（單位：圓）

打狗整地株式會社			臺灣地所建物株式會社		
期　　間	收　　入	損　　益	期　　間	收　　入	損　　益
1916 年 7 月～1917 年 6 月	96,692	72,929	1917 年 4 月～1917 年 9 月	15,158	6,714
1917 年 7 月～1918 年 6 月	10,624	-10,573	1917 年 10 月～1918 年 3 月	15,702	5,922

〔註95〕如高雄市役所在 1939 年從原「哈瑪星」的湊町遷移到今日鹽埕區的榮町，即今日的高雄市立歷史博物館。見張守真，〈哈瑪星：擁有許多「第一」的現代化新市街〉，頁 23～25。

1918 年 7 月～ 1919 年 6 月	27,092	6,687	1918 年 4 月～ 1918 年 9 月	15,700	8,019
1919 年 7 月～ 1920 年 2 月	22,302	-12,539	1918 年 10 月～ 1919 年 3 月	18,284	8,200
			1919 年 4 月～ 1919 年 9 月	19,900	11,355
			1919 年 10 月～ 1920 年 3 月	21,735	10,855
合　計	156,709	56,505	合　計	106,480	51,065

說明：（1）金額皆四捨五入；（2）打狗整地株式會社為年制，臺灣地所建物株式會社為半年制；（3）1920 年 2 月 5 日打狗整地株式會社解散，因此損益僅計算至當日為止。

資料來源：整理自打狗整地株式會社，《第八回營業報告書》所附「損益計算書」；《第九回營業報告書》，頁 9；《第十回營業報告書》，頁 10；《解散會社財產狀況調查書第十一回定時總會承認計算書》，頁 3；臺灣地所建物株式會社，《第拾伍回報告書》，頁 6～8；《第拾六回報告書》，頁 6～8；《第拾七回報告書》，頁 6～8；《第拾八回報告書》，頁 7～9；《第十九回報告書》，頁 7～9。

　　由上分析可知，臺灣土地建物株式會社在基隆，與臺灣地所建物株式會社在高雄，都因持有不動產為該地的黃金地段而獲得大量利益。兩者在基隆與高雄經營上的比較，可以了解不動產區位對於經營結果的重大影響。今日不動產投資一再強調「地段」的重要性，在日治時期也一樣適用。

三、經營策略、景氣對不動產業經營之影響

　　上述可知臺灣土地建物株式會社在經營業務範圍與積極度而言，都超過臺灣地所建物株式會社，這在不動產景氣時對經營之影響相當明顯，如前者趁 1918～1920 年前後臺北市土地買賣熱的期間大量買賣土地，在 1919 年 10 月至隔年 3 月期間靠賣出不動產便取得 24 萬 1 千餘圓的利益，不但占了該期間收入的 1 半以上，該期的純益率與總收益都是創社以來的歷史新高（詳表 3-11），但後來在 1932 年開始的不景氣，也給臺灣土地建物株式會社之經營帶來重大打擊，而這與不動產金融業務的過度擴張有直接關係。

　　在第一節曾說明，臺灣土地建物株式會社之不動產金融業務包含「不動產分期貸款」及「不動產擔保融資」，前者係將土地房屋之買賣價格以分期付款方式支付，後者係以不動產做為擔保之放款業務，且以營業的趨勢顯示

前者的業務大於後者。表 3-24 與圖 3-13 爲 1925～1935 年兩業務的期末餘額，由表中可知，「不動產分期貸款」所代表的未收金，在創業第一年時僅不到 1 萬圓，但在 1925 年 9 月已破 160 萬圓，而在 1920 年代後半還在繼續上升，在 1928 年 3 月底時創下歷史新高的 197 萬 3 千餘圓，相形之下「不動產擔保融資」所代表的貸付金則起伏不定，且遠不如未收金。以上兩者不動產金融業務的直接影響爲利息收入，1925 年 4 月至 9 月該期的利息收入爲 5 萬 2 千餘圓，1929 年 4 月至 9 月爲 8 萬 3 千餘圓，爲該會社歷史上最高的利息收入，佔該期收入的 23％，僅次不動產買賣收入，成爲該期次要的收入來源。

但在觀察在此期間的不動產金融業務以外，還可發現另一有趣的現象，便是該會社在不動產金融業務逐年提升的同時，銀行借款也逐步提高，也就說該會社在此期間使用財務管理中的「財務槓桿」，也就是利用銀行借款快速擴充業務，使得會社經營處於危險的邊緣。[註 96] 由表 3-24 可知 1925 年 9 月該會社的未收金（不動產分期貸款）爲 166 萬餘圓的同時，銀行借款也高達 414 萬餘圓，當期的利息收入還不足以支付利息費用，而且由表中可知這是該期間內普遍的現象。爲減低利息負擔，該會社於 1925 年發行 5 年、150 萬圓的公司債，發行之後銀行借款由 1925 年 9 月底的 414 萬餘圓減少 1926 年 3 月的 287 萬餘圓，利息在該期也有減輕的現象。但該會社債務依然持續提升，1928 年 9 月達到歷史新高的 477 萬餘圓，同期該會社的利息費用也高達 20 萬 6 千餘圓，但該期的營業收入爲 37 萬 8 千餘圓，也就是說該期有一半的收入都拿來支付利息費用。該會社在利息收入不足以支付利息費用時，主要是靠不動產買賣收入填補，這在房地產景氣好時還算可行，但在景氣直轉直下，就連靠不動產買賣也效果有限時，就會產生經營危機的後果。

〔註 96〕 所謂「財務槓桿」，係指公司利用資金成本較低的借款或公司債等負債從事業務擴充的行爲，負債佔公司資金來源愈高財務槓桿效果愈大，也就是說當利用負債擴充業務時，如獲利愈大則對股東報酬愈大（因爲借款成本較低，獲利扣除利息費用後都會歸於股東），但相反的如獲利有限甚至虧損時，財務槓桿效果愈大反而對股東報酬受損愈大（因爲利息費用不論盈虧均須支付）。見劉亞秋、薛立言，《財務管理概論》（臺北市：臺灣東華書局股份有限公司，2011 年），頁 567～570。

表 3-24　臺灣土地建物株式會社 1925～1935 年不動產金融及債務餘額

（單位：圓）

期　間	未收金 （不動產分期貸款） 期末餘額	貸付金 （不動產擔保融資） 期末餘額	當期 利息收入	銀行借款與 公司債 期末餘額	當期 利息費用
1925 年 4 月～ 1925 年 9 月	1,661,852	178,093	52,056	4,145,747	192,995
1925 年 10 月～ 1926 年 3 月	1,665,877	157,648	58,196	4,371,079	143,903
1926 年 4 月～ 1926 年 9 月	1,737,986	144,885	52,376	4,326,548	207,067
1926 年 10 月～ 1927 年 3 月	1,799,864	128,946	56,308	4,450,508	200,492
1927 年 4 月～ 1927 年 9 月	1,946,515	117,667	58,899	4,405,733	188,942
1927 年 10 月～ 1928 年 3 月	1,973,565	140,342	58,815	4,542,096	200,673
1928 年 4 月～ 1928 年 9 月	1,882,608	90,153	76,475	4,774,270	206,131
1928 年 10 月～ 1929 年 3 月	1,968,969	118,538	73,720	4,709,383	203,633
1929 年 4 月～ 1929 年 9 月	1,784,443	149,934	83,885	4,727,154	210,599
1929 年 10 月～ 1930 年 3 月	1,573,219	166,282	69,973	4,572,319	169,487
1930 年 4 月～ 1930 年 9 月	1,547,966	73,157	81,116	4,487,023	184,024
1930 年 10 月～ 1931 年 3 月	1,727,207	74,510	63,758	4,141,027	166,292
1931 年 4 月～ 1931 年 9 月	1,758,963	72,919	65,634	4,076,315	167,240
1931 年 10 月～ 1932 年 3 月	1,586,539	116,937	55,946	3,968,963	157,304
1932 年 4 月～ 1932 年 9 月	1,144,138	43,852	54,264	3,498,876	144,749
1932 年 10 月～ 1933 年 3 月	1,189,441	33,139	41,968	3,385,484	130,558

1933 年 4 月～ 1933 年 9 月	938,344	19,302	46,068	3,190,015	116,692
1933 年 10 月～ 1934 年 3 月	671,730	15,520	41,422	3,223,165	112,778
1934 年 4 月～ 1934 年 9 月	678,637	15,392	37,159	3,078,641	118,936
1934 年 10 月～ 1935 年 3 月	305,367	14,009	34,530	2,695,841	112,652

說明：（1）金額皆四捨五入；（2）該會社於 1925 年發行 5 年、150 萬圓的公司債。

資料來源：整理自臺灣土地建物株式會社，《第二十七回營業報告書》，頁 8～9、13
～14；《第二十八回營業報告書》，頁 8、12～13；《第二十九回營業報告書》，頁 7～8、
12～13；《第三十回營業報告書》，頁 7～8、11～12；《第三十一回營業報告書》，頁 8
～9、12～13；《第三十二回營業報告書》，頁 8、12～13；《第三十三回營業報告書》，
頁 5～6、10～11；《第三十四回營業報告書》，頁 5～6、10～11；《第三十五回營業報
告書》，頁 5～6、10～11；《第三十六回營業報告書》，頁 5～6、10～11；《第三十七
回營業報告書》，頁 5～6、10～11；《第三十八回營業報告書》，頁 5～6、10～11；《第
三十九回營業報告書》，頁 5、9～10；《第四拾回營業報告書》，頁 4、8～9；《第四拾
壹回營業報告書》，頁 4、8～9；《第四拾貳回營業報告書》，頁 6、10～11；《第四拾
參回營業報告書》，頁 5、9～10；《第四拾四回營業報告書》，頁 5、9～10；《第四拾
五回營業報告書》，頁 4、8～9；《第四拾六回營業報告書》，頁 5、9～10。

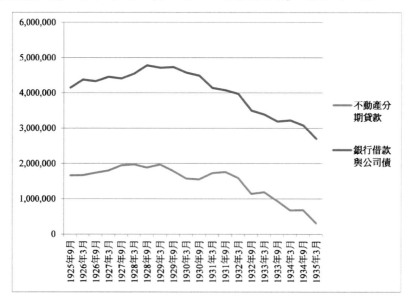

圖 3-13　臺灣土地建物株式會社 1925～1935 年不動產金融及債務餘額
（單位：圓）

資料來源：同表 3-24。

　　1931 年不動產景氣受到大蕭條的影響而嚴重緊縮，使得該會社的不動產金融受到重創，也嚴重影響該會社之經營。1931 年 10 月至隔年 3 月的營業報告書，便在損益表分別認列了 1 萬 4 千餘圓及 3 萬餘圓的無法回收的未收金（不動產分期貸款）與貸付金（不動產擔保融資），也就是俗稱的呆帳損失，受到此影響該期未發放股利，係創社以來首次。〔註97〕1932 年 10 月至隔年 3 月報告書的營業概況中，正式承認該會社創業以來的經營危機：「自昭和 6 年（1931 年）下半期以來，整理方針為不發放股利、不動產資金化、返還銀行借款及要求調降借款利率、營業費用之節省、減少不良資產等提振會社營運之方法，逐漸達到預期之成果。惟市場經濟不安的情況依舊，即使將不動產賣出，依然無法達成業績。今後將更進一步努力，以達成營業目標。」並提出近一年半以來營業整頓的成果：（一）賣出近 56 萬餘圓的土地與房屋；（二）將 84 萬餘圓的未收金轉賣（顯示該未收金為俗稱的不良債權）；（三）償還 69 萬餘圓的銀行借款，並減少現有借款的利息；（四）人事費減少 23%。〔註98〕其中在未收金的整理上，該會社在 1931～1934 年期間，除了至少將 90 萬 9 千餘圓的不良債權轉讓出售外，還在損益表認列了 27 萬 2 千餘圓未收金無法回收的損失，以上兩者超過 1931 年 9 月未收金期末餘額的 1 半。〔註99〕受到經濟緊縮及大量未收金無法收回的影響，該會社 1935 年 3 月的未收金期末餘額僅 30 萬 5 千餘圓，為 1932 年 9 月的 19%，利息收入也從 5 萬 5 千餘圓下

〔註97〕　臺灣土地建物株式會社，《第四拾回營業報告書》，頁 9。
〔註98〕　臺灣土地建物株式會社，《第四拾貳回營業報告書》，頁 2～4。該會社次期（1933年 4 月～1933 年 9 月）營業報告書的營業概況中，仍持續報導營業整頓的結果，包含賣出 19 萬 5 千餘圓的土地、將 6 萬 9 千餘圓的未收金賣出、將銀行借款償還 19 萬 5 千餘圓等，見《第四拾參回營業報告書》，頁 2。
〔註99〕　統計自臺灣土地建物株式會社，《第四拾貳回營業報告書》，頁 11；《第四拾參回營業報告書》，頁 10；《第四拾四回營業報告書》，頁 10。值得一提的是，該會社在其第 43 回（1933 年 4 月～1933 年 9 月）營業報告書中，原本只在損益表認列 4 千餘圓的未收金無法回收的損失，卻在次期（1933 年 10 月～1934年 3 月）的營業報告書中增加「昭和八年上半期（第 43 期）決算中一部更正」乙節，並追加認列 23 萬 9 千餘圓的未收金無法回收損失，及 23 萬 9 千餘圓的「土地評價利益」。本文認為在次期報告書追加認列前期損失的報導手法，有欺騙會社投資人及營業報告書使用者之嫌疑。至於「土地評價利益」，依會計學原理的成本原則，除非資產價值有嚴重減損而認列減損損失，否則即使資產增值也不會認列增值利益。雖依本文研究認為該會社的不動產有價值低估的現象，但認列土地評價利益來填補損失並不是正當的財務報導手法，尤其是正面臨經濟不景氣及經營危機之時。見《第四拾四回營業報告書》，頁 4。

降至 3 萬 4 千餘圓。

　　不動產金融的損失也嚴重衝擊該會社的獲利，表 3-25 與圖 3-14 爲該會社 1927～1935 年的營業成果。由表中可知，1929～1931 年間受到銀行借款利息費用負擔過重的影響，獲利與發放股利已有減低的現象，但經營眞正受到重創期間爲 1931～1934 年，該期間雖然靠者土地與房屋租金、不動產買賣收入（雖然也有受到大蕭條影響）來支撐經營，但經營獲利都拿來打銷無法收回的未收金等，也因此該 2 年半期間無法支付股利，直到 1934 年起把呆帳打消完畢後，經營才有所改善。另外該會社在 1929 年 3 月底還有 28 萬 9 千餘圓的保留盈餘，但在不景氣期間經營不佳及打消呆帳後，到 1934 年 3 月只剩 2 萬餘圓，〔註100〕也就是說該會社在此期間差點步入沒有保留盈餘而被迫減少資本金的命運。

表 3-25　臺灣土地建物株式會社 1927～1935 年營業成果與發放股利

（單位：圓）

期　　間	收　入	經營收益	純收益	純益率	發放股利
1927 年 4 月～1927 年 9 月	424,938	164,040	154,814	36.43％	45,000
1927 年 10 月～1928 年 3 月	391,021	111,098	101,998	26.09％	45,000
1928 年 4 月～1928 年 9 月	378,721	95,133	86,296	22.79％	45,000
1928 年 10 月～1929 年 3 月	415,307	131,901	122,571	29.51％	37,500
1929 年 4 月～1929 年 9 月	361,296	67,231	57,972	16.05％	37,500
1929 年 10 月～1930 年 3 月	294,523	51,891	42,695	14.50％	37,500
1930 年 4 月～1930 年 9 月	323,508	55,380	45,258	13.99％	37,500
1930 年 10 月～1931 年 3 月	305,646	53,590	43,994	14.39％	37,500
1931 年 4 月～1931 年 9 月	295,618	54,816	45,588	15.42％	37,500
1931 年 10 月～1932 年 3 月	264,472	33,749	0	0.00％	0
1932 年 4 月～1932 年 9 月	244,432	39,373	0	0.00％	0
1932 年 10 月～1933 年 3 月	247,687	38,104	0	0.00％	0

〔註100〕臺灣土地建物株式會社，《第三十四回營業報告書》，頁 11；《第四拾四回營業報告書》，頁 10。

1933 年 4 月～1933 年 9 月	217,384	38,880	0	0.00%	0
1933 年 10 月～1934 年 3 月	229,195	49,245	0	0.00%	0
1934 年 4 月～1934 年 9 月	247,122	58,553	40,719	16.48%	22,500
1934 年 10 月～1935 年 3 月	237,365	52,245	40,427	17.03%	22,500

說明：（1）金額皆四捨五入；（2）純收益為營業收益減除房屋等資產折舊、無法收回的有價證券、呆帳之金額。

資料來源：整理自臺灣土地建物株式會社，《第三十一回營業報告書》，頁 12～14；《第三十二回營業報告書》，頁 12～13；《第三十三回營業報告書》，頁 10～12；《第三十四回營業報告書》，頁 10～11；《第三十五回營業報告書》，頁 10～12；《第三十六回營業報告書》，頁 10～12；《第三十七回營業報告書》，頁 10～12；《第三十八回營業報告書》，頁 10～12；《第三十九回營業報告書》，頁 9～10；《第四拾回營業報告書》，頁 8～9；《第四拾壹回營業報告書》，頁 8～9；《第四拾貳回營業報告書》，頁 10～11；《第四拾參回營業報告書》，頁 9～10；《第四拾四回營業報告書》，頁 9～10；《第四拾五回營業報告書》，頁 8～9；《第四拾六回營業報告書》，頁 9～10。

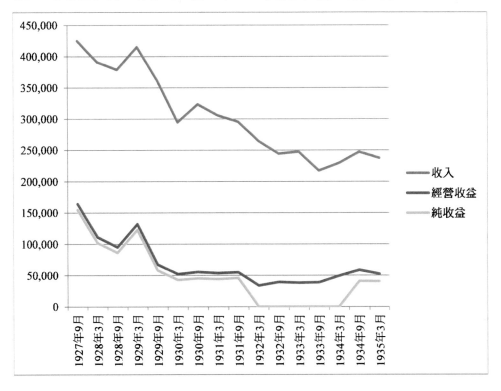

圖 3-14　臺灣土地建物株式會社 1927～1935 年收入及純益（單位：圓）

資料來源：同表 3-25

　　由上可知該會社在 1920 年代間試圖靠者不動產金融業務而讓獲利成長，
但擴張業務的同時也同時增加銀行借款，即使靠者發行公司債仍無法減低利
息負擔，隨者 1931 年後的經濟蕭條，該會社的部分債權無法收回後，成為該
會社經營的重大危機，要不是該會社長期累積下來的土地資產雄厚，及靠者
政商關係良好得以償還銀行借款及減低借款利率等因素，否則即使沒有破產
也可能面臨減少資本金的命運。與之相較經營較為保守的臺灣地所建物株式
會社，在這次不動產蕭條中反而平安度過，表 3-26 與圖 3-15 為兩會社 1931
～1935 年經營結果之比較，由表中可以發現在 1931～1934 年臺灣土地建物株
式會社經營困難的期間，臺灣地所建物株式會社僅靠者土地租金，不但收入
與純益不受影響，甚至在此期間依然持續發放股利。由兩會社在此期間經營
之比較，可以了解臺灣土地建物會社在經營上雖然較為積極，但在 1931 年起
的經濟蕭條下，經營反不如保守的臺灣地所建物株式會社，顯示不動產金融
擴充過度的情況下（尤其擴充的資金都來自銀行借款與公司債），對不動產業
經營的影響。

表 3-26　臺灣土地建物與臺灣地所建物株式會社 1930～1935 年營業收
入與純利益
（單位：圓）

期　　間	臺灣土地建物株式會社		臺灣地所建物株式會社	
	營業收入	純利益	營業收入	純利益
1930 年 4 月～1930 年 9 月	323,508	45,258	66,404	41,016
1930 年 10 月～1931 年 3 月	305,646	43,994	64,578	40,794
1931 年 4 月～1931 年 9 月	295,618	45,588	62,631	40,794
1931 年 10 月～1932 年 3 月	264,472	0	不明	不明
1932 年 4 月～1932 年 9 月	244,432	0	63,833	40,717
1932 年 10 月～1933 年 3 月	247,687	0	66,429	39,187
1933 年 4 月～1933 年 9 月	217,384	0	66,478	42,527
1933 年 10 月～1934 年 3 月	229,195	0	69,123	46,345
1934 年 4 月～1934 年 9 月	247,122	40,719	66,898	42,396
1934 年 10 月～1935 年 3 月	237,365	40,427	118,892	90,488

說明：（1）金額皆四捨五入；（2）純收益為營業收益減除房屋等資產折舊、無法收回的有價證券、呆帳之金額。

資料來源：整理自臺灣土地建物株式會社，《第三十七回營業報告書》，頁 10～12；《第三十八回營業報告書》，頁 10～12；《第三十九回營業報告書》，頁 9～10；《第四拾回營業報告書》，頁 8～9；《第四拾壹回營業報告書》，頁 8～9；《第四拾貳回營業報告書》，頁 10～11；《第四拾參回營業報告書》，頁 9～10；《第四拾四回營業報告書》，頁 9～10；《第四拾五回營業報告書》，頁 8～9；《第四拾六回營業報告書》，頁 9～10；臺灣地所建物株式會社，《第四拾壹回報告書》，頁 9～10；《第四拾貳回報告書》，頁 11～12；《第四拾參回報告書》，頁 11～12；《第四拾五回報告書》，頁 10～11；《第四拾六回報告書》，頁 10～11；《第四拾七回報告書》，頁 11～13；《第四拾八回報告書》，頁 11～13；《第四拾九回報告書》，頁 11～13；《第五拾回報告書》，頁 11～13。

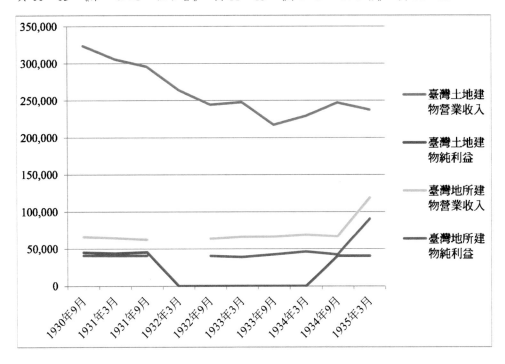

圖 3-15　臺灣土地建物與臺灣地所建物株式會社 1930～1935 年營業收入與純利益（單位：圓）

資料來源：同表 3-26。

第四節　小結

　　本章討論日治初期臺灣兩大不動產會社的形成與經營，其中之一便是日治時期臺灣最大的不動產業者——臺灣建物株式會社。荒井泰治是日本治臺

初期最有名的在臺日本人商業人士，1908 年他以基隆哨船頭街的建物開發爲
契機成立臺灣建物株式會社，由於他的顯赫聲望，除了吸引賀田金三郎等在
臺日本商業人士的投資外，還吸引了板橋林家等臺灣知名家族的成員也來共
襄盛舉。但應注意的是該會社雖然是日臺合資，但經營始終都掌握在日人手
中，臺人僅是參與投資者之角色。另外該會社在成立初期，雖然受到總督府
的許多保護與限制，但以該會社後來的經營觀察，該會社仍然是私人企業的
性質。

　　臺灣建物株式會社的經營項目可以說是包羅萬象，但以土地出租、買賣
與不動產金融爲主。該會社土地出租係以基隆與臺北的土地爲主，在基隆受
惠於合併中立起業株式會社，成爲基隆的大地主，在臺北則開發臺北城東北
區的「大正街」，及利用創業初期資金充足大舉投資臺北土地下，土地承租、
買賣成爲該會社的主要收入來源，1916 年（大正 5）該會社改爲「臺灣土地
建物株式會社」，便是反映上述事實的結果。該會社持有大片土地除了用來出
租外，更利用「買低賣高」的方式獲得土地投資的利益，日治中期以後甚至
成爲該會社的收入主力。

　　究其該會社的經營，可以得知該會社對不動產業有以下貢獻：（一）開發
基隆哨船頭街與臺北城內建築，使得兩地成爲臺灣日治時期城市街道的模
範，並帶動當地的繁榮；（二）臺北「大正街」是日治時期臺北大規模建築用
地開發之始，成爲日治時期臺北的高級住宅區；（三）從日本引進「不動產分
期貸款」及「不動產擔保融資」等不動產金融業務，帶動臺灣不動產業市場
逐漸邁入成熟及專業化，另外辦理或承辦房屋建築的低利資金，對不動產市
場的活絡也有正面影響。

　　但另外不可否認的是，該會社靠者土地買賣，成爲日治中期以後土地飛
漲時最大的受益者，但卻對該會社的成立的目的「解決臺灣的居住問題」，卻
貢獻有限，即使是「大正街」的開發，居住者大多數是日本人的中高階層，
或許可以想像當初所要「解決居住問題」的對象，僅是這些高官顯貴的會社
投資者，而非市井小民。日治中期以後該會社多注意土地的經營，並未加強
投入房屋的建設，因此後來因住宅不足而引發的「住宅難」問題，該會社無
法逃脫責任。

　　荒井泰治除了成立臺灣建物株式會社外，1908 及 1911 年在高雄另外主導
成立兩家不動產會社——打狗整地及打狗土地株式會社，前者以高雄的土地

開發爲主。由於淺野總一郎已獨占高雄港車站周邊土地並開發完成，因此荒井泰治等人受到官方指示下，開發鐵路東側較偏遠的地區，開發完成之後飽受土地少有承租之苦，加上銀行借款利息的壓力之下，最後走上解散之路，清算之後部分土地落入臺灣土地建物株式會社的手中。

　　淺野總一郎所成立的淺野財閥，於 1910 年（明治 43）成立臺灣地所建物株式會社，爲另一日治初期的大型不動產會社。與荒井泰治等人的不動產投資事業不同的是，臺灣地所建物株式會社自始至終都是家族事業，另外該會社幾乎完全以土地出租業務爲主體，較少從事房屋與不動產金融的業務。該會社係以日本領臺時便搶先購買高雄與基隆之土地爲基礎，但兩者後來之營業結果卻截然不同。

　　該會社在高雄的土地投資在日治初期的土地整理之下，成爲以湊町爲核心的「哈瑪星」地區，在政府機關與銀行進駐之下，成爲高雄日治時期最繁榮的地區。該會社身爲「哈瑪星」的最大地主，不論是土地出租率與租金收入都隨時間水漲船高，加上無負債與利息的拖累，便能僅靠土地就能坐收其利，從 1921 年後年年均能發放股利來看，可見其高雄土地開發之成功。相形之下該會社在基隆之經營，受限於持有土地多位於基隆市郊區，距離市區較遠，出租情形不但沒有因爲基隆市區的繁榮而上升，甚至還每況愈下，並遠遜於同時間臺灣土地建物株式會社在基隆的經營。

　　日治初期兩大不動產會社成立時間與規模相似，但兩者不論是成立與經營均有很大差異，因此本章最後討論兩者間的異同。兩者的相似點包含成立均與築港工程與市區改正相關、都有受到官方的指導、均爲日資會社、均有吸收日治初期日資搶購「兩港一市」的土地作爲資本、都有從事大規模土地開發工程等。兩者不但在都市不動產業的形成有很大貢獻，而且由於臺灣土地建物株式會社在臺北與基隆，臺灣地所建物株式會社在高雄都成爲該地的大地主，因此也在不動產市場中發揮重要角色。

　　至於兩者的差異可從土地區位、經營策略的不同來探討對經營之影響。在土地區位上，兩者在基隆、高雄均有土地（臺灣土地建物株式會社的高雄土地是從打狗整地株式會社清算後取得），但臺灣土地建物株式會社在基隆，臺灣地所建物株式會社在高雄都取得該地的黃金地段，在土地區位上取得絕對優勢下，自然也影響到兩者在基隆與高雄之經營，而且這些差異都是透過兩者吸收日治初期日資踴躍購買「兩港」的土地資本而形成的。在經營策略

上，臺灣土地建物株式會社不論是經營業務與範圍均大於臺灣地所建物株式會社，尤其前者更積極透過土地買賣與不動產金融取得大量利益，但銀行借款與公司債等負債也同步提高，直到 1931 年（昭和 6）不動產景氣蕭條時由於金融放款形成呆帳，而重創該會社的經營，相反的只以土地出租爲經營主體的臺灣地所建物株式會社在不景氣時反而不受波及，充分展現兩者經營策略在面對景氣變化時所受到的影響程度。

第四章　近代都市不動產市場的形成

　　由上述的討論，可以得知近代都市不動產業係在日治初期發跡，而這樣的產業與都市不動產的需求者，即居住都市的居民與經營商業的店家，形成了都市不動產市場，本章討論日治時期臺灣都市不動產市場的形成、發展與影響。

　　本篇第一節先從統計資料與文獻首先描繪當時的臺灣不動產市場結構，並分成供給者與需求者的角色分析，第二節以臺北市的地價與房屋租金為例，探討當時臺灣不動產市場的行情與景氣狀況，第三節探討當時臺灣不動產市場所造成的社會問題，包含住宅不足、房東與房客的衝突及衍生的社會運動。由於臺北市是日治時期臺灣的市政中心，本章將以臺北市為主要探討對象。

第一節　市場之結構

一、臺灣都市化與不動產市場的形成

　　日治時期前臺灣尚處於農業社會下，雖然有艋舺、大稻埕等港灣所形成的市鎮，但僅止於農產品市場貿易的機能，與日本明治時期已經靠者工商業的發達形成的都市圈來看，日治時期前臺灣僅有依靠港灣貿易而發展的小型市鎮，而難謂有所謂的近代都市的存在。當時在農業社會下，土地權利義務關係大多僅限於地主與佃農的關係，因此也難謂有「市場」的存在，因為所

謂的「市場」至少要有一定數量的商品與交易者才能成立，〔註1〕日治時期前
土地價格之所以便宜，或許也是因爲當時清代漢人雖然會把土地當成資產，
但不會把當成市場買賣的「商品」，更不可能作爲炒作價格的投機工具。

而這穩定的不動產權利義務關係隨者日本統治開始便立即改觀，跟隨日
本政府來臺的日資看上臺灣基隆、高雄、臺北「兩港一市」的港灣與都市的
發展潛力，加上當時臺灣不動產價格相當便宜，因此大舉來臺購買不動產，
但當時由於臺灣政局尚未平穩，不動產產權與交易制度尚未健全的情形下，
投資不動產多數是冒險的投機者。由 1897 年基隆土地價格的暴漲暴跌，可以
顯示出已有土地交易市場的存在，但在交易對象僅限於基隆港周邊土地，並
且充滿投機者的情況下，顯然是不夠成熟的。

1900～1905 年土地調查的業主權確定與消除大租戶，將臺灣不動產所有
權與近代所有權觀念接軌，與 1905 年（明治 38）發布「臺灣土地登記規則」，
將不動產登記制度法制化之後，如同明治維新前期一般，掃除了不動產交易的
兩大障礙，不動產交易不再是冒險的「投機」而可以成爲長期「投資」的標的，
成爲不動產市場發展的有利條件。由基隆土地紛爭事件可以看出，日資的進入
在短短幾年內，已經將嘗試打破地主（按舊慣爲「地基主」）與屋主之間的傳
統舊慣關係，而逐漸形成「地主－土地承租人（屋主）」的承租關係，還可看
到日資一取得地主權利便立即調整租金，也就是說租金已不再是傳統固定不
變，而是跟隨者「市場機制」變動，這也是不動產市場逐漸形成的徵兆。

但形成不動產市場的關鍵因素，依然是都市化與人口之增加所創造的不
動產需求。臺灣日治時期以前缺乏近代都市的條件，主要也是因爲當時沒有
所謂的都市計畫，市鎮任其發展的結果不但雜亂且骯髒不堪，這點直到前述
日本來臺統治後發布「市區計畫」才逐漸改善，例如臺北市於 1900 年（明治
33）公布「臺北城內市區計畫」，首先將臺北城內列爲市區計畫範圍，1905 年
發布「臺北市區計畫」時再將艋舺、大稻埕納入，另外基隆與高雄也分別在
1907 年與 1908 年發布首次市區改正計畫。市區改正計畫的發布代表統治者對

〔註1〕 經濟學上的「市場」指的是商品買方與賣方交易的地方，而這將決定商品的
　　　價格。在「完全競爭市場」上，存在許多的買方與賣方且可自由進出，而且
　　　資訊是完全相通，因此不論是單一的買方與賣方均無法控制市場價格。但不
　　　動產市場受限於買賣雙方較少、商品無法標準化、資訊流通複雜昂貴等因素，
　　　被認爲是不完全競爭市場的性質。見李春長，《不動產經濟學》（臺北市：智
　　　勝文化事業有限公司，2012 年），頁 10～11。

於發展近代都市的構想，對於臺灣都市化具有指標意義。

　　隨者臺灣社會逐漸穩定後，臺灣的工商業逐漸興盛，造成臺灣都市化的形成。表4-1為1906～1930年臺灣主要都市的人口資料，由表中顯示，1930年（昭和5）時臺灣除了首府臺北市以外，另有6個都市已經改制為市制，如以改制為市制之人口代表都市人口的話，1930年臺灣的都市人口已有63萬餘人，是1914年的2倍以上，雖然這部分也歸因於1920年因為縣市改制，包含臺北、基隆、高雄等都市範圍擴大而增加的人口，但即使如此1922～1930年間都市人口仍從46萬餘人成長至63萬餘人。個別都市而言以臺中市與高雄市的成長最快，從1910～1930年間成長了5倍以上，臺北市也從最早三市街的8萬餘人成長至24萬餘人。

表4-1　臺灣1906～1930年都市人口（部分）　（單位：人）

年　度	臺北市	基隆市	新竹市	臺中市	嘉義市	臺南市	高雄市	總　　計
1906年	80,226			8,536	19,137			**107,899**
1910年	91,309	17,110	16,064	11,296	22,218		12,161	**169,888**
1914年	106,755	18,140	17,389	16,156	22,498	61,920	15,595	**258,453**
1918年	105,296	19,886	17,765	22,316	22,618	64,431	18,258	**270,570**
1922年	180,362	53,808	35,161	36,446	41,017	81,594	38,571	**466,959**
1926年	205,613	68,649	39,685	44,103	47,894	87,930	46,754	**540,628**
1930年	240,435	78,214	45,867	55,437	58,276	98,114	62,633	**638,976**

說明：（1）本表所列為至1930年為止已改制為市制之都市。1920年以前臺北市為大稻埕、艋舺與臺北城內三者總和，基隆市1924年以前為基隆街，新竹市1930年以前為新竹街，臺中市1920年以前為臺中街，嘉義市1930以前為嘉義街，高雄市1924年以前為高雄街，1920年以前為打狗。（2）本表以發布首次市區改正計畫（或市區計畫）者，認定符合「都市」的含義，臺北市為1900年、基隆市為1907年、新竹市為1910年、臺中市為1900年、嘉義市為1902年、臺南市為1911年、高雄市為1908年。

資料來源：臺灣總督府官房文書課，《臺灣總督府第十統計書》（臺北：臺灣日日新報社，1908年），頁67～70；臺灣總督府總督官房統計課，《臺灣總督府第十四統計書》（臺北：臺灣日日新報社，1912年），頁44～45；臺灣總督官房統計課，《臺灣總督府第十八統計書》（臺北：臺灣印刷株式會社，1915年），頁190～191；臺灣總督官房調查課，《臺灣總督府第二十二統計書》（臺北：小塚印刷工場，1919年），頁42～43；臺灣總督官房調查課，《臺灣總督府第二十六統計書》（臺北：松浦屋印刷部，1924年），頁28～34；臺灣總督官房調查課，《臺灣總督府第三十統計書》（臺北市：株式會社臺南新報社臺北印刷所，1928年），頁30～37；臺灣總督官房調查課，《臺灣總督府第三十四統計書》（臺北市：江里口商會印刷工場，1932年），頁30～37。

　　土地調查的業主權確定、不動產登記制度的實施與都市化，都形成臺灣不動產市場的有利條件。依「臺灣土地登記規則」，不動產權利之設定、移轉、變更、處分等非經該規則登記不生效力，因此法院的不動產登記次數成爲不動產市場活絡的可靠指標，表 4-2 爲 1906～1934 年臺灣與臺北地方法院的不動產買賣與設定抵押權之資料。由表中顯示，早在 1906 年（明治 39）實行不動產登記制度初期，臺灣不動產買賣已有 2 萬 3 千餘件，代表不動產市場不但存在而且已經有一定規模，1906～1934 年間不論是全臺買賣登記件數與抵押權登記件數都是逐漸增加，以買賣件數而言 1934 年（昭和 9）是 1906 年的 3 倍，而且可以發現 1918 年比起前幾年增加最快，這很可能與下述當時土地買賣熱潮有關，至於臺北地方法院的件數成長不如全臺，但也是呈倍數成長。以抵押權登記而言，全臺登記件數在此期間成長了 4 倍，反而臺北地方法院的成長並不明顯，這可能是當時臺北以外的地方設定抵押權並不盛行，直到後來才逐漸成熟有關。

表 4-2　臺灣與臺北地方法院 1906～1934 年不動產買賣、設定抵押權（胎權）登記件數（部分）

年度	全臺不動產買賣登記件數	臺北地方法院不動產買賣登記件數	全臺不動產抵押權（胎權）登記件數	臺北地方法院不動產抵押權（胎權）登記件數
1906 年	23,162	1,424	9,425	2,172
1910 年	33,565	1,469	10,774	1,652
1914 年	39,236	1,739	18,165	2,074
1918 年	53,362	2,231	20,654	1,909
1922 年	59,233	2,398	23,329	2,448
1926 年	59,777	2,729	22,609	2,440
1930 年	57,108	2,529	35,917	3,017
1934 年	70,856	3,143	40,189	2,712

說明：土地抵押權在日治時期前俗稱爲胎權，原始資料亦使用「胎權」之稱呼。

資料來源：臺灣總督府官房文書課，《臺灣總督府第十統計書》（臺北：臺灣日日新報社，1908 年），頁 207～211；臺灣總督府總督官房統計課，《臺灣總督府第十四統計書》（臺北：臺灣日日新報社，1912 年），頁 140～143；臺灣總督官房統計課，《臺灣總督府第十八統計書》（臺北：臺灣印刷株式會社，1915 年），頁 190～195；臺灣總督官房調查課，《臺灣總督府第二十二統計書》（臺北：小塚印刷工場，1919 年），頁

230～237；臺灣總督官房調查課，《臺灣總督府第二十六統計書》（臺北市：松浦屋印刷部，1924 年），頁 195～197；臺灣總督官房調查課，《臺灣總督府第三十統計書》（臺北市：株式會社臺南新報社臺北印刷所，1928 年），頁 216～217；臺灣總督官房調查課，《臺灣總督府第三十四統計書》（臺北市：江里口商會印刷工場，1932 年），頁 234～235；臺灣總督官房調查課，《臺灣總督府第三十八統計書》（臺北市：松久商行印刷部，1936 年），頁 254～255。

　　有關臺灣近代都市與不動產市場的形成，又以臺北市與高雄市爲代表。臺北市是臺灣工商業的重心，係日本人居住最集中的地區，但日治初期臺灣動亂之下，日本來臺者不多且多爲官員。1905 年（明治 38）內公布的「臺北市區計畫」，只將大稻埕、艋舺及原臺北城內納入，當時發布市區計畫時預計 1929 年市內人口爲 15 萬人，但實際上 1922 年（大正 11）市內人口已有 18 萬餘人，其人口成長可見一班。〔註2〕都市人口擴大的結果首先衝擊最大的便是土地的需求，1920 年《臺灣日日新報》即報導臺北土地買賣熱潮：

　　　　某當局云。臺北土地買賣熱。自二三年來便爲旺盛。蓋交通運輸之途既開。市街膨脹。近接之土地買賣。自然昂騰。然亦爲家屋缺少。有以助長之。故目下雖爲財界搖動。有多少冷卻。然亦是交通之若何以爲起落。故買賣仍見旺盛。而廢墓地買賣尤多。近爲艋舺停車場移轉。下崁庄方面買者甚多。又大橋頭架橋成後。對岸江邊買者亦多。臺北市區計畫膨脹。究與既定計畫不合。或于淡水對岸建設市街。亦未可知。艋舺歡慈市街。目下地價每坪三十圓乃至四十圓。若由水門架橋至對岸。則地價必更昂。三板橋停車場將移轉。地價亦昂。要之。臺北土地熱。因此市區擴大。竟溢于市外云。〔註3〕

　　報導的 1920 年（大正 9）正好是「臺北市」正式改制之年，因此上篇新聞顯示出許多訊息。首先，該報導不但指出臺北近期的土地買賣熱潮，還指出造成熱潮的原因，例如交通運輸的發達，使得郊區來往市中心比以往較爲容易，使得部分市民將居處遷往郊區，造成市區的擴大，這也反應郊區土地的上漲。該報導還顯示出另一重要事實，就是當時臺北的都市計畫已經無法應付臺北市內的都市人口發展，最顯著的就是大橋頭橋完工後，吸引臺北市

〔註2〕　黃武達，《日治時代（1895～1945）臺北市之近代都市計畫》（臺北縣板橋市：臺灣都市史研究室，1997 年），頁 95。
〔註3〕　〈土地買賣熱〉，《臺灣日日新報》，第 7179 號，1920 年 6 月 5 日，5 版。

人移居到淡水河的對岸（即今日三重），爭相到對岸購買土地，顯示臺北的土地熱潮已不侷限在市內，已經影響到市外的郊區。臺北市區的不斷向外擴展，也迫使政府當局在 1920 年代後發布市區計畫，將原臺北市區外納入計畫管理，1932 年（昭和 7）更正式大幅修訂「臺北市區計畫」，將市區範圍擴大到基隆河以南、新店溪以北，即今日的松山地區，計畫範圍由原本 1905 年的 720 公頃擴展到 6,676 公頃，已有把臺北市建構成大都會之遠景。〔註 4〕

高雄市在日治時期前還只是臺南的附屬港口，但在高雄港的建立，以及淺野財閥打造的「哈瑪星」街區的繁榮之下，使得高雄成爲新興的港灣都市，其都市地位的確立，以 1920 年（大正 9）臺灣總督府發布改革地方制度影響最大。1920 年臺灣改爲州、市、街庄制度之下，高雄自原本臺南廳下獨立成州，代表原附屬於臺南廳下的高雄市（原爲臺南廳打狗支廳所在地，1924 年正式改制爲高雄市後成立高雄市役所）成爲高雄州的行政中心。在改制的「話題」之下，引發當地的不動產市場熱潮，據當年《臺灣日日新報》報導：

> 打狗自十餘年前。計畫築港。南部船舶輸出入貨物。皆萃於此。⋯。地價一坪。初不過四五圓。乃至十數圓而已。今以區區支廳地狃變爲高雄州。將成一大都會。昨今無怪一坪四五圓者。驟漲爲二三十圓。十數圓者驟變爲五六十圓。致整地會社〔註 5〕。一株繳納五十圓。時價五十餘圓。今一躍至三百餘圓。聞苓雅寮陳姓有一建物敷地在該處。原按賣四萬餘圓，此次竟賣三十萬圓。〔註 6〕⋯

由上面報導可知，在改制後高雄預期成爲「一大都會」之下，引發了土地炒作的熱潮，土地價格短期上漲了 4 到 5 倍以上，就連上章所述 1909 年成立，卻在 1920 年面臨解散清算的打狗整地株式會社股票，因爲預期清算後能取得的土地利益，其市價亦遠超過其面值 5 倍以上。另外地價的上升也反映土地租金的上漲，表 4-3 爲報載臺灣土地建物株式會社高雄出張所在 1920 年 9 月調漲的高雄土地租金。由表可知調整後土地租金至少上漲了二成以上，其中新濱町由於最靠近火車站所以租金最高，調整後爲 3～3.5 圓，其次爲「哈瑪星」所在地的湊町等，至於鹽埕町與堀江町雖然當時開發有限，但調整後租金上漲了一倍，代表看好當時的發展潛力。

〔註 4〕 黃武達，《日治時代（1895～1945）臺北市之近代都市計畫》，頁 95～97。
〔註 5〕 即打狗整地株式會社，該年宣布解散清算。
〔註 6〕 〈高雄地價澎漲〉，《臺灣日日新報》，第 7277 號，1920 年 9 月 11 日，5 版。

表4-3　臺灣土地建物株式會社1920年9月高雄土地租金調整表（部分）

町　別	每月土地租金（圓／每坪）		備　註
	調整前	調整後	
新濱町	2	3	
新濱町	2.5	3.5	
湊町	1.4	1.8	五間之房屋，面臨道路
山手町	1.5	1.8	五間之房屋，面臨道路
山下町	1.5	1.8	五間之房屋，面臨道路
山下町	1.	1.2	五間之房屋，面臨道路
鹽埕町	0.5	1	
堀江町	0.5	1	

說明：「間」為日治時期房地產使用之長度單位，1間的正方形即為1坪。

資料來源：〈高雄の改正地料〉，《臺灣日日新報》，第7284號，1920年9月18日，7版。

　　臺北與高雄所代表的都市化，象徵日治時期政治逐漸穩定與工商業的發達，逐漸形成都市人口的增加條件。當人口逐漸向都市集中時，「住」的需求與衍生經營商業的需要，成為不動產市場與產業發展的有利環境。日治時期不動產市場影響臺灣最大的便是「坪」成為不動產交易的民間常用單位。「坪」曾是日本平安時代（794～1192年）用來土地區劃管理的單位，另有一種定義則是來自於中國，後來在日本發展的日式度量衡「尺貫法」中衡量面積的單位，明治時期後將1坪定為約3.31平方公尺。〔註7〕日治時期由日本傳來臺灣後，約在1902年便已在不動產市場廣泛使用，〔註8〕當時經常使用的面積單位還有「疊」（日本的塌塌米，相當於0.5坪）、「間」（長度單位，1間的正方形即為坪）等。戰後臺灣與日本相同，在不動產登記面積上均使用平方公尺，但至今「坪」依然在臺灣民間廣泛使用，便是受到日治時期的影響。

　　以經濟上供需原則而言，不動產市場至少有經營不動產投資與出租的「供給者」，與購買、承租不動產作為居住、經營的「需求者」，以下將此構成分析如下。

〔註7〕　經濟史研究会，《日本經濟史辭典　下卷》（東京都：株式会社日本評論社，1965年），頁1092。

〔註8〕　〈臺北の地代〉，《臺灣日日新報》，第1392號，1902年12月20日，2版；〈臺北家賃の平均價格〉，《臺灣日日新報》，第1381號，1902年12月9日，2版。

二、供給者之結構：不動產投資者與出租者

不動產市場由上述可知是隨著工商業發展的都市化而逐漸擴展，而不動產業便是不動產市場中最重要的供給者。1923 年（大正 12）商法適用於臺灣後，臺灣便興起了不動產會社成立的熱潮。1936 年（昭和 11）出版的《臺灣銀行會社錄（昭和 12 年版）》，第五類的「土地 建物 拓殖 物產」共收錄了 203 家在臺不動產會社，除了上章所提到的不動產會社外，其餘都是在 1919 年以後所成立，代表近 20 年之內不動產會社有驚人的成長。〔註9〕

以臺北市為例，1936 年（昭和 11）總店設於臺北市者共有 42 家會社，其中株式會社 28 家、合資會社 13 家、合名會社 1 家，其資本金整理如表 4-4（詳如附錄一），〔註10〕由表中可知，臺北市內不乏有超過 50 萬圓以上的大型會社，包含 150 萬圓的臺灣土地建物株式會社在內，而且全是株式會社的組織，相形之下，合資會社與合名會社的資本金均在 25 萬圓以下，甚至有一半以上的會社不滿 5 萬圓，反映合資會社與合名會社多是中小企業的型態。

表 4-4　臺北市 1936 年不動產會社資本金

會社型態	株式會社		合資會社		合名會社		合計	
資本金	家數	百分比	家數	百分比	家數	百分比	家數	百分比
50 萬圓以上	8	29%	0	0%	0	0%	8	19%
25 萬圓以上不滿 50 萬圓	6	21%	0	0%	0	0%	6	14%
10 萬圓以上不滿 25 萬圓	3	11%	2	15%	1	100%	6	14%

〔註9〕 鹽見喜太郎，《臺灣銀行會社錄（昭和 12 年版）》（臺北：臺灣實業興信所，1936 年），頁 44～86。

〔註10〕 本文包含表 4-4 之「資本金」均指「實收資本金」（日本稱為「拂入金」），以合資會社與合名會社而言即各社員出資的總額，至於株式會社之實收資本金，依《臺灣銀行會社錄（昭和 12 年版）》計算如下：1.如同時列出資本金及實收資本金，為實收資本金。2.如載有每股面額及每股實收資本金，則實收資本金＝資本金／每股面額×每股實收資本金，如大有物產株式會社 1936 年之資本金為 3,000,000 圓，每股 50 圓各實收 15 圓，則實收資本金＝3,000,000／50×15＝900,000 圓。3.如載有完整財務報表資料或平衡表，則實收資本金＝股金－未收股金，如瑞芳營林株式會社之 1936 年股金為 1,000,000 圓，未收股金為 750,000 圓，則實收資本金＝1,000,000－750,000＝250,000 圓。

5 萬圓以上不滿 10 萬圓	4	14%	2	15%	0	0%	6	14%
2 萬圓以上不滿 5 萬圓	5	18%	4	31%	0	0%	9	21%
不滿 2 萬圓	2	7%	5	38%	0	0%	7	17%
合計	28	100%	13	100%	1	100%	42	100%

資料來源：本文附錄一整理自《臺灣銀行會社錄（昭和 12 年版）》，頁 44～86。

　　1919 年以後在臺北市成立的不動產會社中，又以板橋林家所成立的不動產會社規模最大。如第二章所述，板橋林家是清代靠著土地開墾與官商合作累積不動產資本的家族，日治時期受到家長林維源避居中國，〔註 11〕與林維源死後子孫爭產的影響，〔註 12〕已不如清末的風光，但以 1921 年（大正 10）以後其成員所相繼成立的會社規模而言，依然超過日資的不動產會社，表 4-5 為板橋林家在臺北市所創辦的不動產會社。由表中可知，板橋林家以 1921 年由林維讓長孫林熊徵所創辦的「大永興業株式會社」最早，實收資本金 135 萬圓也是最多，除了與臺灣土地建物株式會社的 150 萬圓接近外，1924 年持有不動產帳面價值高達 569 萬餘圓，甚至超過同時間臺灣土地建物株式會社的 412 萬餘圓。〔註 13〕值得注意的林熊徵也是 1908 年擔任臺灣土地建物株式

〔註 11〕 1895 年日軍來臺前夕臺灣仕紳成立「臺灣民主國」時，林維源為板橋林家的重心，被眾人被推為議長，但他了解抗日不可能成功，加上林家中國大陸也有產業，因此就避走廈門，從此林維源至 1905 年去世為止不曾返臺。在板橋林家避走廈門後，臺灣事業一時處於真空狀態，為了保存家產起見，林維源決定在日本規定 1897 年 5 月 8 日由臺灣人決定是否成為日本臣民的大限前，將他的兒子林祖壽、三房林維得的兒子林彭壽回臺，並入日本籍，其中林彭壽被舉為板橋林家的總保證人，他在日治初期土地調查時，提供產權的文件，確保祖產。見許雪姬，〈日治時期的板橋林家——一個家族與政治的關係〉，收錄在張炎憲、李筱峯、戴寶村編，《臺灣史論文精選》（臺北市：玉山社出版事業股份有限公司，1996 年），頁 85～93。

〔註 12〕 林維源在生前已經將財產精密調查，分為六個字號公平處置給林維讓、林維源及林維得的子孫，卻仍在明治末年的分家時，為了財產問題而互相爭執，甚至對簿公堂。為了解決此問題，除了 1910 年成立「祭祀公業林本源」，將林家住宅、園邸、租館、建地均歸祭祀公業所有，其餘財產在總督府列入協調之下分配完成。見許雪姬，〈日治時期的板橋林家——一個家族與政治的關係〉，頁 93～94。

〔註 13〕 1924 年 3 月臺灣土地建物株式會社土地與房屋帳面價值為 412 萬餘圓，見臺灣土地建物株式會社，《第二十四回營業報告書》，頁 9～10。不過應注意的是前述已指出臺灣土地建物株式會社持有土地的市價遠超過其帳面價值，因此如以市價來比較則難以定論。

會社的發起人與初期股東，並在 1920 年至 1941 年（昭和 16）擔任該會社之取締役，是該會社歷年來最重要的臺灣人代表，也就是說當時臺灣規模最大的不動產業他都擔任重要職位，其影響力可見一班。

在林熊徵的帶領之下，板橋林家成員也紛紛在 1920 年代以後創立不動產會社，1921 年（大正 10）除了林熊徵的「大永興業株式會社」外，同年也成立由林維源孫林鼎禮所創辦的「訓眉建業株式會社」，資本金 125 萬圓，1924 年不動產帳面價值爲 263 萬餘圓，均僅次於大永興業株式會社。板橋林家成員僅以在臺北市所成立的不動產會社資本金便高達 500 萬圓，遠超過臺灣土地建物株式會社的 150 萬圓。除了上述林熊徵以取締役與股東入主臺灣土地建物株式會社外，板橋林家 1934 年起也以次大股東身分入主臺灣地所建物株式會社，林熊徵的胞弟林熊祥擔任取締役，就連板橋林家的親信如許丙、張園、張國清等也成立自有的不動產會社，〔註14〕可見板橋林家在不動產業地位之顯赫。

表4-5　1936年板橋林家在臺北市的不動產會社

會社名	設立年月	實收資本金（1936年）	取締役社長（代表取締役）	取締役	監察役	1924年帳面持有不動產價值	備註
大永興業株式會社	大正 10 年 3 月	1,350,000	林熊徵	張園、張國清	許智貴、吳國治	5,691,544	林維讓長孫
大有物產株式會社	大正 11 年 2 月	900,000	林熊祥	汪明燦、迫田茂	友田勇、周碧	1,122,361	林維讓孫
朝日興業株式會社	大正 11 年 1 月	250,000	林熊光	陳振能、蔡法平	林文子、施氏翔	676,313	林維讓孫
福興建業株式會社	昭和 9 年 5 月	50,000	林熊光	張松、林履信	林鼎禮、林氏阿謹		林維讓孫
訓眉建業株式會社	大正 11 年 12 月	1,250,000	林鼎禮	張松、龔鼎煌	林履信、陳曉孫、林周氏竹君	2,637,661	林維源孫

〔註14〕1936 年在臺北市成立的不動產會社，由許丙、張園、張國清擔任社長有臺灣農林株式會社（資本金 50 萬元）、昭和拓殖株式會社（資本金 15 萬元）、協益拓殖株式會社（資本金 4 萬圓）、永大實業株式會社（資本金 40 萬圓）、永昌產業株式會社（資本金 5 萬圓）、協成土地建物株式會社（資本金 2 萬 5 千圓）、新新興業株式會社（資本金 2 萬 5 千圓）等。詳見附錄一。

林本源柏記產業株式會社	大正 11 年 9 月	700,000	林柏壽	林陳氏瓊枝、林祖壽	郭廷俊	878,319	林維源二子
林本源興殖株式會社	大正 12 年 3 月	250,000	林松壽	林祖壽、林張氏妙瑛	林黃氏進喜、王氏玉瑛		林維源三子
鶴木產業株式會社	大正 14 年 3 月	250,000	邱木	林鶴壽、林蘇氏鹽椴、賴流	林楊氏三妹、林文欽		林鶴壽為林維得次子

說明：林維讓、林維源均為林國華子，林維得為林國華養子，三人均為板橋林家創業者林平侯的第三代。

資料來源：本文附錄一整理自《臺灣銀行會社錄（昭和 12 年版）》，頁 44～86；杉浦和作，《第五版　臺灣會社銀行錄》（臺北：臺灣實業興信所，1924 年），頁 104～106。

　　日治時期的不動產業許多都是地方的大地主，例如臺灣土地建物株式會社1926 年（大正 15）3 月在臺北市的土地有 18 萬 4 千餘坪，在基隆市包含山地在內的土地有 40 萬 5 千餘坪，其中有 15 萬餘坪在基隆市區。〔註15〕該會社之所以成為基隆的大地主，主要係因合併中立起業株式會社的緣故，至於臺北的土地是以自有的財力逐年取得與開發，尤其以「大正街」的開發最為成功。另外淺野總一郎成立的臺灣地所建物株式會社是高雄「哈瑪星」地區的土地開發者，自然也是該地的大地主。至於其他地主方面，在第二章曾提到在 1899 年，李春生、板橋林家、久米民之助、賀田金三郎等都是當時臺北市的主要地主（詳表 2-4），1922 年的亦報導臺灣土地建物株式會社、李春生、片倉組、澀谷嘉助、久米組（即久米民之助）是當時臺北市的主要地主。〔註16〕

　　相對於地主，日治時期的房東結構明顯複雜得多，尤其是日治初期成立的大型不動產業雖然都是「大地主」，但不見得都是「大房東」，例如臺灣地所建物株式會社自始自終房租收入極低，顯然不是「大房東」；高雄由荒井泰治成立的打狗土地株式會社的財產帳上也僅有土地沒有房屋，代表也完全沒有從事房屋經營。〔註17〕至於臺灣土地建物株式會社雖然在臺北、基隆有許

〔註15〕有關 1926 年 3 月底該會社持有土地面積詳臺灣土地建物株式會社，《第二十八回營業報告書》，頁 3。

〔註16〕〈等閑に附されたる　我都市の土地政策（二）〉，《臺灣日日新報》，第 7938號，1922 年 7 月 4 日，3 版。

〔註17〕鹽見喜太郎，《昭和拾二年版臺灣會社銀行錄》（臺北：臺灣實業興信所，1936年），頁 80。

多房屋（1920 年 3 月底在臺北、基隆各有 77、105 戶之房屋），可以算是「大房東」，但跟它持有的土地相比完全不成比例。〔註18〕

　　由於日治時期缺乏房東的調查資料，因此有關房東的結構只能從部分報章雜誌對於房租收入的資料推測。自 1909 年（明治 41）起臺北廳對於房屋出租收入達一定金額者，應課徵 1% 的房租出租收入稅，表 4-6 為 1909 年臺北廳所調查的房屋出租收入與收入稅資料，由表中可知當時房屋出租收入以李春生為最高，而且還是第 2 名的賀田金三郎的 3 倍以上，因此李春生毫無疑問是當時臺北廳內的「大房東」。據 1908 年報導，表中所列之房東其所有出租房屋均有「數十戶以上」（除山口力及當時剛成立的臺灣土地建物株式會社以外），其他被報導有「數十戶以上」之房東包含久米組（即久米民之助）、大倉組等。〔註19〕另外由表中可知除了李春生、辜顯榮等漢人，與臺灣建物株式會社等會社以外，還有許多以個人名義投資不動產的來臺日人，其中有以支店店長經營者來臺，因經營成功而擁有眾多不動產者，如賀田金三郎、今井五介等，也有來臺白手起家致富者，如平田藤太郎、下永兼敏等。

表 4-6　1909 年臺北廳內房屋出租收入達 5,000 圓以上之屋主

屋主名	居住地	房租收入（圓）	房租收入稅（圓）	備　註
李春生	臺北	36,000	360	
賀田金三郎	臺北	9,600	92	前大倉組臺北支店店長，賀田組創辦人
今井五介	臺北	9,000	90	片倉組臺灣支店經營者
中立起業株式會社	基隆	8,200	82	隔年為臺灣建物株式會社合併
臺灣建物株式會社	基隆	8,000	80	1908 年創業
平田藤太郎	臺北	7,000	70	新起街知名雜貨商，在全臺分店多數
下永兼敏	臺北	7,000	70	前郵政總局會計課長，日治初期金融授信業者

〔註18〕該會社至 1920 年 3 月底止，在臺北有 77 戶、約 2,745 坪；在基隆有 105 戶、約 2,108 坪之房屋，但該會社同時間在臺北、基隆市區各有 159,549 坪、139,773 坪之土地。見臺灣土地建物株式會社，《第十八回營業報告書》，頁 2～5。
〔註19〕〈日日草〉，《臺灣日日新報》，第 2905 號，1908 年 1 月 9 日，3 版。

三四銀行	基隆	7,000	70	
山口力	基隆	7,000	70	
辜顯榮	臺北	5,200	52	

資料來源：〈廳下貸家所有者〉，《臺灣日日新報》，第 3478 號，1909 年 12 月 1 日，2 版；大園市藏，《臺灣人物誌》（臺北：古澤書店，1916 年），頁 227、283、301。

　　表 4-7 為 1911 年（明治 44）臺北廳的被課稅的房屋出租收入資料。由表中可知，當年日人的被課稅房租收入為 27 萬餘圓，納稅人數為 90 人，臺灣人的被課徵房租收入為 10 萬餘圓，納稅人數為 19 人，以上房租收入與納稅人數日本人均大於臺灣人，表示當時主要房東日本人多於臺灣人。如果以納稅人的房租收入計算平均房租收入，日本人平均為 3,003 元，臺灣人為 5,408 元，以 1 坪每月房租 2 圓、房屋每戶 8 坪計算的話，[註20] 代表表中的納稅者日本人相當於有 15 戶的出租房屋，而臺灣人約有 28 戶。值得注意的是今板橋區內的納稅者均為板橋林家成員，代表板橋林家僅是板橋地區的房租收入便高達 2 萬 2 千餘圓，相當於有 115 戶的出租房屋，因此為當時的「大房東」應無疑問。

表 4-7　1911 年臺北廳內課徵房租收入稅的人數與課稅金額

類　別	地　區	當年房租收入（圓）	人　數	平均每人房租收入（圓）	備　註
日本人	艋舺區	195,507	67	2,918	
	大稻埕區	19,600	5	3,920	
	古亭庄區	6,750	2	3,375	
	基隆區	44,640	14	3,189	
	滬尾區	4,000	2	2,000	
	合計	270,297	90	3,003	
臺灣人	艋舺區	6,300	3	2,100	
	大稻埕區	74,200	13	5,708	
	枋橋區	22,260	3	7,420	3 人均為板橋林家
	合計	102,760	19	5,408	原資料加總有誤

資料來源：〈臺北廳貸家稅〉，《臺灣日日新報》，第 4091 號，1911 年 10 月 14 日，1 版。

[註20] 依 1912 年 1 月的報導，當時臺北城內的房屋約 1 坪 2 圓，見〈家賃值下の急務〉，《臺灣日日新報漢文版》，第 4174 號，1912 年 1 月 11 日，7 版。另外根據臺北市 1935 年的調查，臺北市 3 房以上之房屋平均坪數約為 7.65～8.55 坪之間，見臺北市役所社會課、臺北市社會事業助成會，《臺北市に於ける中間層俸給生活者住宅調查》（臺北市：臺灣日日新報社，1936 年），第二部頁 6。

　　另外，從部分書籍雜誌也可得知部分來臺之日本人靠者努力經營，除了成爲該行業的翹楚外，也靠者不動產投資成爲當地的資產家，如松田繁義是高知縣人，東京齒科學校畢業後，於 1908 年來臺創辦松田齒科醫院並擔任院長，靠者傑出的醫術與經營，成爲當時牙科的權威，其儲蓄大多用來投資土地，1931 年時已經是擁有 3 萬坪土地的大地主；〔註21〕川本澤一是廣島縣人，1908 年奉有馬組來臺監督陸軍的糧食搬運之人力調度，後來創立川本組從事土木工程，1931 年號稱資產有百萬圓以上，臺北市周邊有土地 2 萬坪、房屋約 20 戶；〔註22〕村井房吉亦爲廣島縣人，1899 年以盛進商行之主要經營者來臺，隨後獨立開業村井商行販賣雜貨，其資產也號稱數十萬，擁有土地房屋多數，並以不動產租借作爲副業；〔註23〕松村政太郎早期來臺從事古物販賣，靠者努力經營成爲擁有 50 萬圓的資產家，其擁有房屋多數位於新起町（今西門町）的黃金地段，但也因爲對房客態度強硬，所以被冠上「鬼政惡家主」的不佳名聲。〔註24〕

　　綜上所述，日治時期不動產業許多都是當地的大地主，另有許多來臺日本人靠者白手起家，成爲當地的土地持有者，但除了李春生、板橋林家可證明爲當時的「大房東」以外，日治初期大型不動產業也只有臺灣土地建物株式會社符合「大房東」的資格，至於臺灣地所建物株式會社幾乎沒有從事房屋出租的經營，至於其他的房東以平均收入來看，也不算是大規模的經營。由下節可以得知，日治時期的不動產業比起房屋更重視土地的經營，甚至經常有「養地」、「炒地」的行爲，究其原因有以下兩點：（一）土地不像房屋有折舊、折損的疑慮，加上日治初期臺灣土地極爲便宜，因此成爲日資來臺初期的投資標的，因此就如同下節所述，日治時期土地的價格漲幅極爲快速，而土地投資的獲利極高的結果，使得臺灣不動產業多數競逐於土地的投資炒作，相形之下便影響房屋的投資意願；（二）房屋的經營遠比土地經營複雜，除了房屋有破損甚至因天災而倒塌的疑慮外，房客的管理與糾紛處理也遠比土地承租困難，因此房屋的經營所需的成本較高，即使是當時臺灣最大的臺

〔註21〕 大園市藏，《臺灣人物誌》（臺北：古澤書店，1916 年），頁 177；臺灣事業通信社，《臺灣の事業人と土地》（臺北市：臺灣事業通信社，1931 年），頁 74～77。
〔註22〕 臺灣新民報社調查部，《臺灣人士鑑》（臺北：株式會社臺灣新民報社，1934 年），頁 99；《臺灣の事業人と土地》，頁 78～80。
〔註23〕 《臺灣人士鑑》，頁 390；《臺灣の事業人と土地》，頁 83。
〔註24〕 〈他人の物を賣飛ばす〉，《臺灣日日新報》，第 2102 號，1905 年 5 月 7 日，7 版；《臺灣の事業人と土地》，頁 81～82。

灣土地建物株式會社，也很難像土地一般從事房屋的大規模經營，因此也有像臺灣地所建物株式會社就採取幾乎完全不經營的政策。

三、需求者之結構：不動產居住者與承租者

不動產的需求者除了居住在房屋的民眾以外，也包含承租房屋營業的店家等。表 4-8 為 1907 年臨時戶口調查針對全臺 48 萬餘戶住家的調查結果。由表中可知，以總數而言土地房屋皆自有者佔總戶數的 1 半以上，其次是土地與房屋皆承租者，再其次為承租土地但房屋自有者，至於自有土地但承租房屋者極其罕見。以上結構依種族而有不同變化，例如在臺日人土地與房屋皆承租者占了 9 成以上，其他均不到 1 成，外國人也跟在臺日人類似，至於漢人以土地與房屋皆自有佔 4 到 5 成為最多，其次為土地與房屋皆承租者，與總體結構類似，至於原住民如為熟蕃則與總體結構類似，但生蕃則絕大多數都是土地與房屋皆自有。以上分析可知臺灣人因為身為本土居民，土地與房屋許多為自有，但也有土地或房屋為承租者，相形之下在臺日人與外國人類似，由於身為外來者，多數人並沒有在臺灣深根的打算，加上來臺工作者許多都有房租補貼之補助，因此土地與房屋為承租佔了絕大多數。

表 4-8　1907 年臺灣各種族住家土地、房屋自有、承租狀況百分比

（單位：％）

種族別	自有土地 自有房屋	自有土地 承租房屋	承租土地 自有房屋	承租土地 承租房屋
日人	0.89	0.02	4.18	94.91
福建籍臺人	55.51	0.19	18.66	25.64
廣東籍臺人	42.23	0.13	17.71	39.93
其他漢人	43.27	0.00	23.40	33.33
熟蕃	59.54	0.09	28.25	12.12
生蕃	98.40	0.00	0.53	1.07
外國人	1.98	0.00	4.96	93.06
總人口	**52.73**	**0.17**	**18.03**	**29.07**

資料來源：〈本島社會之現象〉，《臺灣日日新報漢文版》，第 2605 號，1907 年 1 月 10 日，3 版。

　　至於 1920 年第一次國勢調查中針對臺北州 14 萬餘戶的住家土地、房屋
自有、承租狀況百分比如表 4-9。由表中可知，以當時臺北州而言以土地房屋
皆爲承租者占的比例最高，達到接近 1 半，其次爲土地房屋皆爲自有。以種
族而言日人與外國人幾乎都是土地、房屋皆爲承租，與上述 1907 年的統計結
果相同，至於漢人也是土地房屋皆爲承租占多數，均爲自有只有約 3 成 5，至
於原住民房屋爲承租者接近 6 成，只有不到 4 成爲土地房屋均爲自有，可能
是因爲漢人與原住民許多是從外地至臺北討生活者，因此臺北州臺灣人的自
有土地房屋均比 1907 年全臺比例較低。

表 4-9　1920 年臺北州各種族住家土地、房屋自有、承租狀況百分比

（單位：％）

種族別	自有土地 自有房屋	自有土地 承租房屋	承租土地 自有房屋	承租土地 承租房屋
日人	1.43	0.04	5.09	93.44
漢人	35.58	0.28	21.47	42.67
原住民	39.02	0.55	39.56	20.87
外國人	1.19	0.00	2.94	95.87
總人口	**30.89**	**0.25**	**19.27**	**49.59**

資料來源：臺灣總督府臨時國勢調查部，《大正九年十月一日第一回臺灣國勢調查（第
三次臨時臺灣戶口調查）集計原表（州廳ノ部》（臺北：盛文社，1924 年），頁 946。

　　1935 年由臺北市役所辦理的受薪者住家狀況，包含受薪者各階層自有房
屋、房租、宿舍補助狀況，其數據整理如表 4-10。由表中可知，以整體而言
在臺北市受薪者有 8 成以上住家爲承租，比起上述臺北州近 5 成高出許多，
但收入愈高者自有房屋的比率愈高，例如月收 201～250 圓階層的自有房屋接
近 4 成，但表中收入最低的 50～60 圓階層自有房屋僅 4.15％。由表中還可得
知收入愈高者，平均房租與平均宿舍補助便愈高，反映薪資愈高者愈有能力
承租價格較高的住宅，另外以房租佔其收入百分比可以發現，收入越低者房
租占其收入比例愈高，反映收入愈低者由於幾乎都是承租房屋的狀況下，房
租的負擔也愈重。

表4-10　1935年臺北市受薪者自有房屋、房租、宿舍補助狀況

每月收入（圓）	房屋自有百分比（％）		平均房租（圓）	房租佔其收入百分比（％）	平均房租補助（圓）
	自有房屋	承租房屋			
50～60	4.15	95.85	11.14	20.25	7.69
61～70	5.55	94.45	12.75	19.62	9.99
71～80	8.15	91.85	14.39	19.19	11.63
81～90	10.36	89.64	15.44	18.16	12.88
91～100	6.58	93.42	16.48	17.35	13.11
101～120	10.73	89.27	18.85	17.14	17.22
121～130	11.36	88.64	20.42	16.34	17.46
131～150	21.65	78.35	21.71	15.85	18.87
151～170	21.27	78.73	24.01	15.01	21.26
171～200	29.24	70.76	26.78	14.48	21.61
201～250	36.84	63.16	32.03	14.24	28.55
總計	**13.07**	**86.93**			

說明：房租及宿舍補助佔其收入百分比之分母，係以月收級距之中位數來計算，如月收50～60為55，月收61～70為65，以此類推。

資料來源：整理自臺北市役所社會課、臺北市社會事業助成會，《臺北市に於ける中間層俸給生活者住宅調查》（臺北市：臺灣日日新報社，1936年），第三部頁3～15。

　　由以上分析可知，日治時期的臺灣雖然許多臺灣人擁有自己的土地住宅，但不論是土地與房屋承租市場均非常廣大，尤其是來臺日本人由於身為外來者與有提供房租補貼之因素下，承租更為普遍，另外愈都市化的地區房屋承租需求愈高，而且是不分種族，但收入愈高者也愈有可能購買住宅自用，相反的低收入階層不但無力購買不動產，而且房租占其生活支出愈高，一旦房租上漲所帶來的生活痛苦則愈為強烈。

第二節　市場價格與景氣──以臺北市為例

　　上節討論日治時期臺灣不動產市場的結構，本節則以臺北市為例，探討當時臺灣不動產的價格與景氣，這些資料除了 1935 年臺北市當局所做的調查外，少有官方的統計資料，所幸房地產價格為當時的主要社會問題之一，因此經常出現在報章中，成為本節分析的主要材料。

一、臺北市的地價行情

　　日本統治時代前，臺灣的不動產價格極為低廉，尤其是因明治維新近代化而資本雄厚的日資而言，日本來臺統治後，由於初期兵荒馬亂造成部分臺灣人離屋逃跑，與少數臺灣人選擇在日本公布入籍日本大限前選擇離開臺灣，離開臺灣前轉賣在臺財產等因素，讓日資有可趁之機大舉購買臺灣不動產，例如有傳聞指出久米民之助購買新起街（今西門町）一丁目 3,000 坪土地，一坪僅約 0.43 圓，內田孝太郎購買第一小學校及郵局（今臺北北門及中華路附近）周邊 20,000 坪土地，一坪也僅 0.6 圓，〔註25〕但畢竟當時政局不穩、來臺者不多、不動產登記制度未全下，來臺投資不動產的風險亦高，帶有「投機」的性質。

　　隨者日資大舉來臺投資不動產，臺北不動產也迅速水漲船高。依 1900 年的報導，臺北城內最為繁榮的北門街（今博愛路）東側一坪為 30 圓，西側為 10～20 圓，府前街的地價也跟上述相差不遠，代表短短 5 年內，臺北城周邊土地至少漲了 10 幾倍以上。〔註26〕表 4-11 為 1902 年臺北市內土地價格的行情（表中土地等級，為政府作為課徵房屋租金稅的依據），由表中可知，市內的價格以北門街與府前街為最高，其中府前街的一等地平均價格達 13 圓，雖然比 1900 年報載的價格為低，但依然比日本來臺初期高出不少，另外以日本人為主的臺北城內與鄰近的西門周邊，都比臺灣人為主的艋舺與大稻埕地區為高，其中艋舺又高於大稻埕。由於艋舺與大稻埕的土地已多為臺灣人所有，加上日本人看好臺北城內成為臺灣行政中心的潛力，因此成為該地地價快速上漲的因素。

〔註25〕　赤烏帽子，〈領臺當時的地價及生活費〉，《臺灣官民奇聞情話》（台北：台南新報社台北印刷所，1925 年），頁 19～20。
〔註26〕　〈借家料の低落〉，《臺灣日日新報》，第 621 號，1900 年 5 月 30 日，5 版。

表 4-11　1902 年臺北市平均土地價格表　　　　　（單位：圓／每坪）

地　點	一等價格	二等價格	三等價格	四等價格	平均價格
北門街	11	8	5	無	8
府前街	13	9	4.5	無	8.8
西門街	12	9	7.5	無	9.5
府後街	10	8	4.5	無	7.5
新起街	8	6	2.3	無	5.3
艋舺	9	6	4	1.5	5
西門外街	7	6	無	無	6.5
大稻埕	7	5	3	1	3.4

資料來源：整理自〈臺北の地代〉，《臺灣日日新報》，第 1392 號，1902 年 12 月 20 日，2 版。

　　1901 年起的慢性不景氣，造成地價逐漸下滑，據 1906 年的報載：「因商況衰頹，家屋賃（房租）遂逐年下落，若田園則轉騰貴，其買賣價格，漸次高昂。据田地者，比据宅地利益較多，故多放資於田園。家賃下落，其間尤有特甚之處，不但家屋稅比數年前全無減少，即其他諸費用，亦入不供出，該地主屋主，自然欲賤賣之也。」〔註 27〕點出因爲不景氣的關係，房租無法支應稅捐（家屋稅）等費用之下，反而購買田地還能享有地價上漲之利益，造成地主與屋主紛紛賣出土地，這也是部分早期臺北地主退出不動產經營之理由。

　　1911 年臺北的土地價格又再一次大漲，主要是因爲當年 8 月的颱風，造成臺北市區淹水災情極爲慘重，許多房屋倒塌與損壞，日本政府有意藉這次房屋損壞的機會，將該地區做徹底的重建，這時許多日本人眼見重建的商機而購買土地，造成土地價格上漲。據當年 10 月報載：

　　　　從來臺北之地價。在西門街大路及府前街大路。每坪爲五十
　　　　圓。在府後街大路。則約三十圓。至客月初旬之風水害過後。西門
　　　　街及府前街大路。則昂爲六七十圓。府後街大路。昂爲四十圓左右。

〔註 27〕〈臺北市家屋行情〉，《臺灣日日新報（漢文版）》，第 2429 號，1906 年 6 月 7 日，6 版。

而稻艋亦因而騰貴。蓋為內地人因此次家屋倒壞為機，欲購地以建
者多也。〔註28〕

另外同月底的報導，更詳細報導當時購買土地熱潮的動機：

> 臺北市內土地之價格。日益昂騰。…。其價在西門街。無帶屋
> 宇者。每坪四十圓至六十圓。在府前街者。每坪平均五十圓。在府
> 直街者。每坪平均四十圓。是等有為欲建自己店舖者。有乘風水害
> 後財產狀態變動而買之者。有購之以確實已店之基礎者。有見年年
> 地價昂騰。故投其餘資以購之者。彼購之者。大概以為地價之昂。
> 當不止此。過一二年後。當必有倍焉者。故不計利息如何。昨今購
> 買土地之熱。已達極點。然究之地價之昂。實不能如購者之所豫料。
> 故必如彼三十二三年之競買。其後地又大落。使買地之人皆招損失
> 也。如是者欲買土地之人。非深注意以籌不可也云。〔註29〕

由上兩個報導可以得知，1911年風災後西門街與府前街從原本的50圓上
漲到最高70圓，府後街則由30圓上漲至40圓。造成土地購買的熱潮，有利
用災後重建的機會，將營業場所大幅翻新而購買土地者，但亦有預期地價將
上漲，而以投資心態購買土地者，甚至有「不計利息如何」者，已經接近「投
機」的性質，該報還刻意警告「一頭熱」的投資人，將來如地價下跌，將面
臨巨大的損失。該報導過後僅半年，就報載土地買賣快速冷卻，地價急轉直
下之消息，證實了半年前的預測。〔註30〕

1920年前後的臺北市的「市制」改制，再度引發土地投資的熱潮：「臺北
土地買賣熱，自二三年來便為旺盛。蓋交通運輸之途既開，市街膨脹，近接
之土地買賣，自然昂騰。然亦為家屋缺少，有以助長之。故目下雖為財界搖
動，有多少冷卻，然亦是交通之若何以為起落，故買賣仍見旺盛，而廢墓地
買賣尤多。」〔註31〕但在1922年又再度冷卻，據當年報導：

> 臺北市內地價。於大正八九年好況時代。隨一般物價昂騰。其
> 在城內之商業區域。固不待論。市內外接續之區域。亦見騰貴。殊如

〔註28〕〈臺北地價貴騰〉，《臺灣日日新報（漢文版）》，第4079號，1911年10月2
日，2版。

〔註29〕〈昨今之土地熱〉，《臺灣日日新報（漢文版）》，第4106號，1911年10月31
日，2版。

〔註30〕〈土地熱の冷卻 地價下落せん〉，《臺灣日日新報》，第4226號，1912年3
月5日，1版。

〔註31〕〈土地買賣熱〉，《臺灣日日新報》，第7179號，1920年6月5日，5版。

御成街道附近。透高砂麥酒會社三板橋一帶。竝東門附近。前者水田
一坪。至高唱五圓內外。中如麥酒會社附近。以將來之工場地。猶被
人矚目。一時漲至十五圓。現則御成街道附近已跌至三圓乃至二圓五
十錢。猶尚乏人授手。一面麥酒會社附近。越過軌道前面一帶之土地。
亦以經濟界不況。事業縮少。資本短缺等。竝無人欲新設工場者。不
過住宅區域。有多少家屋建築而已。地價現崩至每坪二圓三十錢。城
內商業重要區域。比較好景氣時。每坪兩百圓內外。現在已廉有兩三
成。該區域買賣之人。比較的少。又大稻埕本島人商人間。及一部敢
於利者之人。於土地熱當時。承間買占。目下頗淪於悲境也。〔註32〕

　　由上面報導可知，臺北市內的商業地區在 1919～1920 年間曾上漲到 1 坪
200 圓左右，到 1922 年「廉有兩三成」，代表地價跌至 140～160 圓間，至於
市郊的御成街道（即臺北市區前往臺灣神社的道路）周邊，本來農田曾漲至 1
坪 5 圓，當時已跌至 2.5～3 圓，代表地價已下跌了 4 成以上，仍乏人問津。
報導還指出大稻埕的臺人商人，也跟者日資在幾年前加入搶購土地的熱潮，
卻在報導時慘遭套牢的困境。

　　表 4-12、4-13 整理報載 1925 及 1926 年臺北市土地價格，由表中可知，
這兩年的土地價格以 1925 年的永樂町的每坪 200 圓為最高，1926 年也有最高
160 圓，該地區位於大稻埕地區，在日治初期甚至還低於艋舺地區，但隨者成
為臺北市內最為繁榮的地區，該地也成臺北市的最高地價。至於臺北城地區
最繁榮的本町、榮町、京町靠近總督府、臺北車站等，地價最高為 150～180
圓，其中京町在 1928 年因為建築改建接近成功，每坪竟然曾有 300 圓的成交
價，成為當時臺灣第一，〔註33〕顯示臺北城地區繁榮也不輸大稻埕。至於艋
舺地區的地價最高也只有 30～50 圓，遠低於大稻埕與臺北城，反映上述日治
時期艋舺從繁榮轉向沒落的過程。〔註34〕

〔註32〕〈臺北市地價下落〉，《臺灣日日新報》，第 7922 號，1922 年 6 月 18 日，6 版。
〔註33〕〈臺北京町地價　一坪值三百圓　臺灣第一高價〉，《臺灣日日新報》，第 9956
　　　　號，1928 年 1 月 12 日，日刊 4 版。
〔註34〕據尹詩惠利用當時三市街的商業資料分析，發現 1933 年大稻埕是三市街中商
　　　　業最為繁榮的地區，至於臺北城內商業發展雖然不如大稻埕，但在 1922 年的
　　　　統計中曾超越其他兩者，且以高級商家為主，至於艋舺在日治初期雖然依然
　　　　繁榮，但隨者時間逐漸沒落，尤其被指定為特種營業場所後更每況愈下。見
　　　　尹詩惠，〈艋舺、大稻埕、城內機能之轉換〉，國立臺灣師範大學地理研究所
　　　　碩士論文，2000 年，頁 82～83、95～99。

表 4-12　1925 年 7 月臺北市土地價格

地　點	當時價格（每坪）	備　註
本町、榮町	最高 150 圓，二等地約 100 圓，三等地約 70 圓	臺北城地區，今中正區
永樂町	最高 200 圓，二等地 150 圓	大稻埕地區，今大同區
大正町、御成町	一等地 70 圓，二等地 50～60 圓，三等地 30 圓	臺北城北方原三板橋地區，靠近臺灣神社
萬華	一等地 30 圓，其餘在 30 圓以下	艋舺地區

資料來源：整理自〈首都地價不等〉，《臺灣日日新報》，第 9082 號，1925 年 8 月 21 日，日刊 4 版。

表 4-13　1926 年 6 月臺北市土地價格

地　點	當時價格（每坪）	備　註
榮町通	一等地 130～180 圓	臺北城地區，今中正區
本町通	100～150 圓	臺北城地區，今中正區
京町附近	100～130 圓	臺北城地區，今中正區
南門附近	25～35 圓	
東門	12～15 圓	
錦町	10～15 圓	臺北城南方古亭附近
萬華附近	30～50 圓	艋舺地區
西門町、壽町、築地町填海造陸地區	30～50 圓	艋舺地區，今萬華區
若竹町、八甲町	20～50 圓	艋舺地區，今萬華區
永樂町	100～160 圓	大稻埕地區，今大同區
太平町附近	50～100 圓	大稻埕地區，今大同區

資料來源：整理自〈釘附けになつてゐろ臺北市の地價〉，《臺灣日日新報》，第 9367 號，1926 年 6 月 2 日，夕刊 1 版。

　　隨者臺北的商業繁榮而造成的都市化，臺北市區也逐漸往外擴展，投資人購買農田，並期待將來都市擴展時成為建築用地，這也是臺灣土地建物株式會社在臺北最重要的投資策略。早在 1908 年報載，臺北城南方的古亭土地前一年每坪 0.6 圓，當時已上漲到 1.2～1.3 圓，〔註35〕1926 年古亭所在的錦町按表 5-9 已上漲至 10～15 圓。1929 年耳聞中崙及朱厝崙（今松山區）將成為新的臺北鐵道工廠，並預期將來為臺北的工業地帶，原本 1 坪 1～2 圓的地價便突然上漲至 3～4 圓。〔註36〕

　　另外就如同 1920 年所報導：「又大橋頭架橋成後，對岸江邊買者亦多。」〔註37〕隨者臺北市區的擴大，市區左邊的淡水河與新店溪一旦架起橋梁，對岸也成為土地買賣的熱區，例如 1925 年與三重連接的臺北橋已接近完工，「對岸之三重埔田地，與橋接近者已漸有人計畫建築舖屋，而地方派出所，亦新築宏壯，以是地價漸漸膨脹，與前好景氣時，不相上下」，〔註38〕1933 年連接萬華與海山郡板橋街（今新北市板橋區）的昭和橋完工，「道路附近一帶土地，加起一兩成」，〔註39〕代表一旦橋樑完工後，三重、板橋等臺北市的對岸也融入成為臺北市都會的一部分。

　　由上面報導的分析，可以得知雖然不動產價格有短期間的漲跌，但在 1895 到 1926 年間，土地價格不但上漲而且極為快速，以臺北城內地區而言，日軍來臺同時附近的北門 1 坪不到 1 圓，該街也不至於遠超過這個水準，但 7 年後的 1902 年，該區平均地價已有 7.5～8.8 圓，一等土地價格更高達 13 圓，而到 1911 年風災前每坪已到 30～50 圓，風災後上漲到最高 60～70 圓，1919～1920 年因為改制的土地買賣熱潮，每坪上漲到 200 圓，雖然之後買氣降低而下滑，1926 年仍有 100～180 圓，也就是說短短 30 年間，臺北城內的地價已上漲了至少 100 倍以上，雖然身為臺北市的鬧區，該地區的上漲可以算是日治時期中較為極端的情形，但與上述其他地區比較下來，土地價格的快速

〔註35〕　〈家主は高利貸〉，《臺灣日日新報》，第 3190 號，1908 年 12 月 18 日，3版。

〔註36〕　〈鐵道工場移轉說 地價俄然暴騰 沿線一坪漲一二圓〉，《臺灣日日新報》，第10434 號，1929 年 5 月 7 日，日刊 4 版。

〔註37〕　〈土地買賣熱〉，《臺灣日日新報》，第 7179 號，1920 年 6 月 5 日，5 版。

〔註38〕　〈臺北橋及對岸地價〉，《臺灣日日新報》，第 8935 號，1925 年 3 月 27 日，日刊 4 版。

〔註39〕　〈地價昂騰〉，《臺灣日日新報》，第 12115 號，1933 年 12 月 26 日，夕刊 4版。

上漲是臺北市內全面性的現象，究其原因，除了物價變動的自然成長、人口成長造成的都市化、不動產易於保值的因素外，不動產業對臺北土地的土地炒作，也是重要原因（當然也有因爲短期價格下跌而慘賠者），這也成爲臺灣土地建物株式會社最大的獲利來源之一。

　　臺灣不動產的價格之高昂，使得輿論經常與日本本地不動產價格相比，據 1911 年報載：

> 　　本國中市街地價最貴者。莫如東京日本橋白木屋吳服店附近之地。每六尺方地〔註40〕。價值千圓。比之前年。約貴六倍。大阪則以北濱貿易所附近之地。爲最高價。每六尺方地值七百圓。此蓋大火後市區改正使然也。視諸前年。約騰五倍。而臺北在領臺時。每六尺方地。僅值二十錢。現在新起街附近。每六尺方地漲至十五圓。誠本國中稀有之騰貴也。在日俄戰爭前。約在六圓之譜。迨日俄戰爭起。因歸還內地者多。到處空屋。有賣者而無買者。爲此暴落三四圓。洎乎日俄戰爭後。因惡疫流行。破壞家屋。施行市區改正。遂再奔騰八圓。較之一兩年前。約騰貴十倍。雖然此後當無甚變動也。蓋某熟識此事者之所語云。〔註41〕

　　由上可知，在日本統治開始時，臺北不動產價格每坪僅 0.2 圓，但在日資大量侵入後，在 1904 年日俄戰爭前，新起街已上漲至每坪 6 圓，日俄戰爭時受到日本人短期歸國潮，造成許多空屋的影響下，下降了 3～4 圓，但戰爭後受到市區改正、房屋破壞改建潮的影響下，再度上漲至每坪 15 圓。雖然跟東京白木屋吳服店（今東京都中央區，東京車站附近）周邊的千圓，與大阪北濱貿易所周邊（今大阪府中央區）的 700 圓有很大差距，但高昂的地價仍到「本國中稀有之騰貴」之程度。1922 年報載臺北市內最繁榮的榮町（臺北城地區，今小南門街、文武廟街、北門街、西門街、府前街周邊）地價已達每坪 200 圓，南門附近的臺灣銀行宿舍（今臺北市牯嶺街內）也達 30～40 圓，同時間東京日本橋京橋（今東京都中央區，東京車站附近）爲每坪 400～500 圓，山之手周邊（今東京都文京區、新宿區、港區）與交通便利的地區爲 50～100 圓，更遠的中野（今東京都中野區）、玉川沿岸（今東京都世田谷區）

〔註40〕即 1 坪。
〔註41〕〈市街地價之騰貴〉，《臺灣日日新報（漢文版）》，第 3834 號，1911 年 1 月23 日，2 版。

則爲 15～25 圓，〔註42〕顯示當時臺北市地價雖不如東京最核心的地區，但仍高出東京核心以外的地區。

二、臺北市的房屋租金與市場景氣

如上所述，日治時期臺灣的住宅市場主要是「租房」多於「買房」，因此房屋租金成爲房屋市場的指標。房屋市場比起土地市場較爲複雜，供給面的因素需考慮當時房屋數量多寡、房屋建造成本、房屋折舊損壞等，需求面因素需考慮人口多寡，居民收入或經營好壞、景氣的變化等。以下簡要敘述臺北市房屋租金與市場景氣。

日治初期房屋租金臺北城內平均每戶 5 圓，城外每戶 4 圓，如購買整戶大約 500 圓，有汙損者約 300 圓，算是相當便宜，〔註43〕但突然一下來了許多日本官員及軍隊，當時臺北的房屋顯然無法容納，造成房屋租金上漲，雖然隨後當局興建官員宿舍解決問題，但緩不應急，且只有高級官員受惠，一般受薪階級及商店店主仍受高額房租之苦。〔註44〕到了 1902 年（明治 35），臺北市的房屋租金已造成廣大民怨，而原因爲慢性不景氣造成受薪者及店主無法負擔房屋租金，而房屋租金的高昂主要是導因於土地租金過高，因此使地主招開地主會議協議解決。〔註45〕當年 12 月每坪房屋租金如表 4-14，如表中顯示，西門外街爲當時房屋租金最高的地區，其次爲新起街（今貴陽街）及臺北城內，至於艋舺及大稻埕則較低，而且艋舺又高於大稻埕，這與上述土地價格幾乎一致。到了 1903 年，「臺北市中鬧熱所在，其借家賃（即房屋租金）概比從前較低減，蓋因商家減銷貨物，甚無獲利，不能給清借家賃，乃自逼屋主低減幾分，且近來空屋日增，屋主稍生頓挫，故許低減家賃焉。如城內府前街約減兩成，北門街約減三成，大稻埕艋舺則低下四成以上」，〔註46〕顯示受到不景氣及空屋漸多的影響，房屋租金有下降的情形。

〔註42〕　〈等閑に附されたる　我都市の土地政策（二）〉，《臺灣日日新報》，第 7938 號，1922 年 7 月 4 日，3 版。

〔註43〕　赤鳥帽子，〈領臺當時の地價及生活費〉，《臺灣官民奇聞情話》（台北：台南新報社台北印刷所，1925 年），頁 19～20。

〔註44〕　王慧瑜，〈日治時期臺北地區日本人的物質生活（1895～1937）〉，國立臺灣師範大學臺灣史研究所碩士論文，2010 年，頁 37、41。

〔註45〕　〈地主の會合と借地料〉，《臺灣日日新報》，第 1371 號，1902 年 11 月 26 日，2 版。

〔註46〕　〈家賃降低〉，《臺灣日日新報》，第 1646 號，1903 年 10 月 24 日，3 版。

表 4-14　1902 年臺北平均房屋租金表　　　　　　　　（單位：圓）

地　　點	每坪平均房屋租金
臺北城內	1.1
艋舺	0.87
新起街	1
西門外街	1.5
大稻埕	0.47

資料來源：整理自〈臺北家賃の平均價格〉，《臺灣日日新報》，第 1381 號，1902 年
12 月 9 日，2 版。

　　日治初期大量日本官員來臺，成爲影響房屋租金最重要的因素之一。1905
年（明治 38）總督府決議對於月薪未滿百圓，未配發官方宿舍的官員，停止
借用民用房屋作爲官員宿舍，改發給宿舍津貼，月薪滿 65 圓以上者每月宿舍
津貼爲 15 圓，月薪 40 圓以上者津貼 12 圓，未滿 40 圓者津貼 8 圓，〔註 47〕
以 1906 年臺北城內 7～8 坪房屋的租金約 10 圓的行情而言（愈離開城內租金
愈低），〔註 48〕日本來臺官員尙可滿足其居住需求，但許多官員租用民房最大
的副作用，便是排擠了民間房屋的租用供給。1907 年房屋租金又再一次上漲，
有報導指出在臺日本官員租用民房是最重要的原因，另外還加上臺北市區改
正及建築法令頒布使得老舊房屋被迫拆除，因此造成房租居高不下，使得中
下層的民眾飽受高價房租之苦。〔註 49〕

　　上述 1919～1922 年間因爲「市制」改制的土地熱潮，反映在房屋市場上，
出現了「住宅難」的名詞。該名詞首次出現在 1919 年（大正 8）元旦的報紙
中，當時臺灣土地建物株式會社的社長木村泰治在談話中，認爲臺北、基隆
的住宅不足已是當前的嚴重問題，並認爲地方的公共事業應善盡提供良好住
宅的責任，以提供市民安樂的生活。〔註 50〕當年 7 月估計臺北房屋不足至少
有 600 戶以上，〔註 51〕同年 10 月更估計臺北與基隆房屋不足約 1300～1500

〔註47〕 王慧瑜，〈日治時期臺北地區日本人的物質生活（1895～1937）〉，國立臺灣師
　　　　範大學臺灣史研究所碩士論文，2010 年，頁 46。
〔註48〕 〈店頭閒話〉，《臺灣日日新報》，第 2455 號，1906 年 7 月 7 日，4 版。
〔註49〕 〈家賃の高き理由〉，《臺灣日日新報》，第 2708 號，1907 年 5 月 16 日，2 版。
〔註50〕 〈住宅問題〉，《臺灣日日新報》，第 6658 號，1919 年 1 月 1 日，51 版。
〔註51〕 〈愈壓迫し來れる住宅難〉，《臺灣日日新報》，第 6866 號，1919 年 7 月 28
　　　　日，5 版。

戶。〔註52〕但與上述土地投資熱不同的是，住宅不足卻未吸引建築業者投資住宅，據 1920 年報載：

> 臺北市因年年有各種事業之勃興。人口亦益繁殖。一方之苦住宅難者。不知其幾多。而住宅卻不復建設。任其繁生雜草。現在臺北市三市街此種空地。非常之多。…，名爲建物敷地。實則不建何物。致空地殆全部三分之一。當此地價年年暴騰。以爲奇貨可居遂任其生草而不顧。不用于市民之公益。照外國慣例。固宜課相當空地稅。況物價騰貴。金融逼迫及建築難之時。人人皆以利用此空地爲得策乎。〔註53〕

由上可見，不動產業者眼看臺北的都市發展良機，紛紛搶購土地，但卻只把土地做爲炒作的工具，對於購得的土地寧願不做使用任其荒廢，也不積極興建房屋解決住宅不足的問題。以臺北市主要的地主——臺灣土地建物株式會社爲例，在 1920 年（大正 9）3 月底在臺北市有 16 萬 1 千餘坪之土地，但實際上有使用者（包含已出租者及會社自己使用者）僅 4 萬 2 千餘坪，使用率僅 26.33%，其餘土地除了道路預定地、私人道路外，有 8 萬 8 千餘坪爲空地，換句話說該會社當時臺北市內有超過 1 半的土地是任其荒廢，〔註54〕而之後該會社靠者土地轉賣獲得大筆收入來看，該會社明顯也是土地炒作的成員也是最大的獲益者，相反的該會社在 1919～1920 年住宅不足嚴重的期間內，在全臺只興建了 149 棟、241 戶的房屋，對於住宅不足問題的解決只是杯水車薪。〔註55〕

官方宿舍建造的消極，與建築費用的上漲也是住宅供給不足的重要原因之一。如上述在臺日本人大多爲官員，但除了高級要員以外，大多數是採取發放宿舍補助租用房屋的方式，在「住宅難」發生時，官員宿舍已多年沒有興建，甚至連修繕的經費都不足，在此之下當然影響房屋的供給。〔註56〕建築費的高漲使得建築業者對房屋建造裹足不前，據 1919 年（大正 9）報導，

〔註52〕〈住宅と新築〉，《臺灣日日新報》，第 6946 號，1919 年 10 月 16 日，7 版。
〔註53〕〈臺北空地七萬坪〉，《臺灣日日新報》，第 7247 號，1920 年 8 月 22 日，6 版。
〔註54〕臺灣土地建物株式會社，《第十六回營業報告書》，頁 5。
〔註55〕統計自臺灣土地建物株式會社，《第十五回營業報告書》，頁 5；《第十六回營業報告書》，頁 6；《第十七回營業報告書》，頁 4；《第十八回營業報告書》，頁 5。
〔註56〕〈住宅難と宿舍料〉，《臺灣日日新報》，第 6811 號，1919 年 6 月 3 日，8 版。

一次大戰後的物價上升，造成建築物的木材價格與運輸費用的增加，使得房屋所需建築材料是以前的 3 倍，連帶使得每坪建築費用是之前的兩倍，〔註57〕臺灣土地建物株式會社在其第 16 回營業報告書（1919 年 10 月至隔年 3 月）亦顯示，當期房屋每戶賣出價格爲 6,032 圓，但當期房屋的每戶建築費爲 5,780 圓，顯示當時建造房屋幾乎無利可圖而言，〔註58〕這當然也使當時即使住宅缺乏，但建築業者對於建造房屋意願甚低。

　　住宅的不足造成當時房屋租金快速上升，甚至有短短半年內房租調升數次的情形，造成當時民眾紛紛向報紙投訴，「橫暴家主」、「鬼家主」成爲當時報紙的話題。1919 年（大正 9）11 月有一職工投書，某位臺北市的房東在 6 月將房租從 5 圓調漲到 6 圓，11 月再調漲到 8.4 圓，短短 5 個月內房租調漲了 68％。〔註59〕1920 年更報導西門外街桂商會所經營的房屋，1919 年 10 月將房租從 11 圓調漲至 13.5 圓，隔年 3 月再調漲至 18 圓，短短 5 個月房租也上漲了約 64％，房客對此調漲租金不服，房東的說法竟然是「不服就去總督府或其他地方告狀」，對此該報導認爲應比照味噌與米的物價哄抬，由警察介入取締這些獲得暴利的「不正商人」。〔註60〕就連當時臺北州知事相賀照鄉都認爲在當時物價有下跌頃向的情形下，房租上漲並不是適當的做法。〔註61〕

　　當時報載臺北房租與東京相比，更可看出臺北房租的高昂程度。據 1921 年報導，當時大正街室內 4.3 坪、玄關 2.25 坪、澡堂 1 坪之房屋房租爲 37 圓左右，北榮街（位於御成町內，今中山區）則爲 30 圓左右，換算則大約爲每坪 3 圓，同時間東京小石川周邊（今東京都文京區）爲每坪 2.4 圓，〔註62〕同年報導亦指出東京 15 區的平均房租爲 1 坪 2.86 圓，〔註63〕顯示臺北房租竟然

〔註57〕　〈建物會社の見た住宅難〉，《臺灣日日新報》，第 6788 號，1919 年 5 月 11日，7 版；〈住宅難と宿舍料〉，《臺灣日日新報》，第 6811 號，1919 年 6 月 3日，8 版。

〔註58〕　臺灣土地建物株式會社，《第十九回營業報告書》，頁 5。

〔註59〕　〈公開欄〉，《臺灣日日新報》，第 6970 號，1919 年 11 月 9 日，3 版。

〔註60〕　〈奸商以上の橫暴　不都合な家主〉，《臺灣日日新報》，第 7086 號，1920 年 3月 4 日，7 版。

〔註61〕　〈家賃と物價　今頃直上げは不當〉，《臺灣日日新報》，第 7376 號，1920 年12 月 19 日，7 版。

〔註62〕　〈田舍から都會へ　住宅問題に遭遇して〉，《臺灣日日新報》，第 7701 號，1921年 11 月 9 日，4 版。

〔註63〕　〈東京の住宅拂底が　生み出す色々な喜劇悲劇〉，《臺灣日日新報》，第 7472號，1921 年 3 月 25 日，7 版。

比東京還貴。

　　1920 年代前期起，隨者建築費用的下降，刺激了房屋建築的需求。依 1924 年的報導，當時估計臺北市內的新建房屋將以每年千戶以上的速度增加，其主要原因為臺北都市地區的膨脹、人口的增加，以及木材、瓦片、水泥、工人等建築成本均較之前下降等因素有關，另外利用銀行或郵局貸款興建房屋，只要約 5 到 7 年房租收入便可回本的投資環境，也是吸引興建房屋的原因，但該報導也提示一個弔詭的現象，便是即使房屋出租已供過於求，房租居高不下的情形依舊，但這也是投資房屋能快速回本的原因。〔註 64〕表 4-15 為 1925 年臺北市每疊（約 0.5 坪）房租情形，由表中顯示，當時臺北市的房租以大正町與新起町為最高，以新起町中級每疊 2 圓，相當於每坪 4 圓來看，已經是 1902 年的 4 倍，另外大正町也就是臺灣土地建物株式會社在 1910 年代大規模土地開發的地區，由於是當時臺北市的高級住宅區，因此房租也最高，顯示該會社土地開發之成功，另外北榮町與新榮町因距離市區較遠，因此房租比起市中心低了許多。

表 4-15　1925 年 12 月臺北市每疊房屋租金

地　區	上　級	中　級	下　級	備　　註
南門	2 圓	1.85 圓	1.2 圓	
大正町	2.2 圓	2 圓	無	臺北城東北，原大正街
臺北城內	1.8 圓	1.6 圓	無	
新起町	2.2 圓	2 圓	1.6 圓	今西門町附近
	甲　級	乙　級	丙　級	
北榮町	1.4 圓	1.25 圓	1.15 圓	實為御成町，今中山區
新榮町	1 圓以內			今中正紀念堂以南

說明：1 疊約 0.5 坪。

資料來源：整理自〈臺北市內で一番家賃の高いのは大正町〉，《臺灣日日新報》，第 9193 號，1925 年 12 月 10 日，日刊 5 版。

　　1920 年代後期房屋市場最重要的現象，便是臺北都市進一步擴大的同時，郊區房屋也大幅增加，另外隨者大眾運輸的開展，使得郊外到市中心的

───────────

〔註 64〕〈新築家屋激增から　臺北の貸家は過剰〉，《臺灣日日新報》，第 8671 號，1924 年 7 月 6 日，日刊 5 版。

交通逐漸便利，也是吸引居民至郊外居住的原因之一，〔註65〕這與日本因爲
鐵路發達，逐漸吸引市民居住郊外，利用鐵路通勤的趨勢類似。依 1929 年的
報導，臺北城內與城外大稻埕、萬華地區，許多 10～15 年老舊的房子已無人
願意承租，主要是因爲即使當時經濟已經開始緊縮，但房東仍不願意調降房
租，尤其靠近市場的新起町與西門町房租更高，周邊商店因爲經營良好尙可
忍受，但已造成一般受薪階級搬至郊外。當時臺北城南方的旭町、福住町與
兒玉町（今中正紀念堂及其南方接近古亭一帶）已住滿居民，更郊外的千歲
町、錦町到富田町一帶（相當於今羅斯福路二段至三段周邊，其中富田町靠
近臺北帝國大學，今臺灣大學）建築了許多新房屋，房租又比市中心便宜，
也吸引許多人前往居住。〔註66〕

　　1930 年時建築原物料價格持續下探（尤其是福州木材的引進），以及借款
利率的下跌，造成房屋建築熱潮的持續，使得一般民眾一有儲蓄就投入土地
與房屋，也使臺北市郊外的房屋持續大幅增加，〔註67〕代表 1929 年即使經濟
已開始面臨不景氣，但當時臺北房地產市場絲毫不受影響，甚至處於過熱而
泡沫化的邊緣。〔註68〕1931 年起，不景氣終於襲向了房地產業，該年 6 月報
載受到官員薪資減低的影響，房租平均下跌了 10%（最高 20%，最低 5%），
同天也報導就連地價也遭到腰斬，其冷卻程度就連銀行與信用組合也感到危
機（就如上章所示，臺灣土地建物株式會社也是在 1931 年起不動產金融放款
形成呆帳，差點危及該會社的經營）。〔註69〕表 4-16 爲 1935 年臺北市役所對

〔註65〕　小野浩，〈住宅市場與と政策〉，收錄在老川慶普、須永德武、谷ケ城秀吉、
　　　　　立教大学経済学部編，《植民地台湾の経済と社会》（東京都：日本経済評論
　　　　　社，2011 年），頁 249。1912 年臺北市已有公共汽車的出現，1919 年成立的
　　　　　臺灣自動車株式會社，是首家臺灣具規模的客運業者，1930 年臺北市承繼原
　　　　　有臺灣自動車株式會社的業務後，開始營運市營公車，共經營 9 條路線，成
　　　　　爲臺北市民普遍的大眾運輸工具。詳見王慧瑜，〈日治時期臺北地區日本人的
　　　　　物質生活（1895～1937）〉，頁 76～82。
〔註66〕　〈臺北市益々膨脹…住宅の建築盛に 郊外へと延る〉，《臺灣日日新報》，第
　　　　　10571 號，1929 年 9 月 21 日，日刊 3 版。
〔註67〕　〈勞動賃銀下らゐ 建築業は却って好景氣 郊外に住宅地續出〉，《臺灣日日
　　　　　新報》，第 10894 號，1930 年 8 月 13 日，日刊 3 版。
〔註68〕　小野浩，〈住宅市場與と政策〉，頁 252。
〔註69〕　〈減俸が響いて家賃は續々引下る 最高二割,最低五分平均一割安 諸物價も一
　　　　　齊に低落〉〈住宅土地熱は俄に腰を折る 銀行や信用組合も警戒し初む 地價も
　　　　　急速に下落〉，《臺灣日日新報》，第 11197 號，1931 年 6 月 15 日，日刊 2 版。

臺北市內受薪階級住宅調查中所提供的當時各町的房屋租金資料，從該表的調查對象除了建成町位於大稻埕，其餘都在臺北傳統三市街（臺北城、大稻埕、艋舺）以外，顯示當時受薪階級已大多居住在臺北市郊區的趨勢。由表中可知，大正町靠者臺灣土地建物株式會社的經營，與東門町在高砂建築信用購買組合打造「文化村」的成功之下，成爲調查中房屋租金最高的地區，另外位於今捷運古亭站兩旁的川端町與錦町，是位於市郊外的新興住宅區，其房租也較高，至於位於大稻埕的建成町反而是調查這幾區中房租最低的地區，可能是因市街老舊，居住環境較差有關。

表 4-16　1935 年臺北市各町平均房屋租金表　　　　　（單位：圓）

町　別	1室	2室	3室	4室	5室	6室
建成町	9.38	12.73	16.56	19.53	25.00	無
古亭町	9.10	12.04	17.17	22.90	24.00	無
御成町	8.92	15.18	18.81	20.53	29.00	無
錦町	10.00	15.00	18.20	21.40	30.00	無
川端町	10.17	13.31	18.31	25.55	27.17	無
大正町	10.25	12.88	21.34	24.49	31.19	35.00
東門町	11.86	15.00	20.77	26.82	30.28	40.00

資料來源：整理自臺北市役所社會課、臺北市社會事業助成會，《臺北市に於ける中間層俸給生活者住宅調查》（臺北市：臺灣日日新報社，1936 年），第三部頁 70。

　　由上觀察 1895～1935 年的臺北市房屋市場，可得知至少有 1895～1902 及 1919～1930 年這兩波熱潮期，但兩者性質不同，前者主要是因日治初期日本官員大量來臺，造成市內房屋無法容納導致，後者則原因較爲複雜，市制改制的話題、人口移入的增加、不動產業者買地養地的歪風、官員宿舍興建的消極、建築費用的高漲都是造成當時房租價格上漲的因素，也因此不但較爲猛烈，而且該熱潮持續到 1931 年後才因經濟大蕭條而受到重大打擊。

　　至於以房租租金觀察 1895～1935 年的臺北市房屋市場而言，1925 年臺北城內中級房屋租金爲每坪 3.2 圓，是 1902 年的近 3 倍，新起町中級房屋爲每坪 4 圓，是 1902 年的 4 倍，但要注意的是 1902 年是日治初期房租的最高點，隔年因爲不景氣而下滑了 2～4 成，因此如果以 1925 年與 1903 年房租下滑後相較，差距會更爲廣大。至於 1932 年起受到經濟大蕭條及官員薪水減低影響

造成房租下跌，表4-17爲1935年利用臺北市役所的調查計算出各町的每疊（約
0.5坪）平均房租，由表中可知，東門町與大正町是每疊價格最高的地區，其
中東門町1室每疊1.82圓，相當於每坪3.64圓，是該表的最高價格，但還是
比1925年的新起町中級房屋爲低，至於大正町的房租爲1.01到1.58圓之間
（每坪2.02到3.16圓），也比起1925年的每疊房租2到2.2圓（每坪4到4.4
圓）爲低，可見房租確實有降低的情形，但要注意的是房租降低部分是因爲
薪水減低的結果，因此不代表受薪階級的房租負擔減輕。

表4-17　1935年臺北市各町平均每疊房屋租金表　　　　（單位：圓）

町　　別	1室	2室	3室	4室	5室	6室
建成町	1.44	1.25	1.08	1.04	1.06	無
古亭町	1.47	1.05	1.06	1.10	0.91	無
御成町	1.27	1.19	1.11	1.06	1.02	無
錦町	1.11	1.22	1.18	1.05	1.08	無
川端町	1.45	1.06	1.10	1.23	0.97	無
大正町	1.58	1.01	1.26	1.18	1.18	1.28
東門町	1.82	1.28	1.21	1.24	1.25	1.00

說明：該表數字爲平均房屋租金除以平均疊數，如建成町1室房屋租金爲9.38圓，平
均疊數爲6.5疊，因此平均每疊爲9.38／6.5=1.44圓，以此類推。

資料來源：整理自臺北市役所社會課、臺北市社會事業助成會，《臺北市に於ける中
間層俸給生活者住宅調查》（臺北市：臺灣日日新報社，1936年），頁70。

第三節　不動產市場與社會問題

　　近代的臺灣不動產市場衍生許多問題。在日治初期日資以資本優勢搶購
臺灣土地時，當時的社會問題主要是臺灣人與日資之間因爲語言與習慣不同
的問題，這在基隆土地紛爭事件達到最高峰，此事件已在第二章討論。隨著
臺灣都市化的成熟，住宅不足與「房東」、「房客」的衝突成爲當時主要的問
題來源，這在日治初期便已存在，只不過隨著1919年起的「住宅難」現象發
生後便更爲猛烈。

一、「住宅難」與政府住宅政策

　　1919 年因為住宅不足引發的「住宅難」問題，已如所述除了造成房租大幅上漲，引發廣大民怨外，還引發許多社會問題。由於政府官員及臺灣銀行、電力公司等較大的會社許多都配有職務宿舍，因此這些中上階層是房租上漲影響最小的族群。〔註 70〕相反的如第一節所述，日治時期所得愈低者自有住宅比率愈低，而且房租的負擔愈重，因此當住宅不足而造成房租上漲時，所得愈低者是受害最大的族群。

　　住宅不足還衍生衛生不良與危險住宅的問題，而低所得階層也是受害者。據 1927 年統計，當時全臺共有 1 萬 5 千餘戶的衛生不良與危險住宅，占都市住宅的 10%，而有 7 萬 7 千餘人住在此住宅中，占都市人口的 11%，這些低層收入者被迫住在潮濕、採光不良或有倒塌危險的住宅中，可以想像其生活之苦痛。〔註 71〕1920 年某評論者發現臺北的八甲庄（今萬華區）有多人被迫居住在 1 個房間的慘狀，甚至有多個彼此不認識的居民互相雜居的情形，評論者認為這現象普遍出現在臺北市內的巷弄中，除了容易產生風俗與犯罪問題外，更成為散播傳染病的溫床。〔註 72〕

　　當時臺灣的「住宅難」現象不只限於臺北市，以 1921 年的基隆為例，據國勢調查顯示基隆的戶數為 1 萬 8 百餘戶，但當時住宅卻僅有 7 千 2 百餘戶，差距多達約 3 千 6 百餘戶，當時國勢調查主任便表示當時基隆至少還要新增加 1 千 5 百餘戶之住宅。住宅不足造成許多臺灣人必須多戶同居一房內，而衛生與風化問題更讓人詬病（尤其基隆氣候特別多雨潮濕，使得衛生問題更為嚴重），造成基隆市的死亡率竟然是全國之冠，而房租高達每坪 6 圓，不但比同年的臺北還貴了一倍，也遠遠高出東京市區。該報導直接指責佔有大多數基隆土地的臺灣土地建物株式會社，應負提供便宜住宅的重大責任，否則住宅問題將難以解決。〔註 73〕

〔註 70〕〈物價調節と家賃問題〉，《臺灣日日新報》，第 8047 號，1922 年 10 月 21 日，3 版。

〔註 71〕陳全永，〈本島市街地に於ける住宅問題〉，《社會事業の友》，第 2 期（1928年 12 月），頁 42～49。

〔註 72〕〈住宅難の惡影響〉，《臺灣日日新報》，第 7046 號，1920 年 1 月 24 日，7版。

〔註 73〕〈基隆の住宅難　住居數に對し三千六百の世帶超過〉，《臺灣日日新報》，第7041 號，1921 年 1 月 13 日，7 版。

　　不動產的高價甚至連政府都成了受害者，據 1926 年的報導，當時臺北市內的公立學校除了少數以外，其餘的校地都是向地主承租而來，1 年政府須支出 2 萬 2 千餘圓的土地租金，報導認爲政府爲了市政大計應徵收土地取代承租，但在地價年年暴漲的情況下，徵收土地費用恐怕是政府支出的龐大負擔。〔註 74〕

　　因應當時的住宅不足及房租暴漲，政府的政策包含興建公共住宅、提供低利資金，與鼓勵成立住宅組合等。最早由政府所經營的公共住宅於 1912 年由臺北市所成立，當時利用公共衛生費於新榮町（今中正區）購買住宅並經營共 139 戶。〔註 75〕1920 年間，爲了解決住宅難之問題，新成立的臺北州於臺北市北榮街（位於御成町內，今中山區）另外興建公共住宅，同年底第一期 100 戶完工，受理申請者相當眾多，但這時新任的臺北州知事相賀照鄉以「因建築成本較高而調整房租」、「減少轉租弊端」爲理由，竟然決定將住宅出租給官員使用，與當初興建目標不符。〔註 76〕據 1925 年報導顯示，臺北州所直轄的公共住宅共有 328 戶，均在臺北市內，每月租金最低爲 5.5 圓，最高也有 25 圓，甚至有 10 戶實質上是做爲商店使用，預估臺北州每年能收到的房屋租金收入高達 4 萬 1 千 6 百餘圓，〔註 77〕因此該公共住宅是否單純爲救濟窮困居民的社會事業，是不無疑問的，不過由於租金較一般便宜 2～3 成，申請者極爲踴躍，因此臺北州曾於 1929 年有意再增築 200 座公共住宅，並申請低利資金建築。〔註 78〕至 1935 年止，臺北、基隆、高雄市內均有政府所經營之公共住宅，其資料詳如表 4-18。

〔註 74〕〈臺北市內各小公校の敷地の大部分は借地 借地料二萬二千餘圓に上る〉，《臺灣日日新報》，第 9242 號，1926 年 1 月 28 日，日刊 5 版。

〔註 75〕臺灣總督府，《臺灣社會事業要覽》（臺北市：山科商店印刷所，1935 年），頁 109～110。

〔註 76〕〈公用住宅の家賃 損もせぬが 儲けもせぬ程度で 主として官吏に 借したいと相賀知事は云ふ〉，《臺灣日日新報》，第 7337 號，1920 年 11 月 10 日，7 版。

〔註 77〕〈臺北州で直營の公共住宅 總戶數三百二十八戶 家賃年額四萬一千六百餘圓〉，《臺灣日日新報》，第 8972 號，1925 年 5 月 3 日，夕刊 2 版。

〔註 78〕〈臺北州公共住宅租金低廉博好評 擬再增築兩百座〉，《臺灣日日新報》，第 10637 號，1929 年 11 月 27 日，日刊 4 版。

表 4-18　1935 年臺北、基隆、高雄市內政府經營之公共住宅

名　稱	所在地	成立時間	戶數及設施
臺北州公共住宅	臺北市	1912 年（臺北市以公共衛生費建築，1921 年改州營）	御成町 104 戶、新榮町 190 戶、龍山寺町 24 戶。
基隆博愛館	基隆市	1921 年（原由財團法人經營，1935 年改市營）	鋼筋混擬土三樓建築，另外設有醫務室、澡堂、托兒所等。
基隆市公設住宅	基隆市	1921 年	天神町住宅 66 戶並附設運動場、澡堂、俱樂部等，東町住宅 56 戶。
高雄市公共住宅	高雄市	1923 年	入船町、鹽埕町、田町、湊町等共 350 戶。

資料來源：整理自臺灣總督府，《臺灣社會事業要覽》（臺北市：山科商店印刷所，1935年），頁 109～113。

　　由於興建公共住宅對於解決住宅不足問題根本緩不應急，適逢日本政府制定「住宅組合法」，並提供低利資金用於解決住宅問題，便有鼓勵組織「住宅組合」，並由政府提供組合低利資金興建住宅的構想。依 1921 年報載：

> 本島家屋甚乏。于臺北廳時代。雖有新築公共貸家。奈人口益加。家屋益乏。以現在臺北州之公共貸家。斷難如意供給。如今日家屋之缺乏。彼惡家主。多乘此機。擅起居屋租。近年來內地家屋缺乏。內務省特于社會政策上。命各府縣新設住宅組合。而貸以低利資金。充其建築之費。該建築物爲住宅組合所有。貸與一般。以舒其難。經已著著進行。我臺灣于此住宅組合。更進一步。即令產業組合。建築住宅。以貸一般。故目下住宅難。得寬多少。其建築費。即由中央政府。融通低利資金一百萬餘。迄未使用。苟不融通產業組合。督府多築多數官舍如何。若產業組合經營住宅。則宜改正施行細則。當局爲此。亦已具案云。〔註79〕

　　1922 年 8 月總督府正式發表將提供 80 萬的低利住宅資金「利息六分五厘，二十年償還」，其資格「不獨限於會社等之法人及團體，亦及於個人，但

〔註79〕〈利用組合救住宅難〉，《臺灣日日新報》，第 7631 號，1921 年 8 月 31 日，6版。

個人貸出，要確實不動產爲擔保時，需詳細調查」。〔註80〕由於正逢都市住宅不足問題之時，因此申請極爲踴躍，據同年 11 月報導，申請的金額僅是臺北州就高達 343 萬餘元，全臺估計金額更高達 500 萬元以上，「恰如一女八婿」，80 萬的額度完全不符需求。〔註81〕總督府後來考量之下，決定由 7 個住宅利用組合作爲優先對象，並與該 7 個住宅利用組合代表磋商，〔註82〕隔年 3 月正式決定給予臺北州高砂等 5 個住宅利用組合共 10 萬圓的低利資金，〔註83〕僅占了當初臺北州申請金額的 2.91%。同年 6 月在總督府倡議之下，將以上組合合併成「有限責任高砂建築信用購買利用組合」，其功能「將貸與組合員以住宅建築，並附帶事業必要資金，及辦理組合員貯金及不以營業爲目的之法人與公共團體貯金，一而買入住宅建築必要材料、其他產業或經濟發達必要物品，或加工或不加工，以販賣於組合員」。〔註84〕

1920 年代爲了解決居住問題，興起了住宅組合的熱潮。以臺北市而言，最早的住宅組合爲 1922 年由臺北市的臺北高等商業學校教授所成立的「千歲建築信用購買利用組合」，該組合在南門的千歲町住宅發展的成功，使得有識之士紛紛仿效，其次於 1923 年成立的便是上述由臺灣銀行、總督府土木課、臺北州之公務員及其他民間人士所成立的「高砂建築信用購買利用組合」，該組合所打造的東門町住宅，形成舒適的「文化村」。至 1933 年爲止臺北市已有 19 個住宅組合，係當時臺灣都市中發展最快與最普遍者。〔註85〕

公共住宅、低利資金與住宅組合是 1920 年代起因應住宅不足的產物，也是當時不動產業競逐於土地投資炒作卻對房屋興建消極，造成房地產市場失靈下的象徵。另外 1921 年日本本土制定「住宅組合法」，作爲當時住宅問題的解決方案，但該法並未適用於臺灣，因此以上住宅組合只能依循產業組合法類似性質的「建築購買信用組合」爲之，另外據統計指出自 1920～1927 年間，利用低利資金所建的房屋達 700 戶，但只占該期間所建造房屋的 4%，也

〔註80〕〈住宅低資八十萬〉，《臺灣日日新報》，第 7981 號，1922 年 8 月 17 日，5 版。
〔註81〕〈住宅低利資金〉，《臺灣日日新報》，第 8061 號，1922 年 11 月 4 日，5 版。
〔註82〕〈住宅利用組合〉，《臺灣日日新報》，第 8013 號，1922 年 12 月 16 日，5 版。
〔註83〕〈住宅低資協議 臺北州に於て〉，《臺灣日日新報》，第 8184 號，1923 年 3 月 7 日，3 版。
〔註84〕〈創設住宅組合〉，《臺灣日日新報》，第 8286 號，1923 年 6 月 17 日，5 版。
〔註85〕有關日治時期的住宅組合與都市建設之關係，見李力庸，〈日治時期臺灣的建築組合與都市建設〉，收錄於馬傑偉編，《中國城市研究探索》（香港：香港中文大學香港亞太研究所，2009 年），頁 23～55。

就是說低利資金也不足以解決住宅問題，可見當時臺灣當局對於住宅政策的消極程度。〔註86〕

二、房東與房客的衝突——「橫暴家主」及「鬼家主」

日治時期的臺灣不動產市場是以土地與房屋皆爲租用爲主，尤以日本人更多，另外收入越低者承租的比率愈高，但當時保護承租人的法律尚未健全，因此房東與房客經常因此衝突，而房客往往處於弱勢，這是近代不動產經濟形成時必然出現的現象，但1919年起臺灣這方面的問題就變的極爲嚴重，主要還是因爲因住宅不足、官方興建宿舍消極、建築費用高漲等因素所造成的房租的急遽上漲，該上漲所造成的強大民怨，使得「橫暴家主」及「鬼家主」等名詞經常出現於報紙中，案例不甚枚舉，前述探討房屋市場時已有部分例子。

當時房東中被輿論認爲最惡名昭彰者，非松村政太郎莫屬。松村政太郎是日治早期來臺的古物商，靠者努力經營而成爲擁有多棟房屋的不動產出租者，但由於對房客態度強硬，因此被冠上「鬼政惡家主」的稱號。例如臺北新起町原由林鶴壽所有的房屋一棟10戶，1922年轉賣給松村政太郎之後，立即要求調漲房租，調漲幅度最高甚至接近2倍，並聲明如有不服則立即搬出，承租的店家因此極爲不滿，認爲松村明明有數十萬的積蓄卻不當調漲房租，根本是「鬼家主」與「毫無德望之男子」。〔註87〕同年亦報載原住在基隆街的鹿島氏，承租臺北新起町由松村所經營的房屋，經電話同意後與妻小一同搬家至租屋處，但不久卻被松村的出租經營代理人強行進入房屋，甚至控告鹿島非法侵占。〔註88〕雖然松村也有捐贈救護所的善行義舉，〔註89〕但對形象改善幫助不大，加上他的長女素行不良，曾被控告詐欺與多次偷竊有案，〔註90〕更讓他的形象雪上加霜。

「鬼家主」的惡劣行徑除了調漲房租外，更經常以拆除家具、破壞房屋、

〔註86〕陳全永，〈本島市街地に於ける住宅問題〉，頁42～49。

〔註87〕〈鬼家主が不當の値上をするとって店子が敦圍く〉，《臺灣日日新報》，第7960號，1922年7月26日，7版。

〔註88〕〈無茶な告訴　貸家の管理人が〉，《臺灣日日新報》，第8062號，1922年11月5日，7版。

〔註89〕〈救護所寄贈〉，《臺灣日日新報》，第5889號，1916年11月23日，7版。

〔註90〕〈女の詐欺未遂〉，《臺灣日日新報》，第6178號，1917年9月8日，7版；〈世間の噂〉，《臺灣日日新報》，第7092號，1920年3月10日，7版。

甚至拘禁等手段要求房客就範，有時甚至引起暴力事件，茲舉數例如下：

（一）1923 年報導，在臺北市若竹町經營鞋店的川滿氏，其店家房屋爲臺灣人所有，但將屋主承租給日本人，再承租給川滿。川滿未依期限繳納房租之下，某日突然有工人拆掉屋內的紙門、地板並拍賣，並清除家具要求立即將房屋還給臺灣人屋主，川滿只好將剩下的鞋子寄回日本，並向萬華分署要求仲裁。該報導認爲當時天氣已逐漸轉冷之下，竟然將有經濟困難的人隨意掃地出門，根本違反人情。〔註91〕

（二）1925 年報導，在基隆市內三沙灣的漁夫吉永氏，其房屋係向林氏所借，但不久前林氏將房屋轉賣給紺家氏之後，要求吉永搬遷，在未獲回應之下，竟然將房屋拆毀。由於該房屋的修繕與增設家具均由吉永自行負擔，房東拆毀造成無家可歸且求償無門，向基隆署提出告訴。〔註92〕

（三）1922 年報導，在臺北市新富町之陳某與女兒 2 人，居住在 2 樓被分爲數間的房間之中。陳某因病腳部腫脹不但無法出門工作，而且嚴重到發出惡臭，造成鄰居們紛紛逃離。由於房租積欠，房東顏夫婦要求陳某搬離，陳某以離開這裡將無家可歸請求暫緩，房東竟然將陳某的住處門口用木板封住，陳某表示「這樣讓我無法出去的話，我不得不死在這裡」，而房東的回答竟然是「死的話也好，會幫你出喪葬費」，萬華分署當時以房東非法監禁的罪名調查。〔註93〕

（四）1923 年報導，在臺北市元園町承租房屋的吳某，因不滿房東周某因吳某積欠房租 150 圓，將他的財產假扣押並強制執行，竟然將周某砍成重傷，刀傷深可見骨，周某被送至臺北醫院緊急治療約十天。〔註94〕

由以上例子可以看出，房東與房客的衝突不限於日人對日人與臺人對臺人，也有日人對臺人而日人反而成爲弱勢的情形。這類的衝突許多原因來自兩者：（一）積欠房租而被要求強制搬離、拆毀房屋、財產假扣押及強制執行等；（二）因房屋的轉賣而造成新房東與舊房客的衝突，前述新房東買得房屋

〔註91〕〈若竹町の橫暴家主〉，《臺灣日日新報》，第 8466 號，1923 年 12 月 14 日，2 版。

〔註92〕〈借家人が居る家屋を取壞した掛け 亂暴な家主〉，《臺灣日日新報》，第 9185 號，1925 年 12 月 2 日，日刊 2 版。

〔註93〕〈嫌な病氣があるから出て行けと 戶を釘附 亂暴な家主〉，《臺灣日日新報》，第 7977 號，1922 年 8 月 12 日，7 版。

〔註94〕〈差押へを恨んで家主に重傷を負はせる〉，《臺灣日日新報》，第 8425 號，1923 年 11 月 3 日，7 版。

後立即提高房租，造成舊房東的反彈也屬於這種情形。

1929 年起的經濟不景氣，使得求職困難、失業者增加、店家蕭條等，使得房東與房客之間的衝突也進一步擴大，其中最大的事件爲「亞細亞旅館訴訟事件」。亞細亞旅館係彰化縣臺灣人陳某於 1928 年在大稻埕所開的大型旅館，〔註95〕但隨後因爲不景氣而經營困難，1930 年間該旅館的房東發記茶行，以該旅館未繳房租爲由，對法院提出房租請求訴訟，另一方面旅館也以房東違反租約爲由，請求損害賠償與房屋改造費用訴訟。〔註96〕兩者不只在法院一年來爭執不下，變質爲「感情問題」的鬥爭，更與下述的房租減低運動結合，原來該旅館與發記茶行所有房屋的其他承租人結合，於 1931 年 6 月間發起「借家人聯盟」，要求立即降低房租 3 成、開除茶行經營者、修理損壞的房屋等。〔註97〕同年 7 月法院判決發記茶行勝訴，該茶行便立即申請強制執行，要求亞細亞旅館於 9 月退出，並繳交未付的房租，該旅館也只好另尋土地經營。〔註98〕

由上可敘述可知，在臺灣土地與房屋租借普遍的情況下，房東與房客經常衝突不斷，而往往房客處於弱勢，究其原因是當時並沒有有效保護承租人之法律，以至於糾紛均只能靠訴訟解決。由於日本也有相同的情形，因此於 1921 年訂定「借家法」與「借地法」，其功能雖「不重制裁，務使借家人與家主之間，不至紛爭」，〔註99〕但該法案自始自終只施行於日本本土，未施行於臺灣，也造成「橫暴家主」及「鬼家主」在臺灣能橫行無阻。

三、房租減低運動與「借家人組合」

如上述得知臺灣日治時期都市房租之高昂甚至可以跟東京比擬，1929 年

〔註95〕〈亞細亞旅館開業〉，《臺灣日日新報》，第 10123 號，1928 年 6 月 27 日，日刊 4 版。

〔註96〕〈亞細亞旅館訴訟問題 双方各出積極手段 發記主人爭氣自營歟〉，《臺灣日日新報》，第 11262 號，1931 年 8 月 19 日，日刊 8 版。

〔註97〕〈發記借家人 派代表交涉降稅〉，《臺灣日日新報》，第 11191 號，1931 年 6 月 9 日，日刊 4 版。

〔註98〕〈借家人紛糾問題 着亞細亞旅館退去 限至來九月五日〉，《臺灣日日新報》，第 11269 號，1931 年 8 月 26 日，日刊 8 版；〈亞細亞旅館訴訟問題 双方各出積極手段 發記主人爭氣自營歟〉，《臺灣日日新報》，第 11262 號，1931 年 8 月 19 日，日刊 8 版。

〔註99〕〈借家法案委員會〉，《臺灣日日新報》，第 7429 號，1921 年 2 月 10 日，6 版。

起受到官員減薪的影響，使得民間對於高昂的房租的不滿更甚，形成房租減低運動的熱潮，該運動起源於日本的東京與名古屋，隨者日本而來的電報而在臺灣快速獲得響應。〔註100〕當年 10 月 20 日臺中的租屋者對於收取過高房租的「橫暴家主」不滿，要求協議減低房租兩成，〔註101〕同一天在號稱「房租全臺最高」的臺南也有輿論要求減低房租，卻遭當地大地主與大房東的臺南市協議員劉青雲拒絕，引起 30 多位租屋者不滿，而籌議組織「房租拒付同盟」。〔註102〕同年 11 月該熱潮延燒至全臺灣，依該月報導：

> 臺北市厝稅降減運動。其後益俱體化。互各職業。或各町內。抑是到家屋人人。就降減方法。妥行觀商。一面本島人一邊。要求降減之聲益大。如臺灣工友總聯盟。去二十四日亦繳布「借家人，須躍起」之宣傳單。臺北市內圖勿論。基隆臺中臺南高雄各戶。亦配布之。其宣傳文如左
>
> 一、須起家賃引下運動。
>
> 一、要求家賃降低三成。
>
> 一、打倒惡信託屋。
>
> 一、排去惡家主。
>
> 一、宜廢止敷金制度。
>
> 一、宜廢止立退強制權。
>
> 一、借家法宜施行臺灣。
>
> 一、設借家人協會
>
> 一、內地家主自行降減。臺灣家主亦宜傚效。
>
> 一、借家人諸君。有被□□之人。□□代為紹介有經驗辯護士。
>
> 有必要時。宜案申入。…〔註103〕

〔註100〕〈臺北の家賃は三割內外は高い〉，《臺灣日日新報》，第 10624 號，1929 年 11 月 14 日，日刊 7 版。

〔註101〕〈臺中借家人の家賃引下運動〉，《臺灣日日新報》，第 10599 號，1929 年 10 月 20 日，日刊 5 版。

〔註102〕〈家主の放言から借家人の憤慨〉，《臺灣日日新報》，第 10599 號，1929 年 10 月 20 日，日刊 5 版。

〔註103〕〈順應大勢之厝稅降減時代 降減促進團體出現 本島人要求聲大〉，《臺灣日日新報》，第 10636 號，1929 年 11 月 26 日，夕刊 4 版。

　　由上面報導可以得知，自房租減低運動在 10 月興起以來，短短 1 個月便擴及於全臺各地都市，要求者也不論是日人或臺人，其訴求也逐漸具體化，除了「須起家賃引下運動」、「要求家賃降低三成」、「內地家主自行降減，臺灣家主亦宜倣效」都是跟房租減低有關外，還有「排去惡家主」、「宜廢止敷金制度」、「宜廢止立退強制權」等保護承租房屋者權益之訴求，另外由於承租者權益保護之缺乏，許多都是源自於借家法未施行臺灣之緣故，因此「借家法宜施行臺灣」也是訴求之一。

　　上述報導中的訴求還包含「設借家人協會」，則是試圖團結房屋承租者，對抗「橫暴家主」及「鬼家主」的力量，應此需求於隔年 8 月決議成立「臺灣借家人組合」，依該月報載：

　　　　厝主與稅厝主〔註 104〕之間。齟齬漸起。東京震災當時。為管束地主厝主之橫暴不當利得。遂制定借地法借家法。即現行之法律。本島此法尚未實施。最近時蒸問題。最近臺北不景氣。厝稅不降。遂有同盟不繳厝稅者。今回臺北市若竹町二丁目七番地。設臺灣借家人組合。本月中旬將舉發會式。其目的為臺灣生活者。大多數為稅厝人因小數厝主之利害與感情。致多數稅厝人居住不能安定。故稅厝人不假他人之力。宜以自力除去其障害。乃欲藉此活動。以固生活基礎也。現經多數贊成。規約書及其他具體事項。至發會時合見決定也。〔註 105〕

　　當月 23 日下午，該組合於榮座（今臺北市西門町萬國戲院舊址）召開創立總會，訂定綱領、宣言、規約等，至 13 日截止已有 200 多人加入，捐助金錢與寫信支持者也非常踴躍，〔註 106〕在該組合帶領下，嘉義、高雄的借家人組合或同盟也紛紛於同年成立。〔註 107〕這些組織成立後之活動包含：（一）舉

〔註 104〕指房客與房東。

〔註 105〕〈稅厝人組合發會式　按本月中旬舉行　藉以擁護稅厝人利益〉，《臺灣日日新報》，第 10889 號，1930 年 8 月 8 日，日刊 4 版。

〔註 106〕〈借家人組合近く創立大會〉，《臺灣日日新報》，第 10895 號，1930 年 8 月 14 日，夕刊 2 版；〈臺灣借家人組合創立總會〉，《臺灣日日新報》，第 10904 號，1930 年 8 月 23 日，日刊 7 版。報載該組合有時稱為「臺灣借家人組合」，也有稱「臺北借家人組合」者，依其創立總會日期為同日同地點看來，應為同一組織。

〔註 107〕〈高雄にも借家人組合〉，《臺灣日日新報》，第 10908 號，1930 年 8 月 27 日，日刊 5 版；〈嘉義借家人組織支部〉，《臺灣日日新報》，第 10967 號，1930 年 11 月 5 日，夕刊 4 版。

辦演講會：例如臺灣借家人組合在創立總會當日晚上即舉辦演講會，參與者相當踴躍，隨後又在同年 10 月與隔年 4 月舉辦演講會，〔註108〕1930 年 11 月在嘉義的演講會中，許多臺北借家人組合成員也到場演講，由於聽眾多達 300 餘名且非常熱烈，警察到場要求其中一名演講者中止，並帶走一名對警察口出怨言的聽眾；〔註109〕（二）發放宣傳文：如臺灣借家人組合於 1930 年 12 月間，對民眾發放宣傳文，其內容「首擇出厝主之暴利，及昨今物價暴落，唯厝稅依然維持好景氣時代，次及就職難，失業者續出，勞働賃金降下，生活陷于窮乏，終入厝稅降下猛運動，喚醒借家人自覺…」；〔註110〕（三）召開市民大會：如臺灣借家人組合於 1931 年 3 月間召開市民大會，決議事項爲「電燈三成降價」、「家賃三成降價」等，〔註111〕同年 4 月於嘉義的市民大會在豪雨中召開，仍吸引 500 餘名參加，由於會場極爲熱烈，到場警察要求 3 名中止演講，但仍在「熱狂」的氣氛下到深夜 12 點才結束。〔註112〕

該組合在成立一年以來對房東的反對言論，獲得相當大的迴響，甚至引起臺北市新起町的部分房東打算成立「貸家人組合」以之對抗，其成立目的包含對借家人組合訴求之對策研擬、承租人支付房租情形之調查、對故意不付房租之「黑名單」之相互通報，及其他有關房屋承租事項之協商等，並獲得 30 多名房東支持。〔註113〕不過隨者 1931 年起經濟不景氣也襲向了不動產市場後，造成房租的快速滑落，1932 年起借家人組合的活動也無疾而終。

由上可知 1929 年所興起的房租減低運動與借家人組合，主要係因該年開始的經濟不景氣使得求職困難、失業者出現、官員薪水減低等，但房地產景氣還在持續高熱，房租依然沒有降低的狀況下，使得承租人的不滿到了極限

〔註108〕〈臺灣借家人組合第二回演說會〉，《臺灣日日新報》，第 10946 號，1930 年 10 月 5 日，夕刊 2 版；〈借家人組合開講演會〉，《臺灣日日新報》，第 11140 號，1931 年 4 月 19 日，日刊 8 版。

〔註109〕〈嘉義市で借家演說 中止と檢束各一名を出す〉，《臺灣日日新報》，第 10982 號，1930 年 11 月 10 日，日刊 5 版。

〔註110〕〈借家人組合就降減問題力促反省〉，《臺灣日日新報》，第 11018 號，1930 年 12 月 16 日，日刊 4 版。

〔註111〕〈借家人組合市民大會〉，《臺灣日日新報》，第 11094 號，1931 年 3 月 3 日，日刊 4 版。

〔註112〕〈豪雨中に開かれた嘉義市民大會 三人も中止を命ぜらる〉，《臺灣日日新報》，第 11141 號，1931 年 4 月 20 日，日刊 5 版。

〔註113〕〈借家人に對抗し貸家人組合 臺北に組織さる〉，《臺灣日日新報》，第 11094 號，1931 年 3 月 3 日，夕刊 2 版。

而衍生的運動。由 1929 年 10 月發布「借家人，須躍起」之宣傳單者爲臺灣工友總聯盟來看，該運動與成立的組合有很強的社會運動性質，〔註 114〕後來該活動逐漸減少的原因，除了上述房租減低使得該運動訴求力道減弱以外，或許也與社會運動已逐漸被政府當局打壓有部分關係。

　　另外在 1929 年起不景氣的情況下，不僅是房租，也有土地租金減少之呼籲出現。例如大稻埕永樂町市場正門一帶之土地承租人，要求當地地主臺灣土地建物株式會社，必須因應不景氣調低土地租金，但該會社數年來都置之不理，部分承租人便索性不繳租金，累積滯納的租金甚至有高達數千圓者，直至 1933 年間，該會社開立證明向滯納者要求繳納滯納金時，引起當地承租者不滿，並找了 10 幾名人士至會社理論，要求必須調降土地租金。該會社在事後發表聲明雖未表示調降租金，但願意與承租人個別協商，代表在土地租金減少之呼籲下妥協的態度。〔註 115〕

第四節　小結

　　本章探討日治時期都市不動產市場的形成。由前述之討論，可以了解日治初期的土地調查與不動產登記制度，與中期後的都市化，不僅讓臺灣都市不動產業得以發展，也促進都市不動產市場的形成。以不動產市場的供需情形分析，日治時期的不動產業都是某些地方的大地主，這些地主許多早在日治時期開始時便搶購土地，或是利用資金的優勢逐漸收購土地者，這些地主後來在不動產市場中便是靠者土地出租便坐收其利，甚至靠者炒作土地價格獲得大量利益者。相形之下，大型不動產業者不見得都是大房東，甚至有如臺灣地所建物株式會社幾乎沒有投資房屋者，代表相對於土地，房屋較難有大規模的經營，另外除了不動產會社以外，也有靠者在臺經營有成而購買不動產，成爲當地的資產家。至於需求者方面，日治時期的居住者與商業經營者多爲土地與房屋皆承租的情形，這方面日人與外國人多於臺灣人，都市居

〔註 114〕1930 年 10 月的「臺南借家人同盟」就是由工友會總聯盟臺南支部的建議下組織，其訴求包含「一、家稅即時低下三成；二、即時撤廢借地權及權利金；三、借家交付，絕對反對；四、改善不良住宅及新設公營住宅。」見〈臺南家稅高貴　借家人同盟各方面頗爲注意〉，《臺灣日日新報》，第 10946 號，1930 年 10 月 5 日，夕刊 4 版。

〔註 115〕〈地代值下げで十數名押寄す　臺灣土地建物會社へ〉，《臺灣日日新報》，第 11835 號，1933 年 3 月 19 日，日刊 7 版。

民多於其他居民，收入較低者多於收入較高者，另外收入愈低者房租占其收入愈高，代表日本人、收入較低者是房租價格的敏感族群。

臺灣在日治時期前不動產價格極爲便宜，但在日資大舉入侵下，造成臺灣不動產價格漲幅極爲快速，尤其是土地更是成爲不動產業投資的戰場，以臺北市的臺北城地區而言，日本統治開始時許多土地 1 坪還不到 1 圓，短短 7 年已上漲了 10 倍以上，到了 1920 年土地熱時期甚至漲到最高每坪 200 圓，後來雖然有短期下跌，但仍有 100～180 圓，1928 年的京町甚至出現過每坪 300 圓的高價，顯示臺北土地交易的熱絡程度。與同時間的日本相較，可以發現臺北市中心的地價即使不如東京、大阪的黃金地段，但仍超過都市郊區，代表臺灣都市地價足以與日本都市比擬。

與土地相比，日治時期的房屋市場較爲複雜，尤其 1919 年出現住宅不足後出現「住宅難」的現象。造成這現象的原因除了都市人口的增加、官方宿舍興建的消極、建築費用的高漲以外，不動產業只競逐於土地投資，放任讓土地任其荒廢也是重要原因。「住宅難」的現象使得房屋市場嚴重失靈，房租甚至有短短半年內大漲兩次以上的狀況，造成當時都市居民苦不堪言，出現「鬼家主」、「橫暴家主」的名詞。但也因爲房租價格的大漲與建築價格的下降，逐漸刺激了 1920 年代房屋的建造，並持續到 1930 年不景氣開始依然處於高熱的狀態，但也因此造成房租依然居高不下，直到 1931 年起不景氣也襲向不動產市場後，房租才逐漸下落。

都市不動產市場所發生的社會問題，在日治初期主要是集中在日資進入時因不了解臺灣舊慣，所產生與臺灣人的衝突，這在基隆特別嚴重。1919 年起隨者都市化等因素造成「住宅難」的出現，該社會問題便轉化爲房客與房東之間的問題，當時房東之所以被稱爲「鬼家主」或「橫暴家主」，除了上述房租不合理的調升以外，面對遲繳房租的房客，以拆除家具、破壞房屋並將房客任意逐出，甚至不法拘禁的事件時有所聞，面對這樣的「鬼家主」或「橫暴家主」，房客由於處於社會弱勢加上當時缺乏法律保護，通常僅能輕易就範。面對當時「住宅難」的問題，政府雖然試圖推動公共住宅、低利貸款、住宅組合等政策，但效果均有限，甚至連日本本土所通過的借家法、借地法、住宅組合法等有效解決不動產市場問題的法案都沒有在臺施行，可見當時臺灣當局對於該問題的消極程度。

1920 年代因「住宅難」引發的社會問題，在 1929 年起與社會運動結合，

發起了「房租減低運動」，並成立了「借家人組合」與其他類似團體，其訴求除了要求減低房租以外，還包含廢除押金、廢除驅逐房客法律、要求借家法施行於臺灣等。該運動在雖然隨者後來房地產不景氣，使得運動訴求力道減弱而消退，但曾在民間引起很大回響，這也是當時不動產業對利益的貪婪，與政府對居住問題無力解決的象徵。

第五章　結　論

　　臺灣在日治時期隨者都市的形成，而產生之前農業社會從來沒出現過的都市不動產業。都市不動產除了滿足「住」的需求中最重要的商品以外，因爲其特殊的性質，也是熱門的投資標的。本文討論 1895～1936 年都市不動產業的發展及帶來的影響。

一、都市不動產業的形成

　　臺灣在日治時期前尚未有近代都市的形成，但卻在日本統治開始的同時，部分區域的不動產卻已成爲日資搶奪的戰場，而成爲近代不動產業形成的基礎。日本在明治維新時靠者政商關係，產生許多富可敵國的財閥，這些財閥靠者大量的資金優勢、良好的政商關係、臺灣不動產價格便宜等因素，在 1895 年日本來臺不久政局尚未穩定前，便搶先購買臺灣的土地。日資搶購的不動產是以基隆、高雄、臺北的「兩港一市」爲中心，前兩者後來成爲日治時期臺灣北部與南部最重要的港口，後者是日本在臺統治的行政中樞，因此日資搶購不動產也並非漫無目標，而是跟隨者日本政府對於臺灣建設的政策而來，而且後來「兩港一市」都陸續在日本統治開始 15 年內發布首次市區改正計畫（或市區計畫），證明當時日資投資不動產的眼光。例如淺野總一郎早在日本統治開始隔年，便搶先購買今高雄市鼓山區的一片荒涼之地，而當時的高雄港只是極小的地方港，甚至還未出現大規模築港的計劃，僅止於首任臺灣總督的一個紙上談兵的想法而已，由此可見當時淺野總一郎搶購高雄土地的大膽果決，但也顯示他身爲日本財閥所能掌握的政商關係。

　　但就如同淺野投資高雄土地的大膽果決一班，當時日資來臺投資不動產的風險極大，政局不穩、統治政策不明、語言不通、交易制度未全、法律習

慣不同等都是風險所在，因此當時來臺投資不動產與其是「投資」，更接近冒
險的「投機」，其中法律習慣不同的風險，後來在基隆的土地調查期間引爆爲
基隆土地糾紛事件。早在日軍來臺之際，首任總督樺山資紀便提出基隆築港
的必要性，因此日資眼見基隆發展港灣都市的良機，便大肆搶購基隆港周邊
的土地，但在不了解臺灣舊慣之情況下，在此事件中差點未被認定爲土地的
業主權人（即實質所有權人），但後來卻因政府的判決而逆轉。如照當時原來
業主權之認定，當時的地主如中立起業株式會社與淺野總一郎便喪失大多數
的基隆土地權利，後來合併前者之臺灣建物株式會社也不可能成爲基隆的大
地主，因此該紛爭事件對於日後不動產會社與經營影響很大。

　　臺灣建物及臺灣地所建物株式會社等兩大不動產會社分別在1908與1910
年成立，兩者雖然有許多不同，例如前者是臺日合資的多人募股企業，後者
是純日資的財閥旗下事業，但成立過程最相似的地方，就是兩者都與築港工
程及首次市區改正有直接關係，而且都吸收前述日資來臺搶購「兩港一市」
不動產的結果。臺灣建物株式會社的緣由是來自於基隆築港工程衍生的哨船
頭街的建物開發，當局藉市區改正有意將該街區改造爲現代的模範街區，因
此找上荒井泰治這當時的商業知名人士協助募資成立，而且也藉此會社解決
來臺日本人的居住問題，另外在成立後合併了中立起業株式會社，代表吸收
了中立起業日治初期在基隆的不動產投資。臺灣地所建物株式會社的基礎來
自於淺野總一郎在日治初期在高雄所購買的土地，但當時土地毫無價值可
言，之所以能開發成「哈瑪星」的新興都市，關鍵在於高雄的築港工程與首
次市區改正，該會社也是在築港工程與市區改正的同時間成立。該兩大會社
不但都在基隆、高雄等日治時期港灣都市地位的確立下成立，而且對「兩港
一市」的現代都市形成具有一定的貢獻。

　　日治時期臺灣不動產業的形成與日本相較，可以發現顯著的不同。日本
不動產業的發展，係以幕府時代結束後取消土地買賣禁令、土地調查及推行
不動產登記制度爲契機，之後明治維新後的產業革命，使得日本人口快速向
都市集中，而都市化的形成便形成「住」的需求，形成不動產業發展的有利
環境。但日本治臺開始時，臺灣尚未有工業化與都市化，甚至連產權與舊有
習慣都與近代的不動產法律觀念相差甚大，在此之下所形成的不動產，帶
有很大的殖民地經濟特徵。

　　由以下幾點可以發現日治初期臺灣不動產會社形成的殖民地經濟特徵。

首先，該會社的成立緣由均來自政府的建設政策，也受到政府的指導，例如臺灣地所建物株式會社與打狗整地株式會社在高雄的土地開發都受到官方指示，臺灣建物株式會社不但成立也受到官方指導，甚至還直接接受政府的補助與優惠。其次，該產業所擁有不動產的資金與開發技術大多來自日本而非臺灣，例如臺灣地所建物株式會社的土地都來自治臺初期淺野總一郎在高雄、基隆搶購的土地，在高雄填海造陸的技術也來自日本；臺灣建物株式會社所合併的中立起業株式會社，也是在治臺初期搶購基隆土地的日資之一，開發「大正街」的技術也來自日本經驗。最後，日治初期不動產業的經營許多係配合日本政府政策或以日本人為考量，例如臺灣建物會社是以日本政府要求由單一會社開發基隆哨船頭街而成立，而所建造的基隆、臺北街道的西式風格建築也是依政府要求建築，帶有殖民主義的風貌，臺北的「大正街」係該會社打造的日式風格高級住宅區，甚至不歡迎臺人居住此地，顯然該會社設立當時所宣稱要解決的「居住問題」，對象僅是來臺的日本高官顯要。

1919 年起隨者都市成長而產生「住宅難」的問題，加上改制市制、土地投資熱等因素，成為不動產業大幅擴展的契機，這時所成立的不動產業始擺脫殖民地經濟的性質，而成為都市化所產生的自然現象。因此不動產業的形成可以 1919 年作為分水嶺，在此之前出現的不動產業為殖民地經濟的產物，之後不動產業始因都市化而加速成長，逐漸接近日本不動產業的發展模式。

二、都市不動產業的經營

在不動產業的經營上，毫無疑問臺灣土地建物會社是日治時期不動產業的領航者，包含「大正街」的土地開發、不動產金融的引進都是當時的創舉。除了自有的土地、房屋的出租業務外，該會社在土地買賣的積極性明顯高於房屋，尤其在合併中立起業株式會社，免費取得基隆土地的龐大資源後，便利用多餘資金大量購買臺北的土地，適逢臺北因為都市化與改制形成投資土地的熱潮，該會社便靠者土地買賣獲得大量的利益。在不動產金融方面，由東京建物株式會社引進「不動產分期貸款」，代表不動產業的成熟與專業化，隨者 1919 的不動產熱潮，該業務所形成的利息收入成為該會社的收入主力之一，但該會社業務成長依賴銀行借款，借款利息的負擔也隨者業務擴展而增加，經營風險也隨之增加。

臺灣建物會社在臺北的「大正街」，與淺野總一郎與打狗整地株式會社在

高雄的土地開發，是日治時期臺灣民間大規模土地開發的始祖，由於大規模土地開發需要大量的資金，而開發所得土地也需要吸引外人租借資金才得以回收，因此需大型會社始能達成，臺灣建物會社與臺灣地所建物株式會社因自有資金充實，加上成功吸引居住者與店家前來，因此成爲土地開發成功的典型範例，相形之下由荒井泰治所成立的打狗整地株式會社在高雄的土地開發由於資金不足，需依賴銀行借款挹注，加上開發完成的土地距離高雄鬧區頗遠，在土地承租上經營並不理想，在收入無法支應費用（包含借款利息）下而宣告解散。

經營主體在基隆、臺北的臺灣土地建物株式會社，與經營主體在高雄、基隆的臺灣地所建物株式會社，兩者都是日治時期的大型不動產業，但不論是經營策略與結果都南轅北轍。在持有不動產區位上，前者在基隆成爲大地主而且佔有黃金地段下，其經營結果遠超出後者，相反的後者在高雄「哈瑪星」的土地開發成功之下，直到日治時期結束都是該會社收入的金雞母。在經營策略上，前者除了土地、房屋的承租以外，還積極開發不動產買賣、不動產金融等業務，其營業範圍也廣至嘉義、高雄、廣東與日本，十足展現旺盛的企圖心，但後來因爲金融業務擴張過度，而在 1931 年起的不景氣中受到重創，甚至侵蝕到原有不動產業務的經營基礎；相形之下後者始終都以高雄、基隆的土地承租作爲核心業務，就連土地買賣都少有，顯示經營的保守性，但在 1931 年起的不景氣中反而平安度過。本文不會斷定兩者經營策略之優劣，但藉由兩者之間經營之比較，可以做爲臺灣企業史研究之參考。

三、都市不動產業的影響

日治時期的不動產業對臺灣造成許多重大的影響，其中最大的影響便是都市的形成或改造，尤其以高雄的影響最大。日治時期前的高雄只是臺南的附屬港口，除了港口的周邊還有少許漢人市街外，其餘不要說是不毛之地，甚至部分地區還是鹽田沼澤，根本不適人居住，但在淺野總一郎與打狗整地株式會社的土地開發，加上高雄築港與高雄車站的帶動之下，日治時期的高雄形成以「哈瑪星」爲核心的新興都市，學校、公有市場、郵政電信總局、銀行等現代化商業與公共建設都匯集於此，1920 年高雄獨立於臺南改制爲州，與 1924 年改制爲市，使得高雄市成爲高雄州的行政中心。高雄在日治時期前還只是鳳山的附屬小型市街，但在上述政府政策與土地開發的帶動下，

1910 年到 1930 年 20 年間人口增加了 5 倍以上。日治後期原有的「哈瑪星」
已無法容納都市發展，造成高雄車站與都市核心的東移，也代表當時政府當
局要求打狗整地株式會社開發土地的遠見。戰後高雄市於 1979 年人口已達 100
萬人，並改制爲直轄市，2010 年底與原有高雄縣合併前，高雄市已達 150 萬
人以上，能有今天的發展，日治時期的築港與政府改制的政策自然是主要因
素，但不動產業在高雄的土地開發也功不可沒。

　　臺灣土地建物株式會社對於不動產業也有不少貢獻，例如將原本凹凸不
平且環境不良的「三板橋」，改造成日治時期臺北的高級住宅區「大正街」，
與基隆哨船頭街、臺北城內的街道建築改造，都型塑了現代都市的景觀印象。
該會社將不動產金融引進臺灣，尤其分期付款使得購買不動產更爲容易，有
效促進不動產市場的活絡。最後不能忽視的影響是，該會社是日治初期少數
臺日合資的企業，在臺灣尚未適用商法之前，該會社相信帶給臺灣人不少日
本自明治維新以來引進西方會社制度的成立與經營經驗，1923 年商法適用於
臺灣後，以臺灣五大家族爲首的臺資會社便紛紛出現，而且不乏株式會社之
組織，相信有不少係受到包含臺灣土地建物株式會社爲主日資企業之啓發。

　　在臺不動產業的土地開發成功經驗，甚至回流至日本，成爲殖民地產業
經驗回饋本土的少數案例。例如淺野財閥在 1910 年代起在今神奈川縣橫濱市
鶴見區的港灣與土地開發，便是有吸收高雄港灣與土地開發的經驗，尤其協
助鶴見土地開發的設計者，正是曾任臺灣總督府技師，擔任高雄港建設事務
局長的山本要助。〔註1〕1923 年（大正 12）關東大地震重創東京後，隔年臺
灣土地建物會社便決定於東京創立第一土地建物株式會社，包含荒井泰治、
木村泰治在內，會社高層幾乎沿襲自臺灣土地建物株式會社，該會社在東京
上北澤地區（今東京都世田谷區）的土地開發，與臺北「大正街」開發概念
相同，都成爲市外住宅區開發的成功案例。〔註2〕

〔註1〕斎藤憲，《稼ぐに追いつく貧乏なし──淺野総一郎と淺野財閥》（東京都：
　　　 東洋經濟新報社，1998 年），頁 152。當時主要投資港灣與土地開發者尚有安
　　　 田財閥創始人安田善次郎，即東京建物株式會社的創始者，後人爲表彰淺野、
　　　 安田氏對該地開發的貢獻。今 JR 鶴見線（原淺野氏等人開發之鶴見臨港鐵道）
　　　 有兩車站分別以「淺野」與「安善」爲名。
〔註2〕有關第一土地建物株式會社在東京上北澤的土地開發，詳見陳正哲，〈植民地
　　　 都市景観の形成と日本生活文化の定着－日本植民地時代の台湾土地建物株
　　　 式会社の住宅生産と都市経営－〉，東京大学大学院工学系研究科博士論文，
　　　 2004 年，頁 116～125。

　　日治時期的不動產業對臺灣的另一重大影響，便是不動產市場的形成。臺灣在日治時期前是農業社會，在土地交易較少的情況下，難謂有所謂的不動產「市場」存在，而這在日資跟隨者日本政府來臺後便立即改觀，尤其基隆在日治初期的現象更可以「天翻地覆」來形容，而這也是都市臺灣不動產市場形成的初期面貌。基隆身為歷任臺灣總督大力鼓吹建設的港口，成為日資最重要的下手目標，在日本統治開始短短幾年內不但陷入周邊土地搶購的熱潮，而且不動產價格更隨者築港政策暴漲暴跌，顯示臺灣的不動產突然變成投機炒作的「商品」，這是日治時期前沒有的現象。另外由土地調查所衍生的基隆土地紛爭事件，可以了解日資試圖挑戰臺灣舊慣中租金不變的「地基租」規則，而且挑戰成功後便立即打破這規則提高租金，也就是說該紛爭事件代表土地租賃的市場已逐漸形成。由日治時期地價與房租的持續上漲，代表臺灣的舊慣已隨者時間逐漸打破。

　　臺灣都市不動產市場的另一關鍵是土地調查與都市人口的增加。日本政府的土地調查的指定業主權與消除大租戶，使得臺灣的不動產產權與現代所有權接軌，加上不動產登記制度的推行，使得不動產交易獲得保障，掃除了臺灣的不動產市場發展的最大障礙。日治初期來臺的日資與日本人基於居住與投資的需求，成為發展不動產市場的契機，之後隨者都市化所形成的需求，不動產市場便逐漸蓬勃發展，不動產買賣登記隨者時間逐漸增加，與日本傳來的「坪」至今依然是臺灣不動產的民間常用單位，便是日治時期不動產市場蓬勃發展的證據。

　　日治時期的不動產市場產生許多問題，這些問題不但都是日治時代才產生，而且許多都與不動產業有直接關係。首先日治初期日資的大舉侵入臺灣不動產，與原有的臺灣人產生不少衝突，這方面的衝突以基隆土地紛爭事件最為重大且影響深遠，在這事件發展中可以發現日資是如何與居民修改租約或提高地基租，而且又因此而造成業主權的歸屬對日資有利，還可以發現日資一取得業主權，立即提高租金、增收押金、要求保證人，甚至對於滯納租金採取強制執行扣押財產等強硬手段，這些居民可以說是不動產市場最早的受害者。

　　日治時期臺灣的不動產價格的漲跌快速，成為不動產市場的另一問題，以臺灣的市政中心，也是在臺日本人居住最集中的臺北市為例，在日資看好臺北市的都市發展潛力而搶購不動產，與在來臺日本人大多選擇租屋的情況

下，1902 年便已有臺北居民反映房租高昂之苦。由報章雜誌的地價與房租價格的報導，可以發現日治時期臺北市的地價與房租雖然有短時間的漲跌，但長期的趨勢而言大多都是上漲的，直到 1931 年起的不景氣爲止，尤其臺北城內地價更是從日治初期不到 1 圓上漲到 1920 年的 200 日圓左右，1928 年甚至曾出現 300 日圓的高價。1920 年左右受到住宅不足的「住宅難」現象之影響，使得臺北市地價與房租的漲幅極大，其高昂甚至與經常與東京相比。

　　不動產業大量侵入土地的結果，使得地價快速上漲，帶動土地投機炒作的不良風氣。由報載可以發現，在輿論預期地價上升時，往往立即形成土地的投機熱潮，而熱潮一過又可能快速退燒，有報載部分臺灣商人跟隨者日資一樣投資土地，而最後慘賠之例子。雖然也有像臺灣土地建物株式會社運用資金優勢大量購買土地而長期持有，後來靠者賣出土地獲得大量利益者，也因此較少受到地價短期漲跌之影響，但大量囤積土地再靠地價上漲而獲利的作法也頗有爭議。

　　1919 年開始受到都市人口上升、官員宿舍建設不足、建築材料價格飛漲、不動產業者囤積土地任其閒置等因素，產生住宅不足的「住宅難」現象。「住宅難」代表不動產市場嚴重的失衡，最明顯的現象是房租價格甚至可以在短短半年之內上漲 6 成以上，加上當時缺乏保護承租人的法令，因此都市居民的苦痛在當時可以說是前所未有。住宅不足現象由於極爲嚴重，因此直到 1920 年代以後即使因爲建築材料下跌及投資效益較高而吸引業者提供住宅，但失衡現象依然持續者（尤其受到政府公有住宅、低利資金政策均緩不應急的情形下），直到 1931 年起才因不景氣而逐漸沉息。

　　「住宅難」的最大影響便是房東與房客的衝突層出不窮，許多房東不僅提高租金，甚至利用拆除家具、軟禁房客等強硬手段，使得「鬼家主」、「橫暴家主」成爲當時出租人的代名詞。這現象不僅發生於臺灣，日本也普遍發生，而使日本政府爲了保護承租人，在 1921 年制定了「借家法」與「借地法」等法令，但未施行於臺灣。1929 年經濟不景氣開始後，房客的不滿與社會運動相結合，產生了房租減低運動與「借家人組合」，這也是當時都市居民對不動產市場的失衡現象忍無可忍的反撲。

　　而「住宅難」現象影響的最大深層問題便是住宅環境的惡化，並影響都市居民的健康與安全問題，例如報導指出 1921 年間基隆的住宅因爲嚴重不足，房租甚至比臺北與東京都貴，造成許多居民被迫居住在衛生不良的房屋

內，甚至形成居民的健康問題，當時基隆當地最大的不動產業者正是臺灣土地建物株式會社，對比當時成立時所聲稱「解決居住問題」的經營目的，眞是莫大的諷刺。

　　由本文所討論的日治時期不動產市場及其社會問題，如地價與房租過高引起民怨、房東與房客的衝突、公共住宅之出現，以及由以上問題所產生的社會運動，許多都與今日不動產市場與問題極爲類似，但尚須有進一步之研究比較此跨期間的差異，藉此了解近代臺灣都市經濟的問題與對策。另外本文所討論的不動產市場以臺北市爲主，如與臺灣其他城市，甚至其他亞洲城市的不動產市場比較，或許可以更清楚了解臺灣近代不動產業的產生與經營，及不動產市場及其問題的異同與特殊之處，並了解臺灣等亞洲新興城市在面對近代工商業化所形成都市化的浪潮中，是如何產生「住」的問題與其因應之道。

徵引書目

一、檔案

1. 〈四十三年度臺灣建物株式會社收支計算書〉,《臺灣總督府公文類纂》, 明治四十四年十五年保存追加第八卷。

2. 〈基隆哨船頭街所在築港埋立地無料貸下許可ノ件〉,《臺灣總督府公文類纂》,明治四十一年永久保存第二十八卷。

3. 〈基隆築港調查一班(明治三十五年三月末日調).他一括〉,《後藤新平文書》。

4. 〈臺灣建物株式會社基隆街哨船頭埋立地建物設計并仕樣認可〉,《臺灣總督府公文類纂》,明治四十一年十五年保存特殊第一卷。

二、營業報告書

1. 打狗土地株式會社,《營業報告書》(1916～1919)。

2. 打狗整地株式會社,《營業報告書》(1916～1920)。

3. 臺灣土地建物株式會社,《營業報告書》(1909～1936)。

4. 臺灣地所建物株式會社,《報告書》(1917～1935)。

5. 臺灣建物株式會社,《營業報告書》(1909～1915)。

三、調查統計資料

1. 杉浦和作,《第五版 臺灣會社銀行錄》(臺北:臺灣實業興信所,1924年)。

2. 臺北市役所社會課、臺北市社會事業助成會,《臺北市に於ける中間層俸給生活者住宅調查》(臺北市:臺灣日日新報社,1936年)。

3. 臺北州知事官房文書課,《昭和元年臺北州統計書》(臺北:合資會社尾

阪商店，1928 年）。

4. 臺灣總督府，《臺灣社會事業要覽》（臺北市：山科商店印刷所，1935 年）。

5. 臺灣總督府官房文書課，《臺灣總督府第十統計書》（臺北：臺灣日日新報社，1908 年）。

6. 臺灣總督府臨時國勢調查部，《大正九年十月一日第一回臺灣國勢調查（第三次臨時臺灣戶口調查）集計原表（州廳ノ部）》（臺北：盛文社，1924 年）。

7. 臺灣總督府總督官房統計課，《臺灣總督府第十四統計書》（臺北：臺灣日日新報社，1912 年）。

8. 臺灣總督官房統計課，《臺灣總督府第十八統計書》（臺北：臺灣印刷株式會社，1915 年）。

9. 臺灣總督官房調查課，《臺灣總督府第二十二統計書》（臺北：小塚印刷工場，1919 年）。

10. 臺灣總督官房調查課，《臺灣總督府第二十六統計書》（臺北市：松浦屋印刷部，1924 年）。

11. 臺灣總督官房調查課，《臺灣總督府第三十統計書》（臺北市：株式會社臺南新報社臺北印刷所，1928 年）。

12. 臺灣總督官房調查課，《臺灣總督府第三十四統計書》（臺北市：江里口商會印刷工場，1932 年）。

13. 臺灣總督官房調查課，《臺灣總督府第三十八統計書》（臺北市：松久商行印刷部，1936 年）。

14. 鹽見喜太郎，《〔昭和十二年版〕臺灣銀行會社錄》（臺北：臺灣實業興信所，1936 年）。

四、人物誌、人士鑑

1. 大園市藏，《臺灣人物誌》（臺北：古澤書店，1916 年）。

2. 臺灣新民報社調查部，《臺灣人士鑑》（臺北：株式會社臺灣新民報社，1934 年）。

3. 臺灣新民報社編，《臺灣人士鑑》（臺北：株式會社臺灣新民報社，1937 年）。

五、日文舊籍

1. 中山馨、片山清夫，《躍進高雄の全貌》（高雄：作者自印，1940 年）。

2. 岩田久太郎，《「明治四十四年」打狗港》（出版地、出版者及出版年不詳）。

3. 臺灣土地調查局，《臺灣舊慣制度調查一班》（大阪：中村印刷所，1901

年）。

4. 臺灣日日新報,《臺灣の工業地　打狗港》（臺北：臺灣日日新報社,1918年）。

5. 臺灣事業通信社,《臺灣の事業人と土地》（臺北市：臺灣事業通信社,1931 年）。

六、報刊雜誌

（一）期刊

1. 北鳴聲,〈臺灣事業界の人物（五）〉,《臺灣》,第 17 期（1911 年）,頁 47～54。

2. 吳文星,〈李春生——白手起家的富豪思想家〉,《臺灣文學評論》,第 5 卷第 1 期（1995 年 1 月）,頁 20～21。

3. 張守眞,〈哈瑪星：擁有許多「第一」的現代化新市街〉,《高雄文獻》,第 20 卷第 2 期（2007 年 6 月）,頁 1～39。

4. 陳全永,〈本島市街地に於ける住宅問題〉,《社會事業の友》,第 2 期（1928 年 12 月）,頁 42～49。

5. 曾憲嫻,〈日治時期市區改正到都市計畫〉,《臺灣學通訊》,第 60 期（2011 年 12 月 10 日）,頁 6～7。

（二）報紙

1. 《經濟日報》（1989～2014）

2. 《聯合晚報》（2013）

3. 《臺灣新報》（1897～1899）

4. 《臺灣日日新報》（1899～1936）

七、專書

1. 不動產業界沿革史出版特別委員會,《不動產業界沿革史》（東京：社団法人東京都宅地建物取引業協會,1975 年）。

2. 王泰升,《台灣日治時期的法律改革》（臺北：聯經出版事業股份有限公司,2005 年）。

3. 司馬嘯青,《臺灣五大家族（下）》（臺北市：自立晚報社,1987 年）。

4. 矢內原忠雄,《日本帝國主義下的臺灣》（臺北市：吳三連臺灣史料基金會,2004 年）。

5. 江丙坤,《臺灣研究叢刊第一〇八種：臺灣田賦改革事業的研究》（臺北市：臺灣銀行,1972 年）。

6. 李春長，《不動產經濟學》（臺北市：智勝文化事業有限公司，2012 年）。

7. 東京建物株式會社社史編纂委員會，《信賴を未來へ——東京建物百年史》（東京：東京建物株式會社，1998 年）。

8. 林英彥，《土地經濟學》（臺北市：文笙書局股份有限公司，1999 年）。

9. 涂照彥，《日本帝國主義下的臺灣》（臺北市：人間，1991 年）。

10. 浅野總一郎、浅野良三，《〈伝記〉浅野總一郎》（東京：太空社，2010 年）。

11. 斎藤憲，《稼ぐに追いつく貧乏なし——浅野総一郎と浅野財閥》（東京都：東洋經濟新報社，1998 年）。

12. 經濟史研究会，《日本經濟史辞典下卷》（東京都：株式会社日本評論社，1965 年）。

13. 連雅堂，《（校正修訂版）臺灣通史（下）》（臺北市：黎明文化事業股份有限公司，1985 年。

14. 森川英正，《日本財閥史》（東京：株式會社ニュ——トンプレス，1978 年）。

15. 菊地浩之，《日本の 15 大財閥》（東京：株式會社平凡社，2009 年）。

16. 黃武達，《日治時代（1895～1945）臺北市之近代都市計畫》（臺北縣板橋市：臺灣都市史研究室，1997 年）。

17. 劉亞秋、薛立言，《財務管理概論》（臺北市：臺灣東華書局股份有限公司，2011 年）。

18. 橘川武郎、粕古誠編，《日本不動產業史》（名古屋：名古屋大學出版會，2007 年）。

19. 謝劍平，《投資學——基本原理與實務》（台北市：智勝文化事業有限公司，2009 年）。

八、論文

（一）期刊論文

1. 林文凱，〈日治初期基隆土地糾紛事件的法律社會史分析〉，《成大歷史學報》，第 48 號（2015 年 6 月），頁 121～156。

2. 鍾淑敏，〈政商與日治時期東臺灣的開發——以賀田金三郎爲中心的考察〉，《臺灣史研究》，第 11 卷第 1 期（2004 年 6 月），頁 79～117。

（二）專書論文

1. 小野浩，〈住宅市場與と政策〉，收錄在老川慶普、須永德武、谷ケ城秀吉、立教大学経済学部編，《植民地台湾の経済と社会》（東京都：日本

經濟評論社，2011 年），頁 233～270。

2. 李力庸，〈日治時期臺灣的建築組合與都市建設〉，收錄於馬傑偉編，《中國城市研究探索》（香港：香港中文大學香港亞太研究所，2009 年），頁 23～55。

3. 許雪姬，〈日治時期的板橋林家——一個家族與政治的關係〉，收錄在張炎憲、李筱峯、戴寶村編，《臺灣史論文精選》（臺北市：玉山社出版事業股份有限公司，1996 年），頁 77～130。

（三）學位論文

1. 尹詩惠，〈艋舺、大稻埕、城內機能之轉換〉，國立臺灣師範大學地理研究所碩士論文，2000 年。

2. 王慧瑜，〈日治時期臺北地區日本人的物質生活（1895～1937）〉，國立臺灣師範大學臺灣史研究所碩士論文，2010 年。

3. 吳欽賢，〈日據時期高雄市都市發展與計畫歷程之分析〉，國立臺灣大學土木工程學研究所碩士論文，1978 年。

4. 周耀裕，〈煤礦產業與地方社會——以台北土城地區為例〉，國立中央大學歷史研究所碩士論文，1997 年。

5. 陳正哲，〈植民地都市景観の形成と日本生活文化の定着—日本植民地時代の台湾土地建物株式会社の住宅生産と都市経営—〉，東京大學大學院工學系研究科博士論文，2004 年。

6. 陳凱雯，〈日治時期基隆築港之政策、推行與開展（1895～1945）〉，國立中正大學歷史研究所博士論文，2014 年。

7. 陳凱雯，〈帝國玄關——日治時期基隆的都市化與地方社會〉，國立中央大學歷史研究所碩士論文，1995 年。

8. 曾憲嫻，〈日據時期土木建築營造業之研究——殖民地建設與營造業之關係〉，中原大學建築研究所碩士論文，1997 年。

9. 黃郁軒，〈日治時期臺北城內街屋現代化過程之研究〉，國立台北藝術大學建築與古蹟保存研究所碩士論文，2011 年。

10. 溫振華，〈二十世紀初之臺北都市化〉，國立臺北師範大學歷史研究所博士論文，1986 年。

11. 廖春生，〈台北之都市轉化——以清代三市街（艋舺、大稻埕、城內）為例〉，國立臺灣大學土木工程研究所碩士論文，1988 年。

12. 廖師慧，〈日治時期水泥工業的發展—以淺野財閥為中心—〉，國立高雄第一科技大學應用日語系碩士論文，1994 年。

13. 潘彥瑋，〈由歷史圖說檢視日治時期哈瑪星與鹽埕地區之都市空間〉，樹德科技大學建築與古蹟維護系碩士論文，2006 年。

14. 戴寶村，〈近代臺灣港口市鎮之發展：清末至日據時期〉，國立臺灣師範
大學歷史研究所博士論文，1987 年。

九、網路資料

1. デジタル版日本人名大辞典+Plus：https://kotobank.jp/word/%E4%B9%85
%E7%B1%B3%E6%B0%91%E4%B9%8B%E5%8A%A9-1072343

2. 渋沢栄一伝記資料：https://eiichi.shibusawa.or.jp/denkishiryo/digital/main/
index.php?DK070051k_text

3. 渋沢社史データベース：http://shashi.shibusawa.or.jp/details_siryo.php?sid
=9770

附錄一：1936年總社設於臺北市的不動產會社

一、株式會社（28家）

會社名	地址	設立年月	資本金	實收資本金	取締役社長（代表取締役）	取締役	監察役
大永興業株式會社	臺北市末廣町	大正10年3月	5,000,000	1,350,000	林熊徵	張園、張國清	許智貴、吳國治
訓眉建業株式會社	臺北市大正町	大正11年12月	5,000,000	1,250,000	林鼎禮	張松、龔鼎煌	林履信、陳曉孫、林周氏竹君
大有物產株式會社	臺北市永樂町	大正11年2月	3,000,000	900,000	林熊祥	汪明燦、迫田茂	友田勇、周碧
朝日興業株式會社	臺北市永樂町	大正11年1月	1,000,000	250,000	林熊光	陳振能、蔡法平	林文子、施氏翔
福興建業株式會社	臺北市大正町	昭和9年5月（存立30年）	200,000	50,000	林熊光	張松、林履信	林鼎禮、林氏阿謹
林本源興殖株式會社	臺北市大正町	大正12年3月	1,000,000	250,000	林松壽	林祖壽、林張氏妙瑛	林黃氏進喜、王氏玉瑛
鶴木產業株式會社	臺北市下奎府町	大正14年3月（存立30年）	1,000,000	250,000	邱木	林鶴壽、林蘇氏鹽椴、賴流	林楊氏三妹、林文欽

林本源柏記產業株式會社	臺北市圓山町	大正 11 年 9 月	2,000,000	700,000	林柏壽	林陳氏瓊枝、林祖壽	郭廷俊
振成興產株式會社	臺北市末廣町	大正 12 年 3 月	2,000,000	700,000	黃在榮	黃在義、黃吳氏溫如	陳氏麟治
臺灣農林株式會社	臺北市末廣町	大正 9 年 4 月（存立 30 年）	2,000,000	500,000	張園	黃炎生、渡邊與一	許智貴、李根盛
臺灣土地建物株式會社	臺北市北門町	明治 41 年 4 月	1,500,000	1,500,000	木村泰治	池田又四郎、林熊徵、木村久太郎、後宮幸太郎	坂本信道、近江時五郎
張東隆殖產株式會社	臺北市太平町	昭和 11 年 9 月（存立 50 年）	1,000,000	400,000	張東紅	張木、張東清、張東華、張地、張歐波、張水福	張火明、張土、黃淵源
株式會社賀田組	臺北市榮町	昭和 3 年 9 月	500,000	200,000	賀田以武、酒井政一郎	三木宇三郎、市川義雄、波多野岩次郎	梅野清太、賀田直治
株式會社櫻井組	臺北市北門町	大正 12 年 6 月	1,000,000	250,000	櫻井貞次郎	櫻井賢一郎、櫻井信太郎	櫻井三重郎、櫻井愛藏
株式會社高砂商店	臺北市表町	大正 11 年 5 月	500,000	500,000	上田光一郎	上田東平、岡崎文雄	上田善一郎
株式會社豐榮社	臺北市本町	昭和 8 年 2 月（存立 20 年）	200,000	50,000	桑田剛助	西村武士郎、黃鐵	吉岡德松、豬坂利夫
張馥泉株式會社	臺北市下奎府町	昭和 2 年 8 月	100,000	100,000	張陳氏紅綢	陳氏招治、張坤	高森杏

昭和拓殖株式會社	臺北市末廣町	昭和 2 年 5 月（存立 20 年）	500,000	150,000	張國清	林耀焜、徐乃庚	李根盛、盧秋鴻
協益拓殖株式會社	臺北市御成町	昭和 4 年 3 月（存立 30 年）	100,000	40,000	張國清	徐乃庚、李境懺	張園
久大實業株式會社	臺北市末廣町	昭和 3 年 8 月（存立 30 年）	500,000	400,000	張國清	吳國治、黃炎生	吳金水
永昌產業株式會社	臺北市下奎府町	大正 13 年 10 月（存立 30 年）	100,000	50,000	許丙	張園、許葉氏白	張國清
協成土地建物株式會社	臺北市末廣町	大正 13 年 12 月（存立 30 年）	50,000	25,000	張國清	吳國治、吳金水	林輝焜
新新興業株式會社	臺北市宮前町	昭和 3 年 8 月（存立 30 年	50,000	25,000	張園	許丙、張國清	張周氏查某
永代建業株式會社	臺北市下奎府町	昭和 3 年 9 月（存立 30 年）	50,000	25,000		邱木、邱有福、李境懺	張桓
共榮拓殖株式會社	臺北市太平町	昭和 9 年 6 月（存立 20 年）	25,000	12,500	洪三成	洪七成、王錦東	洪毓慶、洪郭氏碧玉
新高拓殖株式會社	臺北市御成町	昭和 3 年 8 月（存立 20 年）	100,000	25,000	林扨煥	白石運市、林同	廖阿松
朝日拓殖株式會社	臺北市日新町	昭和 11 年 9 月（存立 20 年）	50,000	50,000	李昆玉	井上富雄、黃順昌	黃美蓉
臺灣土地住宅株式會社	臺北市永樂町	昭和 11 年 7 月（存立 30 年）	50,000	12,500	林根木	郭國城、杜財源、楊永清、林修	楊定

二、合資會社（13 家）

會社名	地址	設立年月	資本金	代表社員
京和合資會社	臺北市大和町	大正 14 年 3 月（存立 15 年）	100,000	早田萬介
合資會社黃鼎美商店	臺北市龍山寺町	大正 12 年 5 月（存立 40 年）	55,300	黃金生
合資會社春記商行	臺北市元園町	大正 13 年 8 月（存立 50 年）	160,000	陳其春、陳有輝
用和振業合資會社	臺北市建成町	大正 11 年 3 月	50,000	許智貴
合資會社エテルナ商會	臺北市圓山町	昭和 4 年 3 月（存立 30 年）	30,000	井上富雄
許姓興業合資會社	臺北市下奎府町	昭和 9 年 2 月（存立 30 年）	3,535	許智貴、許坤
許聲沛產業合資會社	臺北市上奎府町	昭和 9 年 6 月（存立 20 年）	20,000	許丕
承昌合資會社	臺北市港町	昭和 2 年 5 月（存立 30 年）	20,000	李廷修
合資會社新芳春	臺北市末廣町	昭和 7 年 3 月（存立 20 年）	7,000	太田房太郎、本田善郎
茂記產業合資會社	臺北市元園町	昭和 2 年 1 月（存立 10 年）	2,600	江簡氏椴
泰豐土地開墾合資會社	臺北市日新町	昭和 2 年 5 月（存立 30 年）	6,000	謝火
永和拓殖合資會社	臺北市御成町	昭和 9 年 12 月（存立 30 年）	10,000	張國清
芳蘭興業合資會社	臺北市下奎府町	昭和 11 年 9 月（存立 30 年）	32,000	陳家謨

三、合名會社（1 家）

會社名	地址	設立年月	資本金	代表社員
川合合名會社	臺北市御成町	昭和 11 年 2 月（存立 20 年）	200,000	川合良男、川合良藏

資料來源：整理自鹽見喜太郎，《臺灣銀行會社錄（昭和 12 年版）》（臺北：臺灣實業興信所，1936 年），頁 44～86。

附錄二：1925～1937 年臺灣土地建物株式會社不動產賣出損益狀況

（單位：圓）

期　　間	土地賣出收入	房屋賣出收入	總賣出收入
1925 年 4 月～1925 年 9 月	129,454	1,672	131,126
1925 年 10 月～1926 年 3 月	73,127	4,853	77,980
1926 年 4 月～1926 年 9 月	135,601	2,032	137,633
1926 年 10 月～1927 年 3 月	158,110	1,527	159,638
1927 年 4 月～1927 年 9 月	206,361	1,698	208,058
1927 年 10 月～1928 年 3 月	177,207	－	177,207
1928 年 4 月～1928 年 9 月	157,087	5,078	162,165
1928 年 10 月～1929 年 3 月	192,251	62	192,313
1929 年 4 月～1929 年 9 月	130,002	1,315	131,317
1929 年 10 月～1930 年 3 月	78,035	2,934	80,969
1930 年 4 月～1930 年 9 月	99,258	2,357	101,615
1930 年 10 月～1931 年 3 月	96,299	2,198	98,497
1931 年 4 月～1931 年 9 月	107,665	802	108,467
1931 年 10 月～1932 年 3 月	79,863	779	80,641
1932 年 4 月～1932 年 9 月	72,296	－	72,296
1932 年 10 月～1933 年 3 月	91,425	－	91,425
1933 年 4 月～1933 年 9 月	58,084	－	58,084
1933 年 10 月～1934 年 3 月	72,458	－	72,458

1934 年 4 月～1934 年 9 月	101,655	－	101,655
1934 年 10 月～1935 年 3 月	79,525	－	79,525
1935 年 4 月～1935 年 9 月	77,165	－	77,165
1935 年 10 月～1936 年 3 月	86,842	－	86,842
1936 年 4 月～1936 年 9 月	90,871	－	90,871
1936 年 10 月～1937 年 3 月	106,690	－	106,690
總計	2,657,333	27,305	2,684,637

說明：（1）金額爲四捨五入；（2）土地房屋賣出收入指的是土地房屋的賣出價格減帳面價值。

資料來源：整理自臺灣土地建物株式會社，《第二十七回營業報告書》，頁 13～14；《第二十八回營業報告書》，頁 12～13；《第二十九回營業報告書》，頁 12～13；《第三十回營業報告書》，頁 11～12；《第三十一回營業報告書》，頁 12～13；《第三十二回營業報告書》，頁 12～13；《第三十三回營業報告書》，頁 10～11；《第三十四回營業報告書》，頁 10～11；《第三十五回營業報告書》，頁 10～11；《第三十六回營業報告書》，頁 10～11；《第三十七回營業報告書》，頁 10～11；《第三十八回營業報告書》，頁 10～11；《第三十九回營業報告書》，頁 9～10；《第四拾回營業報告書》，頁 8～9；《第四拾壹回營業報告書》，頁 8～9；《第四拾貳回營業報告書》，頁 10～11；《第四拾參回營業報告書》，頁 9～10；《第四拾四回營業報告書》，頁 9～10；《第四拾五回營業報告書》，頁 8～9；《第四拾六回營業報告書》，頁 9～10；《第四拾七回營業報告書》，頁 9～10；《第四拾八回營業報告書》，頁 8～9；《第四拾九回營業報告書》，頁 8～9；《第五拾回營業報告書》，頁 8～9。